21世纪经济与管理精编教材

国际经济与贸易系列

中国对外贸易

China's Foreign Trade

田云华◎主　编

北京大学出版社
PEKING UNIVERSITY PRESS

图书在版编目(CIP)数据

中国对外贸易/田云华主编. —北京：北京大学出版社,2023.1
21世纪经济与管理精编教材. 国际经济与贸易系列
ISBN 978-7-301-33371-6

Ⅰ.①中⋯　Ⅱ.①田⋯　Ⅲ.①对外贸易—中国—高等学校—教材　Ⅳ.①F752

中国版本图书馆CIP数据核字(2022)第172010号

书　　名	中国对外贸易 ZHONGGUO DUIWAI MAOYI
著作责任者	田云华　主编
责 任 编 辑	周　莹
标 准 书 号	ISBN 978-7-301-33371-6
出 版 发 行	北京大学出版社
地　　　址	北京市海淀区成府路205号　100871
网　　　址	http://www.pup.cn
微信公众号	北京大学经管书苑(pupembook)
电 子 邮 箱	编辑部 em@pup.cn　　总编室 zpup@pup.cn
电　　　话	邮购部 010-62752015　发行部 010-62750672　编辑部 010-62752926
印 刷 者	三河市博文印刷有限公司
经 销 者	新华书店
	787毫米×1092毫米　16开本　17.25印张　375千字 2023年1月第1版　2023年12月第2次印刷
定　　价	45.00元

未经许可，不得以任何方式复制或抄袭本书之部分或全部内容。
版权所有，侵权必究
举报电话：010-62752024　电子邮箱：fd@pup.cn
图书如有印装质量问题，请与出版部联系，电话：010-62756370

前　言

党的十九大以来,我国实行更加积极主动的开放战略,高质量建设"一带一路"国际公共产品和国际合作平台,已经成为一百四十多个国家最大的贸易伙伴,货物贸易总额居世界第一,吸引外资和对外投资居世界前列,形成了更大范围、更宽领域、更深层次对外开放格局。党的二十大报告指出,高质量发展是全面建设社会主义现代化国家的首要任务。发展是中国共产党执政兴国的第一要务。中国共产党的中心任务就是团结带领全国各族人民全面建成社会主义现代化强国、实现第二个百年奋斗目标,以中国式现代化全面推进中华民族伟大复兴。然而,在实现社会主义现代化的进程中,国际社会逆全球化主义抬头甚至出现反全球化浪潮,中美贸易摩擦不断,并伴随呼声渐高的价值链重构和技术脱钩。2020年,不期而至的新冠肺炎疫情在全球肆虐等各类突发的"黑天鹅"事件,不断加剧着中国应对世界百年未有之变局的复杂程度,给作为中国经济高速发展的重要引擎和亮点的对外贸易的发展带来了极大的挑战。

随着各国家和地区经济依存度的日益增强,各经济体之间的产品市场和要素市场一体化程度不断提升。新时代下,中国的对外贸易不仅受各国家和地区贸易政策的影响,还需考虑贸易争端、区域经济、全球价值链贸易等因素。世界正在快速变革,"中国对外贸易"作为应用经济学中一个热门的研究方向,近年来吸引着越来越多的学生来学习这门课程,除了经济学类专业的学生,主修国际政治、国际关系、工商管理、法学、外语等其他专业的学生也开始学习这门课程。为了推动高等教育内涵式发展,响应教育部新文科建设和高质量供给的要求,培养知中国、爱中国、堪当民族复兴大任的新时代文科人才,我们编写了这本教材。

本教材是编者多年来深耕中国对外贸易领域的成果。本教材系统翔实地梳理了国际贸易经典理论的思想起源和发展脉络,在此基础上根据国际经济和贸易发展的最新趋势,以及国内推动形成全面开放新格局和"双循环"新发展格局的背景,对中国对外贸易的新形势和新事件等进行了剖析。本教材旨在激发学生对国际贸易领域的关注以及深入研究的兴趣,拓展学生的国际经济视野,启发学生运用自身知识投身于中国经济和贸易高质量发展的伟大事业,培养一批理论功底扎实、研究水平过硬、知识眼界宽广,善于发现和思考、能够提出并解决问题的国际化复合型新文科专业人才。

本教材具有以下特点：

（1）政治站位较高。以习近平新时代中国特色社会主义思想的理论体系为思想引领，结合推动形成全面开放新格局与构建开放型经济新体制的对外开放前沿理论，致力于培养有理想、有本领、有担当的复合应用型和创新型国际贸易人才。

（2）理论背景较强。以中国特色社会主义理论体系为指导，紧密结合国际贸易经典理论，详细解读价值链贸易、数字贸易、国际促贸援助、对外直接投资和企业国际化国际贸易理论的新内涵。

（3）政策战略较新。加入"双循环"新发展格局解读、"一带一路"倡议、自贸区建设、粤港澳大湾区建设、全球价值链贸易、数字贸易、对外直接投资与企业国际化等最新发展和相关政策。

（4）实践案例有趣。每章均涉及经典案例与前沿研究，提供翔实的实证研究资料，更易于学生有效地了解国家贸易政策和大国经贸关系，一改传统贸易概论课程教材编写简单、机械性罗列的弊端，致力于提升教学的趣味性而又不失深度。

本教材的编写和出版得益于很多同事、师长、领导和学生的帮助和支持。从修改教学讲义到查阅整理材料，编者历经四年的完善和相关研究教学的沉淀得以完稿。特别感谢优秀又勤勉的学生用心协助搜集和整理材料，他们是：王凌峰、周燕萍、陈珏任、刘付成涛、李苏洋、王乐、黄潇豪、侯嘉俊、易美玉、黄港裕、赖雨倩、梁诗朗、游雯、杨洋、卢泽林、吴慧婷和周晓君等。

还要特别感谢我的领导和同事们：广东外语外贸大学何传添教授、陈伟光教授、陈万灵教授、张建武教授、易行健教授、申明浩教授、孙楚仁教授、魏作磊教授、王俊教授、肖奎喜教授、何元贵教授、李铁立教授、许月丽教授、李晓峰教授、符淼教授、唐静教授、梁俊伟副教授、张志明副教授等，以及还有多位老师在此不一一列举。汤智清、常城和林家庄老师也对本书的出版给予了大力的支持，在此我要对他们表示真诚的感谢。同时，非常感谢山东财经大学校长赵忠秀教授，对外经济贸易大学前副校长林桂军教授及应用国际贸易研究所姚顺利副教授、卢进勇教授和何茵教授，华中科技大学陈波教授，上海财经大学鲍晓华教授等诸位前辈和同行多年以来对我的指导和关爱。本教材的出版也离不开北京大学出版社李娟老师和周莹老师的大力支持和认真校正。感谢国家自然科学基金青年科学基金项目（71903041）、国家社会科学基金重点项目（21AZD064）、国家社会科学基金一般项目（19BJL074）、广东省自然科学基金2021年面上项目（2021A1515012018）和2018年度广东外语外贸大学教务处新编教材立项的资助。

在编写过程中，我参考了大量的国内外专著、教材、论文及案例，并尽可能对所有引用的观点和资料的来源进行了标注。然而，由于多次调整和修改，可能导致部分资料的标注出现遗漏，在此向原作者表示感谢。由于国际经贸形势发展迅速，以及编者水平有限，本教材难免存在一些不足和错漏。如有发现，敬请读者通过电子邮件 breeze.yunhua@gdufs.edu.cn 联系我修正，不胜感谢。

田云华

辛丑牛年丙申月于广州大学城

第一章　全面开放新格局 ……………………………………………… 001
第一节　中国对外贸易的起源与发展简史 …………………………… 001
第二节　中华人民共和国成立以来对外贸易的发展历程 …………… 011
第三节　新时代推动形成全面开放新格局 …………………………… 017
第四节　构建人类命运共同体 ………………………………………… 030

第二章　为什么发生国际贸易 …………………………………………… 039
第一节　中国传统对外贸易思想简介 ………………………………… 039
第二节　比较优势理论与中国对外贸易 ……………………………… 041
第三节　新贸易理论与中国对外贸易 ………………………………… 047
第四节　新新贸易理论与中国对外贸易 ……………………………… 053

第三章　中国对外贸易战略 ……………………………………………… 065
第一节　对外贸易战略的内涵 ………………………………………… 065
第二节　发展中国家的对外贸易战略 ………………………………… 066
第三节　中国对外贸易战略的演变 …………………………………… 071
第四节　中国对外自由贸易区战略 …………………………………… 075
第五节　中国自由贸易试验区战略 …………………………………… 083

第四章　中国的贸易政策 ………………………………………………… 093
第一节　战略性贸易政策理论 ………………………………………… 093
第二节　关　税 ………………………………………………………… 094
第三节　非关税措施 …………………………………………………… 099
第四节　中国贸易政策遇到的困难与挑战 …………………………… 105

第五章　志通天下："一带一路"大棋局 …… 112
第一节　"一带一路"的基本概念与理念 …… 112
第二节　"一带一路"沿线各国的参与现状 …… 114
第三节　中国与"一带一路"沿线国家的贸易走廊 …… 116
第四节　基于全球价值链视角的"一带一路"发展 …… 119

第六章　粤港澳大湾区 …… 124
第一节　粤港澳大湾区建立的背景与意义 …… 124
第二节　粤港澳大湾区合作发展的基础 …… 126
第三节　粤港澳大湾区与世界一流湾区比较 …… 128

第七章　货物贸易 …… 135
第一节　国际货物贸易概述 …… 135
第二节　中国对外贸易的伟大成就 …… 141
第三节　中国的货物贸易特点 …… 148
第四节　不平衡的中美贸易 …… 150
第五节　中国现行的货物贸易政策 …… 159
第六节　贸易自由化与减贫：中国的经验 …… 162

第八章　加工贸易 …… 170
第一节　加工贸易方式 …… 170
第二节　中国加工贸易的发展概况 …… 173
第三节　中国加工贸易的历史作用和发展方向 …… 176

第九章　服务贸易 …… 184
第一节　服务贸易概述 …… 184
第二节　服务贸易的发展 …… 187
第三节　服务贸易壁垒 …… 192

第十章　全球价值链贸易 …… 201
第一节　全球价值链贸易概述 …… 201
第二节　衡量全球价值链贸易发展的指标 …… 206
第三节　全球价值链贸易与"中等收入陷阱" …… 210

第十一章　数字贸易与跨境电子商务 …… 219
第一节　数字经济概述 …… 219
第二节　中国跨境电子商务发展 …… 222
第三节　WTO框架下的数字贸易规则 …… 224
第四节　数字技术重塑全球贸易 …… 227

第十二章　中国利用外商直接投资与对外直接投资 …… 238
第一节　国际直接投资的经典理论 …… 238
第二节　中国利用外商直接投资与"引进来"战略 …… 247
第三节　中国"走出去"战略与企业国际化 …… 251

第一章 全面开放新格局

★ 知识点

对外贸易的起源与发展历程,对外开放国策,全面开放新格局,人类命运共同体

★ 重 点

了解中国对外开放历程,了解中国对外开放面临的困难,掌握现阶段全面开放政策

★ 难 点

阅读《政府工作报告》,了解贸易政策的内涵

中国对外贸易历史悠久,历经波折,如今在改革开放的浪潮中形成了开放型的对外贸易新格局,成为名副其实的世界贸易大国,正在实现由贸易大国向贸易强国的历史性转变。在此背景下,了解中国对外贸易的发展历程、当今新形势以及相应政府报告与政策,显得尤为重要。

第一节 中国对外贸易的起源与发展简史

拥有近五千年历史的中国是世界上最早开展国际贸易活动的国家之一。中国对外贸易活动已有近三千年的历史,随着以"丝绸之路"为载体的对外贸易的兴起,不断促进着世界文化的交流和文明的进步。在不同的历史阶段,中国对外经贸关系具有不同的特点,这是当时生产力和经济社会发展水平、统治阶级的治国思想以及国际贸易关系等影响因素的综合体现。

一、中国对外贸易的起源

（一）贸易与国际贸易的起源

贸易就是货物与劳务的交换，是社会生产力发展的产物。国际贸易又称世界贸易，泛指国际商品和劳务的交换，是世界各国对外贸易的总和，是世界各国经济在国际分工基础上相互依存、相互联系的主要形式。

在人类文明的发展历程中，随着劳动分工的不断深化以及社会生产力的不断提高，剩余产品出现，出于商品交换的需要，贸易活动也随之产生。但是，这种一般的贸易活动若要发展成为不同国家和地区之间的对外贸易，就必须具备**两个基本条件：一是物质条件，必须有剩余的产品进行交换；二是社会条件，商品交换要在各自为政的社会实体之间进行**。恩格斯在《家庭、私有制和国家的起源》中指出："随着生产分为农业和手工业这两大主要部门，便出现了直接以交换为目的的生产，即商品生产；随之而来的是贸易，不仅有部落内部和部落边境的贸易，而且海外贸易也有了。"① 社会分工是商品交换的基础，而社会生产力的发展又是社会分工深化的前提。因此，社会生产力的发展、社会分工和国家的形成是国际贸易产生的前提。

在原始社会初期，生产力水平极其低下，人类依靠集体劳动取得生活资料，实行平均分配，只能维持自身的需要，没有剩余产品。在生产力不断发展的推动下，**人类社会出现了三次大分工**。第一次社会大分工发生在原始社会后期，是畜牧业和农业的分工，当时生产力有了一定的发展，存在剩余产品，能够进行交换，但这种交换是不定时的物物交换。第二次社会大分工发生在原始社会末期，手工业从农业中分离出来，劳动生产率进一步提高，产品交换日益频繁。交换的发展又反过来推动社会生产力的进一步发展。但这个阶段还没有货币和专门从事交换的商人。

到奴隶社会初期，随着生产力继续发展，交换的规模和范围不断扩大，随之出现了货币。交换从物物交换演变成以货币为媒介的商品流通，因而出现了不从事生产而专门从事贸易的商人，这就是第三次社会大分工。在此前后，国家形成，商品交换跨出国界，形成了国际贸易。

早在公元前2000年，以地中海为中心的欧洲国家就广泛开展了国家之间的贸易活动，并形成了一个连接欧洲、中东和北非的贸易网络。由此，西方学者认为国际贸易已有4 000多年的历史。中国对外贸易在公元前11世纪已经萌芽，最迟可追溯到公元前6世纪前。

早期的国际贸易产品为自然产品（如玉器、珠宝、香料）和手工作品（如金银、丝绸）。

---

① 马克思恩格斯选集：第四卷[M].北京：人民出版社，1995：163-164.

腓尼基（今黎巴嫩境内）、迦太基（今突尼斯）、罗马、雅典、洛阳、西安等都是早期有名的国际贸易中心。

（二）丝绸与中国对外贸易的起源

我国是世界文明古国，具有悠久和辉煌的贸易史。距今3 000年前后，我国的贸易活动就已经十分发达。早在殷商时期，我国已有具体的贸易活动记录，**春秋战国时期已形成较规范的贸易体制**。

《管子·轻重戊》中记载："殷人之王、立帛牢，服牛马以为民利，而天下化之。"帛是指丝绸，牢是指仓库，说明在商代后期，已经设有专门储存丝绸的仓库，并用丝绸作为媒介在各部落之间经营商业。另外，周孝王时代（前891—前886）曶鼎上刻有铭文："我既买汝五夫，效父用匹马束丝"，表明当时一匹马加一束丝就能交换到五个奴隶。《礼记·月令》中记载："是月也，易关市，来商贾，纳货贿，以便民事"，意味着当时的贸易已经十分普遍。

河南安阳的殷墟遗址曾出土大量玉器和贝，还有鲟鱼鳞片、海蚌、鲸鱼骨以及占卜用的大龟。这些东西显然不是地处中原的安阳所产，而是来自异域，说明当时的商业活动的范围已经很大。而在新疆地区也发现有来自我国东南沿海或印度洋沿岸的海贝。另据考证，殷商文化与远在西伯利亚和欧洲的青铜文化有直接或间接的联系，如在叶尼塞河和鄂毕河上游的卡拉苏克文化（前1500—前800）的出土文物中，发现了30多件具有商代风格的陶鼎、陶鬲以及为数众多的青铜器和两头弯曲中间平直的弓形器，都与殷墟遗址的出土物极为相似。这表明，早在殷商时期，从中原到新疆再到中亚已经有路可通。

随着商品交换的扩大，由海贝充当的货币出现了。后来由于交换的需要，又出现了骨贝和铜贝。铜贝可能是世界上最早的金属货币。春秋时期，奢侈品成为交换的主要商品。至春秋末年，商品交换进一步扩大到生活必需品。在这一时期，虽然贝仍作为货币使用，但已出现了镈状的金铸货币。

《周易》记载："……神农氏作……日中为市，致天下之民，聚天下之货，交易而退，各得其所。"这说明当时已经有较规范的贸易活动，我国贸易规则据为神农氏所首创。春秋时期独立商人的出现，改变了过去商业、手工业全由官方垄断，即"工商食官""工商在官"的情况。

中国是世界蚕丝业的发源地，蚕丝业在我国已有5 500多年的历史。到距今4 000多年的夏代，我国的蚕丝业已相当发达，蚕丝业的社会分工开始形成，丝绸的生产具有相当规模。到商代，中国丝织品随着以物易物的形式开始销往国外，丝绸成为我国早期开展对外贸易活动的最具代表性的商品。

德国考古学家在一座位于德国斯图加特霍克村夫村的公元前500多年凯尔特人古墓中，发现墓主骨骸上附有中国蚕丝绣制的绣品。1949年，苏联西伯利亚阿尔泰首领墓中出土了公元前478年的中国丝绸服装的残片，距今约2 500年。可见，最迟在公元前6

世纪,中国的丝绸就已流传至德国等西欧国家,**中国丝绸是最早进行国际贸易的商品之一**。

《汉书·地理志》记载:"殷道衰,箕子去之朝鲜,教民以礼义,田、蚕、织、作。"公元前1112年,周武王就封其箕子于朝鲜;箕子从山东半岛渡海赴韩,带去丝绸蚕种等。另外,在朝鲜平壤市乐浪郡发掘的1 000多座汉墓中,出土了大量中国产的绢、绫、罗等丝织品。由此推断,中国丝绸流传至近邻的朝鲜等国的时代要远远早于远离我国的其他国家。因此,**可以认为中国对外贸易活动已有3 000多年的历史**。

二、中国封建社会时期的对外贸易

中国奴隶制与封建制的分界约在春秋和战国之交。中国所经历的封建社会时间比欧洲长,从公元前475年战国开始到1840年鸦片战争前夕为止,持续了2 300多年。**封建社会的对外贸易持续时间长是我国对外贸易的一大特点**。

(一) 秦汉时期的对外贸易

秦汉时期(前221年—公元220)国家统一,对外贸易有了明显的发展,特别是汉代张骞和班固通商西域,不仅促进了中国同西方的政治文化交流,而且在经济和贸易往来方面发挥了巨大的推动作用。

《史记·货殖列传》记载:"乌氏倮畜牧,及众,斥卖,求奇绘物,间献遗戎王。戎王十倍其偿,与之畜,畜至用谷量马牛。秦始皇令倮比封君,以时与列臣朝请。"戎王指西北地区羌族的首领;乌氏在今甘肃泾州;绘物指用五彩丝线绣花的丝织物。从这段历史记载中可以看出,以中国丝绸为主的对外贸易在秦始皇时得到进一步的发展。丝绸华丽、质地轻、便于携带,当时只有中国生产,所以汉初桑弘羊曾提出以丝绸作为国家战略物资,通过丝绸对外贸易强国损敌的建议。

中国古代对外关系的正式文字记录是从张骞出使西域开始的。汉武帝建元三年(前138),张骞率100余人第一次向西域进发。汉元狩四年(前119),张骞第二次出使西域。张骞在出使西域时有目的地携带大量丝绸,具有官方贸易的性质。张骞两次出使西域,增加了汉朝对西域的了解,在建立中西方外交关系的同时,使中西方经济贸易往来空前活跃,"丝绸之路"得以畅通,由此揭开了中国对外贸易的新纪元。

汉代,中国经丝绸之路输出的商品种类繁多。除丝绸外,还有同样被西方人视为奢侈品的漆器、纸张和铁器等生产工具,以及中国特有的植物品种,如生姜、高粱、谷子、肉桂等。不过其中最为重要的还是丝绸和铁器。汉代,中国铁制品以精良的品质享誉世界。公元前2世纪,大宛人学会了中国铸铁技术,后由其传至安息(今伊朗)。1世纪,中国铁器大量涌入罗马。此外,铁器及铸铁技术也沿海路传至东南亚。随着对外贸易的发展,长安(今西安)逐渐成为国际大都会,国外的商品及技术也不断传入中国。

(二) 魏晋和南北朝时期的对外贸易

魏晋南北朝时期(220—581)是动荡不定的时期,战争接连不断,但对外关系仍有进展。这一时期的对外贸易主要是通过朝贡和赠予的形式进行。例如,从三国东吴到晋朝、南北朝,都与柬埔寨互派使节,进行朝贡。曹魏和日本也有朝贡贸易,中国的锦绣等织物传入日本岛,养蚕技术也传到了九州。直到隋朝,中日两国的朝贡贸易仍在继续。

魏晋南北朝时期,在中国丝绸向外输出的同时,缫丝织绸技术传入外国,外国丝绸开始输入中国。中国输出的商品中,除了传统的丝织品、漆器,还有钱币和牲畜等。输入的商品则五花八门,包括奇珍异宝、珍禽异兽、香料、琉璃、玳瑁、吉贝等。

(三) 隋唐、五代时期的对外贸易

隋唐、五代时期(581—960)。唐代时,全国出现了统一安定的局面,经济文化水平达到了前所未有的高度,中国成为世界上最强大的国家之一。唐代经济的繁荣和文化的发达,吸引了周边国家前来贸易,因而对外贸易比汉代有了进一步的发展。唐代的丝织品、陶瓷业和金属铸造业都很发达,尤其是丝织品成为主要的出口产品。当时中国南方经济迅速发展,造船业和航海技术也有明显进步,全国对外贸易逐渐转向南方的三大港口——广州、扬州和潮州。由于唐代实行开明的对外开放政策,许多外国商人纷纷来到中国经商,其中不少人长期居住在内陆城市长安、兰州、洛阳以及沿海港口广州、宁波、泉州等地。这些外国商人以伊朗人和阿拉伯人为最多。

与以前一样,该时期的中国对外贸易主要通过赠予和互市的形式进行。赠予贸易包括朝贡贸易、和亲聘赐贸易、安抚奖赐贸易三大类。互市贸易对外输出的主要商品有丝绸、漆器、瓷器、茶叶、铜、铁、大黄、葛布、麝香、纸张和书籍等。其中,除了丝绸和漆器等传统输出品,还有瓷器,且销量巨大。

为适应对外贸易的发展,在陆路方面,唐代设置了两个特别行政机构管理对外贸易,分别是安西都护府和北庭都护府;在海路方面,唐代在广州设置了市舶使,又称结好使、押蕃舶使,以管理对外贸易。市舶使的职能有:登记与分类进口货物;征税;禁止奢侈品自由交易;设置栈房;保管外商货物;管理外商在华贸易。

(四) 两宋时期的对外贸易

宋代结束了五代十国的割据局面,但宋代政权与北方西夏、金等政权之间的矛盾尖锐,统治势力相互抗衡,因此势力范围比唐代小。后期更由于金政权势力的进一步扩大,宋代政权在交战中节节败退,迁都临安后终为元代政权所取缔。前一阶段为北宋(960—1126),后一阶段为南宋(1127—1279)。

由于北方战乱和宋代首都南迁,中国经济重心南移。航海技术在两宋时期有了进一步的发展,北宋时开始应用指南针。宋代发达的手工业为对外贸易提供了坚实的物质基础,丝织品和瓷器是最主要的出口商品。当时,与中国存在贸易关系的国家东至日本、朝

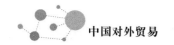

鲜,西至印度、波斯(今伊朗),南至南洋各国,共有50多个国家和地区。

在宋代,管理对外贸易的专职官员发展为专职机构,称为市舶司。唐代仅在广州一处设有市舶司,而宋代在八处设有市舶司,包括广州、泉州、秀州(今嘉兴)、明州(今宁波)、杭州、温州、江阴、密州(今诸城)。市舶司集外交与外贸于一身,主要职能有:第一,接待外商,并通过颁发"公凭"(许可证)来监督和管理中外商人的贸易活动和船舶进出港口;第二,对进口货物征税;第三,处置舶货。进口货物中有相当大的部分由政府专卖,非专卖部分则允许中外商人自由买卖。从市舶司的职能可以看出,它不仅具有海关的某些性质,还直接经营进出口业务。市舶司对进口货物所征税额和专卖所得均上缴国库。

(五)元代的对外贸易

元代(1271—1368)建立了横跨欧亚两大洲的大帝国,因此通往西方的陆路和海上交通都比较畅通,对促进国内外贸易起到了积极作用。至元十四年(1277),元军占领浙闽等地后,元政府沿袭南宋旧制,在庆元(今宁波)、泉州、澉浦、上海四处设市舶司。至元三十年(1293),又新添杭州、广州、温州三处,共七处,其中以庆元、泉州和广州三处最为重要;设立海北海南博易提举司,以管理广西沿海和海南岛的海外贸易;正式颁布了《市舶则法》,这是我国历史上第一部外贸法规,详细规定了船舶出海手续、禁运物资、市舶抽税办法、市舶司的职责以及对外国商船的管理办法。相比宋代,元代对外贸易的管理更有条理。《市舶则法》规定对一切船舶货物均须抽分,对细货(如香料、珠宝等商品)十分抽一,粗货(一般商品)则十五分抽一。该法规于延祐元年(1314)被重新颁布,改为对细货十分抽二,对粗货十五分抽二,舶税为三十分抽一。

元代出口商品以丝和缎为主,只许官营,"违者舶商、船主各杖一百,货物没收",但私商仍在建德一带收丝运往海外,甚至有海外商人径直闯入丝绸产区,自行收购后销往海外。这一时期,中国出口商品还有金锦、花绢、麻布等纺织品,青花瓷、花瓶、瓦罐等陶瓷器,金、银、铁器、漆盘、席、伞等日用品,硫黄、水银等矿产品,白芷、麝香等药材。进口货物有奇珍异宝(如象牙、犀角、珍珠、玳瑁),木材、铝土等原材料,豆蔻、檀香等香料,蕃布、铜器等日用品。值得注意的是,胡椒是当时最重要的进口香料,同时日用调料占进口香料的比重最大,这在中国对外贸易中尚属首次。

从贸易对象数量来看,元代比宋代要多,中国经海路与东南亚、南亚、西亚、东非有贸易关系的国家和地区多达98个,而宋代为50多个。

(六)明代的对外贸易

明代(1368—1644)初期,一方面,中国社会生产力进一步发展,尤其是江南地区农业和手工业的发展,使得商品经济日趋活跃,某些地区出现了稀疏的资本主义萌芽。中国传统产品的商品化程度进一步提高,开展海外贸易的物质基础更加雄厚。另一方面,明代初期政权不稳,社会经济尚未恢复,不但北方陆路贸易衰落,而且东南沿海的对外贸易也因倭寇骚扰和实行海禁而陷入停滞。随着政权逐渐稳定,海禁才随之放宽。

明代的贸易方式包括朝贡、互市、走私和三角贸易。此时期的郑和下西洋对中国对外贸易的发展有很大的促进作用。1405—1433 年,郑和受明政府的派遣,七次率领船队下西洋,到达东南亚、南洋诸岛、阿拉伯半岛和东非多地,同 36 个国家和地区建立了贸易与外交关系。郑和下西洋产生了巨大影响,使中国成为当时最大的海上贸易强国。

明代社会经济的发展促进了商品经济的迅速发展和市场的扩大,客观上要求对外贸易必须有相应的发展。1405 年,明代统治者恢复了宁波、广州、泉州的市舶司,并在云南等地增设市舶司。隆庆元年(1567)宣布取消海禁,允许民间商人从福建漳州月港出海贸易,从而结束了明代近两百年的海禁,使走私贸易合法化,朝贡贸易丧失独占地位。

市舶司的职能在明代前、中、后期各有不同:①前期,管理朝贡贸易,查禁民间商人的海外贸易,征税及管理中外互市贸易。②中期,民间商人海外贸易的管理由海防馆(后改称督饷馆)负责,外商来华管理由市舶司负责,中外商人的交易由牙行负责,说明海外贸易的行政管理与经营管理出现了分离。③后期,牙行逐渐被专营进出口货物的广东三十六行取代,市舶司的海外贸易经营管理权丧失,终止了自唐代以来上千年的市舶制度。

(七) 清代前中期的对外贸易

1656 年,清政府颁布"禁海令",规定任何人都不准下海,违者判死刑。因此,自 14、15 世纪发展起来的对外贸易大幅衰落。直到康熙年间,统一的帝国有所巩固,社会经济有所发展,海禁才有所放松。1683 年,清政府收复台湾,次年颁布开海贸易令。1685 年,清政府宣布限定广州、漳州、宁波和云台山四处为通商口岸,并设闽海关、粤海关、江海关和浙海关,对进出口货物进行检查,征收关税。

清代前期的海外贸易主要由海关和十三行管理。闽、粤、江、浙四大海关的设立,标志着自唐代以来的市舶制度终结,中国海关制度确立。海关制度接近现代管理制度,中国对外贸易管理从此揭开崭新的一页。

四大海关统一管理本省各口岸的对外贸易,1757 年职权收归广州一处。清代海关的主要职能有:①监管进出口商人、商船和货物。清政府对商人出港程序、商船大小、随船携带物品、进出口商品种类等均有明确规定。②征收关税。但是各口岸关税制度并不统一,关税分为船舶税、货税及附加税三种。

(八) 小结:鸦片战争前中国对外贸易的特点

1. 国家垄断,服务于政治和外交的需要

垄断主要表现在官方经营和对外贸易管理措施上。汉代时规定,私商未获政府许可而与外商私市者处以重刑。自唐代至明代前期,延续近千年的市舶制度体现了中国对外贸易的国家垄断和集中管理。

2. 朝贡贸易占据十分重要的地位

朝贡贸易是两国之间以"贡礼""酬谢"的形式进行的商品交换,是一种集外贸、外交于一身的官方贸易形式。据记载,早在公元前11世纪,周王朝就开始与西域各国有朝贡往来。中国历代政权均以"天朝"自居,因此,给予对方的物品称为"赐",对方交换的物品则称为"贡"。并且入贡是定期的,例如,自清初开始规定,琉球两年一贡,高丽三年一贡。由于中国封建王朝长期强盛,这使朝贡贸易维持了千年之久。朝贡贸易虽然是一种维持臣属关系的方式,但中国对外贸易长期主要以这种方式进行,因而在中国对外贸易中占据十分重要的地位。然而,朝贡贸易的诸多限制严重抑制了中国古代对外贸易的进一步发展。

3. 丝绸和陶瓷器是长期占优势的外贸商品

中国手工业发达,尤以纺织业和陶瓷业领先世界,中国对外贸易正是建立在此基础上的。早在秦汉时期,中国丝绸就已通过河西走廊运往中亚各国,甚至销往欧洲。明代中期以后,由于东南部地区种桑、植棉业的发展和民间纺织业的普及,纺织品出口大量增加,物美价廉的丝绸及其他纺织品畅销世界。中国陶瓷制品也长期居世界陶瓷业之首,精美陶瓷器早已成为重要的出口商品。中国的丝绸、陶瓷器长期享誉世界,时至今日仍是中国的重要出口商品。

4. 自然经济限制了对外贸易的发展规模

鸦片战争以前,受到自然经济的限制,中国对外贸易发展不快,规模较小。这是因为在自然经济的条件下,生产目的主要不是交换,而是满足自身需求。

5. 海关管理制度初步形成

我国在唐代已设立对外贸易的管理行政机构,陆路方面设有都护府,海路方面设有市舶司。至元三十年正式颁布了我国第一部外贸法规《市舶则法》。明末清初,不仅是从实行海禁到开放海禁的中国对外贸易转折期,而且是海关管理的转变期。随着官方海上贸易的衰落和私人海上贸易的兴盛,原有的市舶制度已不适用。到明代隆庆元年开放海禁后,一种新型海商管理制度应运而生。这种新型的海商管理制度比原来的市舶制度更具灵活性:①取消朝贡贸易中入贡时间和贡使人数的限制;②开始对进口商品一律课以类似关税的水饷和陆饷,纳税后才可上岸交易;③凡是纳过税的商品均可自由交易;④从抽分实物改为征收货币的饷银制,这是关税制度的重大变化。新型海商管理制度的出现标志着海关管理制度的初步形成。

6. 贸易对象具有鲜明的时代特征

从隋唐到明代中后期,中国的主要贸易对象一直是阿拉伯国家。当时阿拉伯人的海上贸易地位十分重要,几乎独占西自摩洛哥,东至朝鲜、日本的海上贸易。在唐、宋、元三代长达700多年的时间内,阿拉伯人大量移居中国。从16世纪中叶明代后期开始,阿拉伯人在东方贸易中的优势地位逐渐被葡萄牙人而后被西班牙人、荷兰人取代。从此,中国的主要贸易对象变成西方近代资本主义国家。

三、中国半殖民地半封建社会时期的对外贸易

（一）中国半殖民地半封建社会时期的对外贸易概况

在鸦片战争爆发的前50年，英国是对华贸易总额最多的国家。中国的商品出口多于进口，处于贸易顺差地位。1834年，英国主动废除了东印度公司对华贸易的特许权；1840年，英国为逼清政府开放市场，发动了第一次鸦片战争，清政府败北。鸦片战争以后，清政府被迫签订了中国第一个不平等条约——中英《南京条约》，被迫开放广州、厦门、上海、宁波、福州五个港口，并同意设立租界，承认货物自由进出口和"从价五分"的税率。此后一直到20世纪初，西方列强通过战争等手段强迫清政府签订了一系列不平等条约。清政府被迫割让领土、开埠通商，最后连关税自主权也丧失了。自此，中国大门不仅被打开了，而且还毫无防御，使得**中国对外贸易处于被动状态**。

从1840年鸦片战争爆发到1949年中华人民共和国成立这百余年间，中国对外贸易的发展状况根据不同特点可划分为两个时期。

第一个时期是1840年鸦片战争爆发至1937年抗日战争全面爆发。这是个中国被迫开埠通商的被动发展时期。西方列强用炮火打开了中国的大门，通过一系列不平等条约，取得了租界、协定关税、条约口岸、治外法权及片面最惠国待遇等特权，从政治和经济上控制了中国。中国各地被列强割据，中国对外贸易的发展方向和发展进程深深受到与列强关系的影响。例如，与列强侵入时间顺序相一致，1858—1880年，中国被迫开放了华北和长江沿岸的主要港口；1880—1900年，中国西南地区成为国际贸易的场所；20世纪初，中国东北地区对外贸易兴起。但是，由于中国自给自足经济的制约，虽然外国迫使中国开放市场，但中国对外贸易仍未显著增长，仅仅改变了其特点和性质。

19世纪70年代前，鸦片贸易泛滥，将报关进口量与走私进口估算量合计，中国1860—1862年平均每年进口鸦片64 916箱，1869—1871年该指标达90 285箱。从海关统计表来看，上海口岸在19世纪70年代中期进口180多种商品，到1894年时已达580多种，其他口岸在同一时期的进口洋货种类也大幅增加。

19世纪，中国主要进口鸦片、棉布和棉纱，占进口总额的比重高达50%～75%。19世纪90年代以后，过去长期作为中国大宗出口商品的茶叶在英国市场上处于竞争劣势，在美国市场上也受到日本绿茶和印度、锡兰茶叶的排挤。中国茶叶出口量自1886年达到顶峰后不断下降。随着西方列强对中国农产品原料需求的增加，以及中国越来越多的口岸对外开放，中国农牧矿产新品种出口贸易不断扩张，反映了中国出口贸易的殖民地性质加强，中国逐渐沦为西方资本主义国家榨取农牧产品和原料的基地。

1894年甲午战争以后，中国进出口贸易增长状况可划分为第一次世界大战（以下简称一战）前、一战时、一战后三个阶段。一战前的20年间，中国进口额年均增长率为

7.4%,比甲午战争以前增长了三倍多;出口额年均增长率为5.9%,较之甲午战争以前也增长了三倍多。一战时,来自欧洲的商品进口额大幅降低,而日货进口额不断增长;由于欧洲战争对中国棉花、皮毛等原材料的需求增加,中国商品出口额相比一战前大幅增长,年均增长率为6.1%。一战后,西方资本主义国家卷土重来,日本、美国力图保持和扩大其在中国的贸易份额,因而中国进出口贸易大幅增长,1917—1927年进口额增长7.0%,出口额增长6.4%。这一时期,中国进口商品品种大幅增加,从海关统计表看,1874年上海进口商品约180种,天津约100种;而1911年,上海已达850多种,天津也达到800多种。19世纪末20世纪初,中国传统出口商品的生产发展迟缓,技术水平低下,在国际市场竞争中日渐处于劣势地位;与此同时,西方资本主义国家对中国的农产品及原料的需求日益增长,中国对外贸易呈现出进口商品以直接消费资料为主,出口商品以农产品及原料、手工制品、半成品为主的状况。

第二个时期是1937年至1949年。这是个全球充斥剧烈动荡、战争和巨大变化的时期,可划分为全面抗日战争(1937—1945年)和解放战争(1946—1949年)两个阶段。全面抗日战争时期,中国对外贸易与工业发展都受到战争的极大破坏。日本不仅完全控制了占领区的经济,肆无忌惮地进行经济掠夺,还完全控制了占领区的对外经济关系,并实行外贸封锁,使中国无法进口必需物资。1937—1941年,中国进口总额从27 990万美元增至60 550万美元;出口总额却从24 580万美元降至15 430万美元;贸易入超从3 410万美元上升到45 120万美元。同时,国统区对外贸易下降幅度巨大。1937—1941年,沦陷区对外贸易总额平均约占中国的82.8%,而国统区仅占7.2%。①

解放战争时期,中美之间的紧密传统贸易联系得到了恢复与发展。在这一阶段,美国已取代日本成为中国最大的贸易伙伴,在进口贸易中取得显著优势,而日本和欧洲的德国、意大利、法国等国的占比都有不同程度的减少。由于国民党政府发动内战,在这一时期中国经济非但没有复苏,反而陷入比全面抗日战争时期更为混乱的局面,通货膨胀严重,工业恢复迟缓,财政赤字巨大,对外贸易额急剧下降,外贸逆差打破历史纪录,国民党政府的外汇和黄金储备也迅速耗尽,最终导致整个经济体系趋于瓦解。

(二)中国半殖民地半封建社会时期对外贸易的特征

1. 对外贸易被帝国主义和官僚买办资产阶级控制和垄断

帝国主义于1843年迫使中国给予协定关税的特权,从1845年起又霸占中国海关行政管理权,大开经济侵略方便之门。外国资本大量涌入中国,1882—1913年,洋行数量从440家猛增至3 805家,并向商品流通领域的各个环节迅速扩张,完全控制了中国的对外贸易、外汇、金融、商检、航运、保险等有关行业。同时,官僚买办资产阶级开办了各类垄断进出口贸易公司,这实际上是外国垄断资本在中国的代理机构。

---

① 丁长清等.中外经济关系史纲要[M].北京:科学出版社,2003:83.

2. 进出口商品结构不平等

在这一时期,中国主要出口丝、茶、猪鬃、桐油、大豆、花生、钨、锑等农副产品和工业原料,主要进口煤油、汽油、罐头、棉毛织品、化妆品等消费品和奢侈品。这种不平等的进出口商品结构完全满足帝国主义在中国掠夺资源、倾销商品的需要。据统计,1873—1946年,中国每年进口的机器设备金额始终低于进口总额的10%,而洋纱、洋油等充斥中国市场,严重抑制中国民族经济的发展。

3. 对外贸易长期逆差和不等价交换

据统计,1868年以后,除了1872—1876年、1941年和1948年,中国其余年份的对外贸易均为逆差。中国对外贸易在1877—1949年这73年间的入超总额达64亿美元,造成金银大量外流,财政陷入困境,不得不举借外债,进而出卖国家主权,完全依附于帝国主义。帝国主义还凭借其控制权来扩大中国进口制成品和出口原料产品之间的价格剪刀差,这样的不等价交换对中国民众而言是一种残酷的剥削和掠夺。

4. 贸易对象集中于少数西方国家

这一时期中国的贸易对象主要集中在英国、美国、德国、法国、俄国、日本等少数国家,并且它们在中国对外贸易中的地位随着其经济、政治势力的消长而变化。据统计,自鸦片战争至甲午战争,中英之间的贸易额在中国对外贸易总额中占80%以上,几乎处于垄断地位。第一次世界大战期间,日本、美国趁欧洲各国无暇东顾,进一步扩大了对中国的贸易,在中国对外贸易总额中的占比分别跃居第一位和第二位。第二次世界大战结束后,随着美国在华势力的进一步扩张,中美之间的贸易额在中国对外贸易总额中逐渐居于垄断地位。

第二节 中华人民共和国成立以来对外贸易的发展历程

中华人民共和国成立以后,中国对外贸易掀开新的篇章。在经历了大约30年的曲折发展后,中国终于走上改革开放这一道路,迎来了对外贸易的腾飞,形成了开放型对外贸易新格局。

一、改革开放前:对外开放拉开大序幕(1949—1978)

抗战胜利后,中国的对外贸易取得了巨大的历史性变化。1949年3月,中共七届二中全会确立了"对内节制资本和对外统制贸易"的基本政策;同年9月,《中国人民政治协商会议共同纲领》宣布"实行对外贸易的管制,并采用保护贸易政策"的规定,在此基础上,中国确定了"独立自主、集中统一"的外贸工作原则和方针。中华人民共和国成立后,在解放区已开展对外贸易的基础上,中央政府进一步采取一系列重大措施,废除帝国主义在华的各项特权,没收国民党和官僚资本的外贸企业,并逐步改造私营外贸企业,建立起新的社会主义对外贸易体系。

1950 年 12 月,政务院(今国务院)颁布了《对外贸易管理暂行条例》,贸易部(今商务部)颁布了《对外贸易管理暂行条例实施细则》,奠定了中国社会主义对外贸易基础。

1957 年,在对私营进出口企业的社会主义改造基本完成后,中国的进出口业务全部由国营外贸公司垄断经营,结束了不同所有制企业并存的对外贸易格局,**建立起高度集中、政企合一的外贸体制**。进出口严格按照国家计划进行,出口实行收购制,进口实行拨交制,盈亏由国家统一负责。

"文化大革命"期间,中国对外贸易受到了严重冲击,各项管理规章制度都被视为"管、压、卡",受到全面批判和否定。但总体上,进出口贸易仍然在国家的集中安排下,继续根据国家计划进行。

总体上看,改革开放前,中国根据国情并借鉴苏联经验,建立了高度集中统一的计划经济体制,遵循"互通有无、调剂余缺"的原则,采取对外贸易垄断和官方控制外汇体系的手段。这一阶段,中国采取这两种手段的原因有:①中国采取现代化赶超、重工业优先发展战略;②重工业优先发展,企业缺乏比较优势;③压低利率可以降低资本成本;④压低汇率可以降低进口设备的成本。1949—1960 年,中国还存在大量的对外贸易,但几乎都是发生在与苏联之间的。由于"大跃进"和"反右倾"错误、三年困难时期以及苏联单方面违约,国民经济受损严重,粮食大幅减产,对外贸易停滞,此后,中国逐步退化为世界经济的孤岛。

20 世纪 70 年代中期,中国经济逐步恢复。1977—1978 年,中国的技术进口项目成倍增加。但随着油田发展计划的失败,中国出现了严重的外汇短缺,而且在原有的控制体系下,一切可利用的创汇机会都被使用殆尽。对外贸易体制的改革与创新势在必行。

二、改革开放后:对外开放迈向新台阶(1979—2001)

1978 年 12 月召开的中共十一届三中全会,全面纠正了"文化大革命"的错误和"左倾"指导思想,决定把工作重心转移到社会主义现代化建设上来,实行对内搞活、对外开放的经济体制改革。按照决策目标与改革性质,中国的改革开放进程可以划分为以下三个阶段:

(一)以调动对外贸易部门经营积极性为目标的改革(1979—1984)

第一阶段是对外贸易体制改革的探索阶段。中国积极发展对外贸易,中央政府对贸易管理体制进行了初步改革,地方各级政府则努力发展出口,积极组织进口,地方贸易自主权得到扩大。这一时期改革的主要内容包括:①增加对外贸易口岸,下放外贸经营权,广开贸易管道,改革高度集中的贸易体制;②改革单一的指令性计划,实行指令性计划、指导性计划和市场调节相结合;③建立和完善对外贸易宏观管理;④探索促进工贸结合的途径;⑤采取鼓励出口的政策措施。

这一阶段,发达国家和地区始终占据中国内地对外贸易中的主导地位。中国内地需要从其获取大量的物资来支持经济建设,且需要将它们作为主要的出口市场。1979—1984年,日本、美国、德国及中国香港地区与中国内地的进出口贸易额一直稳居前四位,占据着中国内地对外贸易总额的半壁江山。

改革开放以后,中国选择了进口替代与出口导向相结合的发展战略,出口产品结构呈现不断优化的趋势。1981年,中国工业制成品的出口比重约为53.43%,初级产品的出口比重约为46.56%,实现了中华人民共和国成立以来工业制成品出口对初级产品出口的首次超越。

根据要素禀赋理论和比较优势理论,中国大力发展劳动密集型加工贸易。这一时期轻纺品、橡胶制品、矿冶产品及其制品的出口比重在20%左右,居工业制成品出口份额中的首位;机械及运输设备出口的比重虽然不高,但呈明显增长趋势;而初级产品的出口比重呈较大幅度的下降趋势。

(二) 以建立对外贸易承包经营责任制和自负盈亏为中心的改革(1984—1992)

第二阶段的对外贸易体制改革具有两个主要特点:①在保持国家垄断对外贸易的前提下,试图通过将外贸企业的所有权和经营权分离来改善外贸部门的经营状况;②包括实行承包经营责任制、转变企业经营机制与实行企业自负盈亏这两个阶段。

1. 商品经济时期(1984—1989)

这一时期财政对外贸企业的补贴尚未取消,对外贸易经营主体尚未确立真正的市场主体地位,外商投资企业的出口导向特征初具雏形。虽然中国对外贸易有很大增长,但外商投资企业的出口比重还是很低。

基于政府在改革开放前所取得的成就和对市场经济的认识,中国在这一阶段实现了对贸易体制的初步探索和改革。中国内地与排名前20位的贸易伙伴之间的双边贸易额呈上升趋势。贸易伙伴主要集中在日本、美国、英国、德国、法国、苏联、约旦、巴西、意大利、加拿大、新加坡、澳大利亚等国家和中国香港等地区。

在贸易增长的同时,中国进出口商品结构也发生了有利的变化:①工业制成品的出口比重从1978年的46.5%上升到1989年的65.3%,同期初级产品的出口比重则由53.5%下降到34.7%;②对外贸易收支平衡状况逐渐好转,贸易顺差逐年增加。

2. 解困与转型时期(1989—1992)

20世纪80年代末90年代初,国际形势错综复杂,东西方"冷战"结束,各国开始把注意力转向经济与贸易领域的竞争。

1989—1992年,与中国内地贸易额最大的前三位国家和地区分别是中国香港、日本和美国。此外,英国、德国、法国、荷兰、意大利、新加坡等也是中国传统的主要贸易伙伴,而1990年以后,韩国和中国台湾快速崛起,也成为中国大陆的主要贸易伙伴,并始终稳居前十位。

同时,中国对外贸易方式发生了重大变化,随着国内经济的快速发展和对外开放的不断扩大,20世纪80年代后期,中国与周边国家关系改善,因而沿海对外开放格局形成,边境贸易高速发展。**加工贸易在对外贸易中的地位不断上升,逐渐成为中国最主要的对外贸易方式**,而补偿贸易、租赁贸易等也有一定发展(见图1-1)。

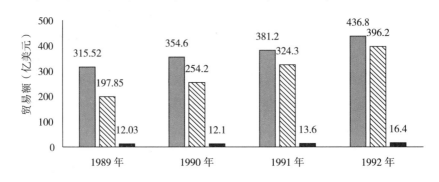

图1-1 中国出口贸易方式统计(1989—1992)

资料来源:国家统计局综合司.新中国五十年统计资料汇编[M].北京:中国统计出版社,1999.

(三)以建立市场经济体制为核心的改革(1993—2001)

1992年,邓小平在南方谈话中的明确表态,终止了市场经济姓"资"姓"社"的争论,给国内外投资者带来巨大的信心,迅速在全国范围内掀起了新一轮改革开放浪潮。**1994年是中国对外贸易腾飞的重要转折点**。一方面,加入世界贸易组织(WTO)谈判倒逼全方位的政策体制改革;另一方面,逐渐发展的中国制造业需要寻求国际市场机遇。于是当年中国颁布实施了《中华人民共和国对外贸易法》,外汇汇率并轨,其他与对外贸易相关的法律法规也陆续出台。

在此阶段,中国经济发展的速度超过了世界发展的平均速度,在争取加入WTO的努力下,中国对外贸易发展势头良好,对外贸易额逐年提高,世界排名从1992年的第11位跃升至2001年的第6位。

1992—2001年,中国内地的主要贸易伙伴有美国、德国、韩国、日本和中国香港,而苏联解体后,俄罗斯与中国之间的贸易额和占比逐年下降。

随着中国经济的发展,对外贸易对国民经济增长的贡献越来越大,特别是出口的推动作用尤为明显。中国出口商品的结构除初级产品与工业制成品的比重变化外,工业制成品的内部结构也发生了变化,其中劳动密集型产品占比逐年下降,而资本技术密集型产品占比逐年上升。这改变了中国对外贸易以往主要依靠资源密集型和劳动密集型产品扩大出口的局面。

这一阶段随着利用外资的快速发展,加工贸易增长尤为迅速。1996—1999年这三年间,加工贸易超过了一般贸易和其他贸易的总和,占据主导地位。1999年之后,加工贸易占比稳定在47%左右,中国对外贸易由加工贸易"一枝独秀"的阶段进入加工贸易与一般贸易"齐头并进"的阶段。

三、加入WTO后:对外开放开创新局面(2002—2012)

2001年12月11日,中国正式加入WTO,这是中国改革开放的里程碑,表明中国经济发展与市场化改革成果得到了国际认可,标志着国际通行的贸易规则与法治体系在中国市场的确立。

随着改革开放的不断深化,中国贸易大国的地位不断得到巩固,对外贸易发展不仅推动了国内经济社会的发展,还对世界贸易增长做出了积极贡献。2002—2007年是中国进出口贸易额突飞猛进的时期,贸易顺差也逐年扩大。2008年爆发的全球金融危机,使中国进出口贸易出现负增长,然而中国当年依然保持了较大的贸易顺差。但是2009年以来,受到欧债危机以及世界经济低迷的影响,中国贸易顺差额持续下降,进出口贸易额增速均大幅放缓。

加入WTO为外国投资者在中国投资大开方便之门。中国的外商直接投资也出现了新一轮的增长。在此过程中,中国对外贸易结构不断变化,具体表现在以下三个方面:

(1)从贸易主体结构来看,外资企业进出口占比总体较高,但经历了先升后降的过程,整体规模呈缩小趋势;国有企业进出口占比持续下降;民营企业进出口占比后来居上。

(2)从贸易商品结构来看,第一,货物贸易与服务贸易进出口比例基本稳定,大概为9:1。第二,货物贸易进出口以工业制成品为主,但其占比小幅下降;初级产品进出口则稳中有升。第三,工业制成品的内部结构发生变化,其中高新技术产品的贸易规模持续扩大,但其增速在波动中呈放缓趋势。加入WTO以后,加工贸易虽然优势显著,但其比重呈下降趋势,而一般贸易在波动中上升,二者差距不断缩小。2002年,在对外贸易总额中,加工贸易占比48.7%,一般贸易占比42.7%;然而2008年,加工贸易占比下降到41.1%,一般贸易占比上升到48.2%,一般贸易取代了加工贸易的主体地位。此后一直延续着这一发展态势。

(3)从贸易市场结构来看,中国贸易市场主要集中在发达国家和新兴国家,但呈多元化发展态势。从中国十大贸易伙伴的地区分布来看,中国对外贸易的集中度较高。2002—2010年,欧盟、美国和日本始终是中国前三大贸易伙伴,直到2011年东盟后来居上取代了日本的位置。由于中国实施市场多元化战略,前十大贸易伙伴的贸易额占比呈缓慢下降趋势,这意味着自加入WTO以来,中国不仅巩固和发展了传统外贸市场,还积极开拓新兴市场,特别是广大发展中国家和地区的市场。

四、新时代:构建开放型经济新体制(2013年至今)[①]

中国以习近平同志为核心的党中央总揽战略全局,推进对外开放理论和实践创新,确立开放发展新理念,实施共建"一带一路"倡议,加快构建开放型经济新体制,倡导发展开放型世界经济,积极参与全球经济治理,对外开放取得新的重大成就。当前,世界正处于大发展大变革大调整时期,中国经济正处在转变发展方式、优化经济结构、转换增长动力的攻关期,对外开放面临的国内外形势正在发生深刻、复杂的变化,机遇前所未有,挑战前所未有,机遇大于挑战。

(一)新旧动能转换:世界经济复苏繁荣的关键

国际金融危机爆发以来,深层次影响持续显现,世界经济复苏艰难曲折,全球贸易增速连续5年低于世界经济增速,跨国投资尚未恢复到危机前水平。近期,世界经济呈现回暖向好态势,全球贸易和投资回升,国际金融市场总体稳定,新一轮科技革命和产业变革蓄势待发,新产业、新技术、新业态层出不穷。但世界经济尚未走出亚健康和弱增长的调整期,深层次结构性矛盾并未得到有效解决,新的增长动力仍未形成,潜在增长率不升反降,不确定因素较多。2017年国际货币基金组织预计,未来5年世界经济年均增长3.7%,不及国际金融危机前10年4.2%的平均增速。**实现新旧动能转换,成为经济复苏的关键**。如何在错综复杂的全球经济形势下抓住机遇、化解挑战,是中国对外开放工作面临的重要任务。

(二)更趋平衡:国际力量对比的走势

世界经济格局深度调整,新兴市场和发展中国家群体性崛起,国际力量"东升西降""南升北降"态势更加明显。2016年,新兴市场和发展中国家对世界经济增长的贡献率达80%,占全球经济的比重达38.8%,较2007年提高10.5%;金砖五国占全球经济的比重达22.4%,较2007年提高8.8%。2012—2016年,中国对世界经济增长的贡献率保持在30%以上,在全球经济治理体系中的制度性话语权显著提升,这有利于维护中国的发展利益。与此同时,随着中国日益走近世界舞台中央,国际社会希望中国在国际事务中发挥更大的作用、在应对全球性挑战中承担更多的责任。如何扮演好新的国际角色,承担与自身发展阶段相适应的责任,是中国不容回避的重要课题。

(三)在曲折中深入发展:经济全球化的特征

以贸易和投资自由化、便利化为代表的经济全球化,促进了世界和平、稳定和繁荣,符合世界各国的共同利益,代表了人类文明发展的方向。经济全球化从来不是一帆风顺

[①] 汪洋.推动形成全面开放新格局[N].人民日报,2017-11-10(4).

的,而是在曲折中向前发展。近年来,世界经济疲软,发展失衡、治理困境、公平赤字等问题更加突出,反全球化思潮涌动,保护主义和内顾倾向有所上升,给世界经济和贸易发展蒙上阴影。经济全球化是时代大潮,深入发展的大势不可逆转,但速度可能有所放缓,动力可能有所转换,规则可能有所改变。如何更好地适应和引导经济全球化,推动经济全球化朝着更加开放、包容、普惠、平衡、共赢的方向发展,是中国与世界各国的共同责任。

(四)加快培育竞争新优势:中国开放型经济的发展方向

中国经济发展进入新常态,劳动力成本持续攀升,资源约束日益趋紧,环境承载能力接近上限,开放型经济传统竞争优势受到削弱,传统发展模式遭遇瓶颈。但也要看到,中国人力资源丰富、市场规模庞大、基础设施比较完善、产业配套齐全,创新发展的制度环境和政策环境不断完善,开放型经济仍然具备综合竞争优势。在严峻复杂的国内外环境倒逼下,中国加工贸易加快转型升级,服务贸易持续快速发展,对外贸易新产品、新业态、新模式不断涌现,企业国际化经营能力明显增强,在国际分工中的地位逐步提升。**如何因势利导、乘势而上,推动开放型经济加快由要素驱动向创新驱动转变,由规模速度型向质量效益型转变,由成本、价格优势为主向以技术、标准、品牌、质量、服务为核心的综合竞争优势转变,从而实现质量变革、效率变革、动力变革,是中国对外开放工作必须把握的主攻方向。**

第三节 新时代推动形成全面开放新格局

改革开放四十多年以来,中国不断扩大对外开放,不仅发展了自己,也造福了世界。党的十九大以来,中国推动新一轮高水平对外开放,推动形成全面开放新格局,这是以习近平同志为核心的党中央适应经济全球化新趋势、准确判断国际形势新变化、深刻把握国内改革发展新要求作出的重大战略部署,有助于促进世界经济新旧动能转换,推动经济全球化健康发展,促进世界各国联动发展、互利共赢。

一、贯彻新发展理念,建设现代化经济体系

实现"两个一百年"奋斗目标、实现中华民族伟大复兴的中国梦,必须坚定不移地把发展作为党执政兴国的第一要务,坚持解放和发展社会生产力,坚持社会主义市场经济改革方向,推动经济持续健康发展。

中国经济已由高速增长阶段进入高质量发展阶段,正处在转变发展方式、优化经济结构、转换增长动力的攻关期,建设现代化经济体系是跨越关口的迫切要求和中国发展的战略目标。必须坚持质量第一、效益优先,以供给侧结构性改革为主线,推动经济发展的质量变革、效率变革、动力变革,提高全要素生产率,着力加快建设实体经济、科技创新、现代金融、人力资源协同发展的产业体系,着力构建市场机制有效、微观主体有活力、宏观调控有度的经济体制,不断增强中国经济创新力和竞争力。

(一)深化供给侧结构性改革

建设现代化经济体系,必须把发展经济的着力点放在实体经济上,把提高供给体系质量作为主攻方向,显著增强中国经济质量优势。加快建设制造强国,加快发展先进制造业,推动互联网、大数据、人工智能和实体经济深度融合,在中高端消费、创新引领、绿色低碳、共享经济、现代供应链、人力资本服务等领域培育新增长点、形成新动能。支持传统产业优化升级,加快发展现代服务业,瞄准国际标准提高水平。促进中国产业迈向全球价值链中高端,培育若干世界级先进制造业集群。加强水利、铁路、公路、水运、航空、管道、电网、信息、物流等基础设施网络建设。坚持去产能、去库存、去杠杆、降成本、补短板,优化存量资源配置,扩大优质增量供给,实现供需动态平衡。激发和保护企业家精神,鼓励更多社会主体投身创新创业。建设知识型、技能型、创新型劳动者大军,弘扬劳模精神和工匠精神,营造劳动光荣的社会风尚和精益求精的敬业风气。

(二)加快建设创新型国家

创新是引领发展的第一动力,是建设现代化经济体系的战略支撑。要瞄准世界科技前沿,强化基础研究,实现前瞻性基础研究、引领性原创成果重大突破。加强应用基础研究,拓展实施国家重大科技项目,突出关键共性技术、前沿引领技术、现代工程技术、颠覆性技术创新,为建设科技强国、质量强国、航天强国、网络强国、交通强国、数字中国、智慧社会提供有力支撑。加强国家创新体系建设,强化战略科技力量。深化科技体制改革,建立以企业为主体、市场为导向、产学研深度融合的技术创新体系,加强对中小企业创新的支持,促进科技成果转化。倡导创新文化,强化知识产权创造、保护、运用。培养造就一大批具有国际水平的战略科技人才、科技领军人才、青年科技人才和高水平创新团队。

(三)实施乡村振兴战略

农业农村农民问题是关系国计民生的根本性问题,必须始终把解决好"三农"问题作为全党工作重中之重。要坚持农业农村优先发展,按照产业兴旺、生态宜居、乡风文明、治理有效、生活富裕的总要求,建立健全城乡融合发展体制机制和政策体系,加快推进农业农村现代化。巩固和完善农村基本经营制度,深化农村土地制度改革,完善承包地"三权分置"①制度。保持土地承包关系稳定并长久不变,第二轮土地承包到期后再延长三十年。深化农村集体产权制度改革,保障农民财产权益,壮大集体经济。确保国家粮食安全,把中国人的饭碗牢牢端在自己手中。构建现代农业产业体系、生产体系、经营体系,

---

① "三权分置"是指形成所有权、承包权、经营权三权分置,经营权流转的格局。

完善农业支持保护制度,发展多种形式适度规模经营,培育新型农业经营主体,健全农业社会化服务体系,实现小农户和现代农业发展有机衔接。促进农村一二三产业融合发展,支持和鼓励农民就业创业,拓宽增收渠道。加强农村基层基础工作,健全自治、法治、德治相结合的乡村治理体系。培养造就一支懂农业、爱农村、爱农民的"三农"工作队伍。

（四）实施区域协调发展战略

加大力度支持革命老区、民族地区、边疆地区、贫困地区加快发展,强化举措推进西部大开发形成新格局,深化改革加快东北等老工业基地振兴,发挥优势推动中部地区崛起,创新引领率先实现东部地区优化发展,建立更加有效的区域协调发展新机制。以城市群为主体构建大中小城市和小城镇协调发展的城镇格局,加快农业转移人口市民化。以疏解北京非首都功能为"牛鼻子"推动京津冀协同发展,高起点规划、高标准建设雄安新区。以共抓大保护、不搞大开发为导向推动长江经济带发展。支持资源型地区经济转型发展。加快边疆发展,确保边疆巩固、边境安全。坚持陆海统筹,加快建设海洋强国。

（五）加快完善社会主义市场经济体制

经济体制改革必须以完善产权制度和要素市场化配置为重点,实现产权有效激励、要素自由流动、价格反应灵活、竞争公平有序、企业优胜劣汰。要完善各类国有资产管理体制,改革国有资本授权经营体制,加快国有经济布局优化、结构调整、战略性重组,促进国有资产保值增值,推动国有资本做强做优做大,有效防止国有资产流失。深化国有企业改革,发展混合所有制经济,培育具有全球竞争力的世界一流企业。全面实施市场准入负面清单制度,清理废除妨碍统一市场和公平竞争的各种规定和做法,支持民营企业发展,激发各类市场主体活力。深化商事制度改革,打破行政性垄断,防止市场垄断,加快要素价格市场化改革,放宽服务业准入限制,完善市场监管体制。创新和完善宏观调控,发挥国家发展规划的战略导向作用,健全财政、货币、产业、区域等经济政策协调机制。完善促进消费的体制机制,增强消费对经济发展的基础性作用。深化投融资体制改革,发挥投资对优化供给结构的关键性作用。加快建立现代财政制度,建立权责清晰、财力协调、区域均衡的中央和地方财政关系。建立全面规范透明、标准科学、约束有力的预算制度,全面实施绩效管理。深化税收制度改革,健全地方税体系。深化金融体制改革,增强金融服务实体经济能力,提高直接融资比重,促进多层次资本市场健康发展。健全货币政策和宏观审慎政策双支柱调控框架,深化利率和汇率市场化改革。健全金融监管体系,守住不发生系统性金融风险的底线。

（六）推动形成全面开放新格局

开放带来进步,封闭必然落后。中国开放的大门不会关闭,只会越开越大。要以"一

带一路"建设为重点,坚持"引进来"和"走出去"并重,遵循共商、共建、共享原则,加强创新能力开放合作,形成陆海内外联动、东西双向互济的开放格局。拓展对外贸易,培育贸易新业态、新模式,推进贸易强国建设。实行高水平的贸易和投资自由化便利化政策,全面实行准入前国民待遇加负面清单管理制度,大幅度放宽市场准入,扩大服务业对外开放,保护外商投资合法权益。凡是在中国境内注册的企业,都要一视同仁、平等对待。优化区域开放布局,加大西部开放力度。赋予自由贸易试验区更大的改革自主权,探索建设自由贸易港。创新对外投资方式,促进国际产能合作,形成面向全球的贸易、投融资、生产、服务网络,加快培育国际经济合作和竞争新优势。

二、准确把握全面开放的基本内涵

党的十九大报告从统筹国内国际两个大局的高度、从理论和实践两个维度,系统回答了新时代要不要开放、要什么样的开放、如何更好地推动开放等重大命题。报告提出的全面开放内涵丰富,既包括开放范围扩大、领域拓宽、层次加深,也包括开放方式创新、布局优化、质量提升,是习近平新时代中国特色社会主义思想和基本方略的重要内容。

(一)坚持"引进来"与"走出去"更好结合,拓展国民经济发展空间

积极有效利用外资不是权宜之计,而是必须长期坚持的战略方针。虽然中国储蓄和外汇比较充裕,但不能因此忽视利用外资的作用。利用外资不是简单地引进资金,更重要的是引进外资搭载的先进技术、经营理念、管理经验和市场机会等,带动中国企业嵌入全球产业链、价值链、创新链。关起门来搞建设不行,关起门来搞创新也不行。要坚持引资和引技、引智并举,提升利用外资的技术溢出效应、产业升级效应,加强在创新领域的各种形式合作,促进经济迈向中高端水平。同时也应看到,从贸易大国到投资大国、从商品输出到资本输出,是开放型经济转型升级的必由之路。中国拥有强大的产能、适用的技术和较为充裕的外汇,扩大对外投资合作的条件比较成熟。要按照十九大报告坚持"引进来"和"走出去"并重的部署,在提高"引进来"质量和水平的同时,支持企业积极稳妥地"走出去"。这既有利于保障能源资源供应、带动商品和服务输出、获取创新资源和营销网络,助力国民经济提质增效升级,也有利于促进东道国经济和社会发展,实现互利共赢。

(二)坚持沿海开放与内陆沿边开放更好结合,优化区域开放布局

中国对外开放从沿海起步,由东向西渐次推进。党的十八大以来,内陆和沿边地区开放取得长足发展,但总体上还是对外开放的洼地。西部地区拥有全国72%的国土面积、27%的人口、20%的经济总量,而对外贸易额仅占全国的7%,其中利用外资和对外投资分别占7.6%和7.7%。内陆和沿边地区劳动力充裕,自然资源富集,基础设施不断改善,特别是随着"一带一路"建设加快推进,中西部地区逐步从开放末梢走向开放前沿,开

放型经济发展空间广阔。要按照十九大报告加大西部开放力度的部署,在深化沿海开放的同时,推动内陆和沿边地区从开放的洼地变为开放的高地,形成陆海内外联动、东西双向互济的开放格局,进而形成区域协调发展新格局。

(三)坚持制造领域开放与服务领域开放更好结合,以高水平开放促进深层次结构调整

制造业是中国开放时间较早、程度较深的领域,也是发展较快、竞争力较强的领域。今后,除极少数敏感领域外,其他制造业还要进一步开放,股比、业务范围等限制也要逐步放宽。相比之下,服务业对外开放相对滞后,产业整体竞争力不强,仍是经济发展和结构升级的"短板"。十九大报告明确提出,大幅度放宽市场准入,扩大服务业对外开放。就是要在深化制造业开放的同时,重点推进金融、教育、文化、医疗等服务业领域有序开放,放开育幼养老、建筑设计、会计审计、商贸物流、电子商务等服务业领域的外资准入限制。

(四)坚持向发达国家开放与向发展中国家开放更好结合,扩大同各国的利益交汇点

发达国家是中国的主要贸易伙伴,2016年美国、欧盟、日本占中国对外贸易总额的36.4%。巩固与发达国家的经贸合作,可以稳定中国开放型经济的基本盘。同时,中国与广大发展中国家的贸易联系也日益密切。2014—2016年,中国对"一带一路"沿线国家进出口额达3.1万亿美元,占同期对外贸易总额的1/4以上;对沿线国家直接投资近500亿美元,占同期对外直接投资总额的1/10左右。要按照十九大报告的要求,坚持向发达国家开放和向发展中国家开放并重,积极发展全球伙伴关系,全面发展同各国的平等互利合作,实现出口市场多元化、进口来源多元化、投资合作伙伴多元化。

(五)坚持多边开放与区域开放更好结合,做开放型世界经济的建设者贡献者

WTO代表的多边贸易体制和自由贸易区代表的区域贸易安排,是驱动经济全球化发展的两个"轮子"。WTO有160多个成员,涵盖全球98%的贸易额,具有广泛代表性。WTO规则是经济全球化的重要制度保障,符合世界各国的共同利益。进入21世纪以来,多边贸易体制发展进程受阻,开放水平更高、灵活性更强的区域贸易安排蓬勃发展,成为驱动经济全球化的主引擎。十九大报告明确提出,积极参与全球治理体系改革和建设,支持多边贸易体制,促进自由贸易区建设,推动建设开放型世界经济。这既是拓展自身开放空间的需要,也体现了维护国际经济秩序的责任担当。

三、推动形成全面开放新格局的主要任务和重要举措

党的十九大报告既有很强的理论性、战略性、思想性,又有很强的针对性、实践性、操

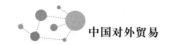

作性,明确了新时代的开放理念、开放战略、开放目标、开放布局、开放动力、开放方式等,规划了今后一个时期对外开放的路线图,推出了一系列新任务新举措。主要包括:

(一)扎实推进"一带一路"建设

"一带一路"建设是中国扩大对外开放的重大战略举措,也是今后一段时期对外开放的工作重点。在各方共同努力下,"一带一路"建设逐渐从理念转化为行动,从愿景转变为现实。十九大报告强调,遵循共商、共建、共享原则,积极促进"一带一路"国际合作,努力实现政策沟通、设施联通、贸易畅通、资金融通、民心相通,打造国际合作新平台,增添共同发展新动力。为此,要抓好以下几方面工作:一是加强同沿线国家发展战略对接,增进战略互信,寻求合作的最大公约数,将"一带一路"建成和平之路。二是聚焦发展这个根本,以"六廊六路多国多港"为主体框架,大力推动互联互通和产业合作,拓展金融合作空间,将"一带一路"建成繁荣之路。三是提高贸易和投资自由化便利化水平,与相关国家商谈优惠贸易安排和投资保护协定,全面加强海关、检验检疫、运输物流、电子商务等领域合作,将"一带一路"建成开放之路。四是抓住新一轮科技革命和产业变革的机遇,加强创新能力开放合作,将"一带一路"建成创新之路。五是建立多层次的人文合作机制,推动教育、科技、文化、体育、卫生、青年、媒体、智库等领域合作,夯实民意基础,将"一带一路"建成文明之路。

(二)加快贸易强国建设

改革开放四十多年来,中国对外贸易实现了历史性跨越,但大而不强的问题较为突出,主要是创新能力较弱,出口产品质量、档次和附加值不高。十九大报告提出拓展对外贸易,推进贸易强国建设,就是要加快转变外贸发展方式,从以货物贸易为主向货物和服务贸易协调发展转变,从依靠模仿跟随向依靠创新创造转变,从大进大出向优质优价、优进优出转变。一是加快货物贸易优化升级,加快外贸转型升级基地、贸易平台、国际营销网络建设,鼓励高新技术、装备制造、品牌产品出口,引导加工贸易转型升级。二是促进服务贸易创新发展,鼓励文化、旅游、建筑、软件、研发设计等服务出口,大力发展服务外包,打造"中国服务"国家品牌。三是培育贸易新业态新模式。坚持鼓励创新、包容审慎的原则,逐步完善监管制度、服务体系和政策框架,支持跨境电子商务、市场采购贸易、外贸综合服务等健康发展,打造外贸新的增长点。四是实施更加积极的进口政策,扩大先进技术设备、关键零部件和优质消费品等进口,促进进出口平衡发展。办好中国国际进口博览会,打造世界各国展示国家形象、开展国际贸易的开放型合作平台。

(三)改善外商投资环境

目前,全球引资竞争日趋激烈,不少国家要素成本比中国更低,政策优惠力度比中国更大。培育引资竞争新优势,不是竞相攀比优惠政策,而是要营造稳定、公平、透明、法治化、可预期的营商环境。一是加强利用外资法治建设。加快统一内外资法律法规,制定新的外资基础性法律。清理涉及外资的法律法规和政策文件,与国家对外开放大方向和大原则不符的要限期废止或修订。二是完善外商投资管理体制。中国 11 个自贸试验区试行准入前国民待遇加负面清单管理制度取得显著成效,设立外资企业的时间由过去的 1 个月减少到 3 天左右。十九大报告明确提出全面实行准入前国民待遇加负面清单管理制度,这是外商投资管理体制的根本性变革。三是营造公平竞争的市场环境。十九大报告强调:凡是在中国境内注册的企业,都要一视同仁、平等对待。中国政府将在资质许可、标准制定、政府采购等方面,依法给予内外资企业同等待遇。四是保护外商投资合法权益。要认真落实《中共中央 国务院关于完善产权保护制度依法保护产权的意见》,不以强制转让技术作为市场准入的前提条件,加强知识产权保护,严厉打击侵权假冒违法犯罪行为。

(四)优化区域开放布局

十九大报告提出了三项重要举措:一是加大西部开放力度。就是坚持以开放促开发的思路,完善口岸、跨境运输等开放基础设施,实施更加灵活的政策,建设好自贸试验区、国家级开发区、边境经济合作区、跨境经济合作区等开放平台,打造一批贸易投资区域枢纽城市,扶持特色产业开放发展,在西部地区形成若干开放型经济新增长极。二是赋予自贸试验区更大的改革自主权。2013 年以来,中国自贸试验区建设取得多方面重大进展,形成了一批改革创新重要成果。下一步要着眼于提高自贸试验区建设质量,对标国际先进规则,强化改革举措系统集成,鼓励地方大胆试、大胆闯、自主改,形成更多制度创新成果,进一步彰显全面深化改革和扩大开放的试验田作用。三是探索建设自由贸易港。自由贸易港是设在一国(地区)境内关外、货物资金人员进出自由、绝大多数商品免征关税的特定区域,是目前全球开放水平最高的特殊经济功能区。香港、新加坡、鹿特丹、迪拜都是比较典型的自由港。中国海岸线长,离岛资源丰富。探索建设中国特色的自由贸易港,打造开放层次更高、营商环境更优、辐射作用更强的开放新高地,对于促进开放型经济创新发展具有重要意义。

(五)创新对外投资合作方式

近十年,中国对外投资年均增长 27.2%,跻身对外投资大国行列。但总体看,中国企业"走出去"仍处于初级阶段,利用两个市场、两种资源的能力不够强,非理性投资和经营不规范等问题较为突出,一些领域潜藏着风险隐患。对外投资既要鼓励,也要加强引导。十九大报告要求创新对外投资方式,形成面向全球的贸易、投融资、生产和服务网络。一是促进国际产能合作,带动中国装备、技术、标准、服务"走出去"。二是加强对海外并购的引导,重在扩大市场渠道、提高创新能力、打造国际品牌,增强企业核心竞争力。三是规范海外经营行为,引导企业遵守东道国法律法规、保护环境、履行社会责任,遏制恶性竞争。四是健全服务保障,加强和改善信息、法律、领事保护等服务,保障海外人员安全,维护海外利益。

（六）促进贸易和投资自由化便利化

实行高水平的贸易和投资自由化、便利化政策，不仅要求国家或地区不断提高自身开放水平，也要求其更加主动地塑造开放的外部环境。一是支持多边贸易体制。落实WTO《贸易便利化协定》，推动WTO部长级会议取得积极成果，推进多哈回合剩余议题谈判，积极参与服务贸易协定、政府采购协定等谈判。二是稳步推进自由贸易区建设。推进亚太自贸区建设，逐步构筑起立足周边、辐射"一带一路"、面向全球的高标准自由贸易区网络。三是提高双边开放水平。继续与有关国家商谈高水平的投资协定及各种形式的优惠贸易安排，妥善应对贸易摩擦。

四、加快构建"双循环"新发展格局，着力推动高质量发展

党的二十大报告指出，高质量发展是全面建设社会主义现代化国家的首要任务。发展是中国共产党执政兴国的第一要务。没有坚实的物质技术基础，就不可能全面建成社会主义现代化强国。必须完整、准确、全面贯彻新发展理念，坚持社会主义市场经济改革方向，坚持高水平对外开放，加快构建以国内大循环为主体、国内国际双循环相互促进的新发展格局。

（一）中国经济内外循环的形成历史

自中华人民共和国成立以来，中国经济内外循环经历了多轮演进，由依靠"内循环"独立支撑到以"外循环"为主导，再到今日全球百年未有之大变局下所倡导构建的以国内大循环为主体、国内国际双循环相互促进的新发展格局，共三大历史阶段。

第一阶段："内循环"独立支撑（1949—1976）

中国在封闭对立的国际环境下依靠高度集中的计划经济体制开始了自力更生的工业化建设。一个落后的农业国想要建立完整的工业体系，保护是一个自然的选择。1949—1976年，中国经济与国际市场相对隔绝，进出口额在国内生产总值（GDP）中的年均占比仅为8%。这一格局对中国经济有利有弊。一方面，相对封闭的经济环境使基础薄弱的中国国内经济远离国际市场的风险因素，在一定程度上免受全球经济周期的外溢冲击，例如，1973—1975年的第一次石油危机使全球经济陷入严重衰退，而中国经济依然能够保持较快增长。另一方面，封闭的经济环境使中国在需求侧丧失广阔的全球市场，不能将外需转化为经济增长动力；在供给侧丧失承接国际产业转移的机遇，无法引入外国资本和先进技术来发展生产力，难以摆脱"短缺经济"困境。

**在这一阶段与"外循环"脱钩的情况下，中国经济由于受计划经济体制调节，缺少价格信号与市场机制对生产要素进行定价和对资源进行有效配置，导致供需频繁、严重错配，"内循环"还处于较低水平。计划经济体制的硬性调控配合以工业为主导的发展战略，较快地刺激了总需求，推动中国经济和民族工业体系快速发展，奠定了中国成为"世

界工厂"的基础。然而,计划的主观性、粗放性以及非灵活性使得总需求容易超越总供给,透支后期需求,导致经济的高增长难以维系。

第二阶段:"外循环"为主导(1977—2019)

中国经济内外循环演进的第二阶段可细分为两个时期:一是1977—2009年"外循环"边际增强,二是2010—2019年"外循环"边际衰弱。

(1)"外循环"边际增强(1977—2009)。

在这一时期,从国际层面来看,中国与美国建立了外交联系、美国与苏联之间的"冷战"对峙局面结束,和平与发展成为世界的主题,经济一体化在世界范围内成为一股热潮。从国内层面来看,1978年党的十一届三中全会召开,中国的发展迎来历史转折点,步入改革开放与社会主义现代化建设的新时期。在此国内外变局之下,中国经济的内外循环发生了重大演进。

一方面,"外循环"开放对接。自1980年起,中国经济不断加快融入"国际大循环",由边缘的特区试验逐渐延伸至核心腹地,最终推及全国,经历了从局部开放走向全局开放的过程。中国于2001年加入WTO,逐渐成为全球产业链中的核心一环,通过对接广阔的全球市场,形成"外需驱动—制造业发展—外资流入"的良性循环。从需求侧来看,1978—2009年,中国进出口贸易额在全球进出口贸易额中的占比从2.9%攀升至8.4%,并且,中国于2009年成为全球货物贸易第一大出口国和第二大进口国,该地位保持至今。从供给侧来看,中国年度引入外商直接投资规模从1984年的12.6亿美元跃升至2009年的900.3亿美元,并且,中国于2009年成为全球第二大吸收外资国;2020年,中国首次超越美国,成为全球第一大吸引外资国。得益于对外开放所驱动的技术进步与产业升级,中国经济从生产水平较低、供不应求的内向型"短缺经济"转变为生产水平较高、供过于求(内需)的外向型"世界工厂"。然而,在"外循环"边际增强的同时,中国经济难以避免全球经济周期性冲击,例如1997年的亚洲金融危机和2008年的国际金融危机。

另一方面,"内循环"改革攻坚。与开放融入"外循环"相适应,中国经济"内循环"调节机制也发生了历史性变革。在这一时期,伴随社会主义市场经济体制的确立与完善,市场这一"无形的手"的力量逐步壮大,和政府"有形的手"共同调节供求平衡。在改革初期,阶段性阵痛反映于"内循环"当中。一方面,初步形成的市场机制激活发展动力,加之计划经济体制遗留的投资饥渴症,产生了投资规模扩张过快、片面追求高增速等问题,多次出现投资驱动经济过热的情况。另一方面,在中国取消价格双轨制以后,尚未成熟的市场价格信号缺乏稳定性,物价大幅起落,一度扰动经济周期。1993—1994年,由于政府放开钢铁、粮食等产品价格,通货膨胀上行至历史高位,随后经过三年的治理,于1998年开始陷入长达5年的通货紧缩状态,是1949年以来最为剧烈及漫长的价格调整周期。但是,迈过"内循环"改革的阶段性阵痛以后,市场这只"无形的手"能够更加灵活、高效地调节供求,发挥熨平经济波动的作用。

在以"外循环"为主导、"内循环"同步完善的发展格局下,中国经济中被压抑已久的要素活力得到了释放,生产力水平与社会总需求实现了长足发展,创造了举世瞩目的"中国增长奇迹"。

（2）"外循环"边际衰弱（2010—2019）。

2008年的国际金融危机引发了全球风险链式传导,对全球经济、金融格局的影响深远,使中国外部环境和内部增长动力发生了重大改变。为适应新变局,中国经济的内外循环再次演进。

一方面,"外循环"贡献逐渐回落。在这一时期,全球治理体系、地缘政治格局与经济全球化进程均发生了长趋势裂变。第一,全球经济长期面临危机,总需求疲弱。在2008年国际金融危机发生以后,全球经济、金融余波不断,相继发生了欧洲债务危机、新兴市场货币危机、英国脱欧风波。2017年,全球经济有同步复苏的势头,但立即遭受美国主导的逆全球化浪潮,再次面临危机。第二,中美之间的经贸博弈趋于复杂化、长期化,博弈范围由关税制裁拓展至金融、科技、全球治理等领域,产生局部经济去一体化的风险,导致全球产业链重构,为中国经济增加了外部不确定性。因此,"外循环"在这一时期对中国经济增长的贡献逐渐回落,"内循环"日益成为经济稳定循环的"压舱石"。2010—2019年,货物与服务的净出口对中国经济增长的年均贡献为-1.45%,大幅低于1978—2009年的5.27%。自此,中国经济逐步转向供需匹配、内外均衡的内生增长模式。

另一方面,"内循环"迈向高质量发展。在这一时期,中国经济逐渐跨过刘易斯拐点与劳动适龄人口拐点,资源环境约束显露,资本边际回报率下降,因而增长动力源泉由扩大要素投入变为提振全要素生产率,由要素驱动型变为创新驱动型。受此影响,在四万亿财政刺激效应衰减以后,中国经济步入"增长速度换挡期、结构调整阵痛期和前期刺激政策消化期"三期叠加的状态,在新常态下开始由高速增长阶段转向高质量发展阶段。一方面,"唯GDP论"退出了历史舞台,经济增速由8%以上的传统约束稳步下滑至7%以内,但仍在全球中位居前列。另一方面,中国通过供给侧改革,化解过剩产能,引导有效供给和有效需求相匹配,加速中国经济从外需依赖转向内生增长,并通过"防范化解重大风险、精准脱贫、污染防治"三大攻坚战等改革举措,保障社会经济和国内超大规模市场稳定、均衡发展,从而使"内循环"经济发展质量不断提升。

第三阶段:"双循环"相互促进（2020年以来）

进入21世纪特别是第二个10年以来,国内国际经济发展形势发生了重大变化。

国内层面,中国从总体小康向实现全面小康发展,社会主要矛盾转变为人民日益增长的美好生活需要和不平衡不充分的发展之间的矛盾。这一方面表现为供给侧与需求侧的矛盾运动在发展中出现新的特点——需求侧的重大结构性变化将极大提升消费引领对经济增长的拉动作用,并对供给侧的创新发展提出更高的要求。另一方面表现为中国仍然存在国内区域间发展不平衡和不少地区发展较不充分的状况,从而对统筹优化国内国际发展格局,加强国内外资源配置的全局考量,也提出了更新的要求。

国际层面,当今世界正经历百年未有之大变局,中国经济面临中美经贸摩擦全面而持续升级、以WTO为代表的多边经贸合作趋于停滞、传统全球价值链走向破裂、全球新冠肺炎疫情严峻等新挑战。受此影响,中央政府明确指出中国的竞争优势是超大规模的市场优势与内需潜力,习近平主席在主持召开企业家座谈会中提出:在当前保护主义上升、世界经济低迷、全球市场萎缩的外部环境下,我们必须集中力量办好自己的事,充分发挥国内超大规模市场优势,逐步形成以国内大循环为主体、国内国际双循环相互促进的新发展格局,提升产业链供应链现代化水平,大力推动科技创新,加快关键核心技术攻关,打造未来发展新优势。由此,"双循环"新发展格局是根据中国发展的新阶段、新环境和新条件提出来的重塑中国国际合作与竞争新优势的战略决策。

(二)中国发展"双循环"的优势和基础

1. 中国拥有超大规模市场优势

中国经济发展过去长期依赖生产要素低成本的优势,现在新的比较优势是在超大规模国家基础上形成的超大规模市场。一方面,中国拥有14亿多人口,这是世上绝无仅有的市场规模。另一方面,中国拥有丰富的资源和辽阔的土地,具有多样化的需求,同样能够提供多样化的巨大市场。

2. 中国已深度融入全球价值链

中国在资本、技术、人员、数据等方面均已深度融入全球价值链,这是中国提出"双循环"新发展格局的原因之一。目前,中国拥有41个工业大类、191个中类、525个小类,是全球唯一拥有完整产业链的国家。此外,一般而言,一国能够生产的产品种类越多,说明其产业链越齐全。根据中国海关数据统计,按照海关8位编码计算,2019年中国的出口产品种类超过7 932种;按照更精细的海关10位编码计算,则多达14 000种,显示中国全产业链具有明显的比较优势。

3. 中国拥有产业集群优势

经过改革开放四十多年的高速发展,中国涌现出一批特色鲜明的产业集群,几乎每座城市都拥有一张产业集群"名片",例如东莞的电子产业群、汕头的玩具产业群等。产业集群具有专业化分工、降低交易成本等优势,能够形成正向溢出效应,并有利于出口,是中国经济的核心竞争力之一。

4. 中国拥有交易成本优势

中国具有14亿多人口的超大市场规模,其中包括4亿人口的中等收入群体,并且这个群体正日益扩大。在此背景下,外资企业若要撤离中国,并不符合其利润最大化的目标。一方面,考虑劳动力成本因素,2019年中国月平均劳动力成本约为750美元,远低于美国4 200美元左右的月平均劳动力成本。另一方面,考虑交易成本因素,产地越接近市场,运输成本越低,交易成本也随之越低。中国是全球规模最大的市场,销往中国的产品在中国国内生产更好,能够突出运输成本优势。虽然服装等劳动密集型产业可能部分撤离至劳动力成本更低的东南亚地区,但是产业的整体搬迁不太现实。这是由于东南亚地区的地域和市场狭小,产业的整体搬迁势必导致劳动力成本与运输成本的上升,劣势将

在几年后显现。因此,外资企业在综合考虑这些因素后,不太可能将大量产业整体搬迁至东南亚地区。

(三) 中国经济"外循环"的五种压力与"内循环"的必然性

中国在改革开放后的 30 年以"外循环"为主导,到 2010 年后开始逐渐转向以"内循环"为主导。2010 年前后,中国取得了许多经济贸易成就,例如,2009 年,中国成为全球货物贸易第一大出口国和第二大进口国;2010 年,中国 GDP 超越日本,位居世界第二;2011 年,中国工业产值超越美国,位居世界第一。但是就**在这一时期,中国经济"外循环"面临着五种压力,这也说明了推动发展"内循环"的必然性**。

第一,随着 2008 年国际金融危机的爆发,全球经济陷入衰退,中国的出口碰到了天花板。第二,2006—2015 年,WTO 的贸易纠纷案件中有三分之一是针对中国的。这主要是由于中国的出口增长迅猛,意味着挤占了他国的部分市场,因此贸易摩擦不断。第三,2012 年以后,中国的劳动力边界条件发生了变化。具体地,2012 年以后,中国每年退休人数均超过 1 500 万,但每年新增劳动力仅为 1 200 多万,即中国每年减少 200 多万劳动力,因此,劳动力成本上升。第四,在大工业发展过程中,中国的油电煤气运、城市土地成本等明显提高,比较优势逐渐减弱。第五,中国的生态环保压力增加,环境治理成本也大大提高。

面对这些压力,中央政府审时度势,于 2013 年提出"新常态",2015 年提出供给侧结构性改革,坚持去产能、去库存、去杠杆、降成本、补短板,逐渐由过去以出口拉动为主的状态转向供给平衡的状态。由此,中国经济往"内循环"方向发展。可以看出,中国提出以"内循环"为主导的"双循环"新发展格局并不仅仅是由于脱钩或新冠肺炎疫情下支离破碎的产业链倒逼的,而是中国的强国战略,是中国更深层次改革、更高水平开放的必然路径。

(四) "内循环"对中国经济的五大好处

以"内循环"为主导将对今后十至二十年的中国经济带来至少五大好处:

1. 提高经济效益质量

在加工贸易"大进大出"的情况下,假设中国有 1 000 亿元的产值出口,其中 800 亿元将是外国零部件企业的产值,带动外国的就业和利润税收,而在中国产生的 GDP 仅占约 12%,为零部件组装费、劳务费。因此,"大进大出"状态的内外循环的经济效益质量低下。如果以"内循环"为主导,中国产生的 GDP 在产值中的占比会上升至 30%~33%,大幅提高经济效益质量。

2. 增强国民经济安全性

以"内循环"为主导能够使国民经济更加安全。例如,加工贸易"两头在外",大量依靠外国进口,一旦发生经济危机、自然灾害或社会动乱,易造成某个企业甚至是某些企业停摆,就会使产业链断裂,无法生产产品。

3. 促进企业加强自主研发

在以"外循环"为主导的情况下,企业容易误以为一切商品都可以通过交换获得,资源的优化配置不受任何干扰,因而不太注重自主研发环节。若以"内循环"为主导,更多的国内企业会像华为一样重视自主研发,加强核心器件研究,推动企业技术进步。

4. 充分培育要素市场

资本、技术、劳动力、土地等生产要素是支撑所有企业和所有商品流转的基础,因此,充分培育要素市场具有重要性和必要性,能够支撑起整个社会商品市场的发育。2020年4月9日,党中央、国务院印发《关于构建更加完善的要素市场化配置体制机制的意见》,分类提出土地、劳动力、资本、技术、数据五个要素领域的改革方向和具体举措,部署完善要素价格形成机制和市场运行机制。如果政策操作到位,这五个要素领域的改革将通过改善生产关系提高生产力,产生大量红利。那么,为什么中国的要素市场在过去发育不足呢?这是因为中国经济以"外循环"为主导,商品在世界要素市场中循环,而世界要素市场是充分发育的,因而不易察觉国内要素市场发育不充分的弊端。当中国经济转向以"内循环"为主导的时候,要素市场发育的重要性就会显现出来。

5. 扩大进口及其利益

以"内循环"为主导、充分挖掘国内市场潜力意味着扩大进口,这将带来诸多益处。第一,大量的进口代表中国民众相对富裕,具有消化全球产品的能力。第二,大量的进口能够提高中国的国际市场地位和世界影响力,并减少贸易摩擦。第三,大量进口的国家拥有定价权。第四,大量进口的国家拥有货币支付的决定权,有利于推动人民币国际化进程。

(五)推进"内循环"的举措

1. 提升创新驱动发展能力

目前,中国创新存在三个薄弱环节,若能在"内循环"下做好补短板工作,将形成强大的发展动力。第一,中国对核心电子器件、高端通用芯片及基础软件产品(以下简称"核高基")的研发投入存在短板。虽然2019年中国投入的研发费用已达到GDP的2.2%,约22 000亿元,在世界排名第二,但是,其中投资到"核高基"领域的研发费用仅占5%,约1 100亿元,比例非常低。而美国在"核高基"领域投入的研发费用是中国的20倍。第二,中国科研成果转化为生产力的比率太低。在创新研发的基础上,还需要加强建立科学技术转移机构。第三,中国在过去未向科研成果转化和产业化打开资本市场,于2019年才正式设立科创板,因此,需要继续加强完善独角兽科研成果产业化的资本投入体系。这三个薄弱环节若能打通,则将成为中国"内循环"创新的核心链条。

2. 加强新型基础设施建设

新型基础设施建设(以下简称"新基建"),主要包括5G基站建设、特高压、城际高速

铁路和城市轨道交通、新能源汽车充电桩、大数据中心、人工智能、工业互联网七大领域，涉及诸多产业链，是面向高质量发展需要，提供数字转型、智能升级、融合创新等服务的基础设施体系。"新基建"有助于推动中国参与甚至是引领第四次工业革命，因此，加强新型基础设施建设有利于扩大内需，推进"内循环"。

3. 挖掘传统产业的新发展空间

挖掘传统产业的新发展空间也是中国经济"内循环"中重要的增长动力。例如，中国汽车行业销售量在2018年和2019年连续下降，似乎到了天花板。但实际上，中国的汽车保有量仅占中国总人口的17%，与此相比，美国高达84%，欧洲和日本、韩国等发达国家超过60%，其他发展中国家如菲律宾、马来西亚也超过了40%。由此可见，传统行业在"内循环"中还有很大的可挖掘的发展空间。

4. 解决社会"内循环"消费能力问题

推进"内循环"要解决大中企业、小微企业、老百姓三大发展主体动力源泉的社会消费能力问题。在大中企业方面，调动企业积极性需要做好以下六点：一是解决好融资难、融资贵的问题，二是维持较低的税费成本，三是构建公平、公平、合理的市场秩序，四是保护企业的资产权利，五是处理好政府和企业之间的关系，六是保护企业家的家庭财产与人身安全。在小微企业方面，大企业富国，小企业富民，虽然小微企业不是突破生产率的工具，但是它能"解决80%的就业"。因此，小微企业是一个保障民生的重要群体，也需要重视解决其消费能力问题，发挥"内循环"动力。在老百姓方面，2020年中国还有大概6亿人属于低收入人群，其中主要是农民。农民的财产性收入在全年收入中的比例极低，若改革提高农民的财产性收入，或许能提高农民的总收入，从而增强农民的消费能力。

第四节　构建人类命运共同体

党的十八大以来，人类命运共同体思想由理念到理论，内涵不断丰富深刻；由愿景到倡议，成效明显；由双边到多边，认可范围不断扩展。人类命运共同体思想顺应经济全球化新形势，关切人类发展的前途命运，成为变革全球治理体系、构建新型国家关系和国际新秩序的共同价值规范。

一、何谓人类命运共同体？

"人类命运共同体"是一个什么"体"？概括地说是"五位一体"。习近平总书记在十九大报告中，从政治、安全、经济、文化、生态五个维度，对"人类命运共同体"进行定义，即"建设持久和平、普遍安全、共同繁荣、开放包容、清洁美丽的世界"。

"人类命运共同体"是中国政府最近几年提出的关于构建国际政治经济新秩序的战

略构想,体现了中国在自身综合国力不断增强的情况下参与国际新秩序构建的意愿。虽然这一设想在国际上受到了一些国家的非议,但只要中国对于人类命运共同体的目标设定合理、推进手段合理,那么,消除外部世界的非议,增强其对这一战略构想的认可,是完全可行的。

既然是人类命运共同体,就需要有一个世界上绝大多数国家都能接受的价值观目标。这样的目标应该具有普世性,而不是只有少数国家认可。《世界人权宣言》确立的各项原则,为世界绝大多数国家所普遍接受,可以看作普世价值观,非常适合作为人类命运共同体的价值观基础。因此,2018年12月10日,习近平总书记致信北京纪念《世界人权宣言》发表70周年座谈会,明确指出:"中国人民愿同各国人民一道,秉持和平、发展、公平、正义、民主、自由的人类共同价值……共同构建人类命运共同体,开创世界美好未来。"这是中国领导人首次将"人类共同价值"即"普世价值观"与"人类命运共同体"联系在一起,表明人类命运共同体应以普世价值观为基础,具有重要的意义。

二、为何要提倡构建人类命运共同体?

十九大报告同样阐释了为何要提倡构建人类命运共同体,习近平总书记在报告中指出,世界正处于大发展大变革大调整时期,和平与发展仍然是时代主题。世界多极化、经济全球化、社会信息化、文化多样化深入发展,全球治理体系和国际秩序变革加速推进,各国相互联系和依存日益加深,国际力量对比更趋平衡,和平发展大势不可逆转。同时,世界面临的不稳定性、不确定性突出,世界经济增长动能不足,贫富分化日益严重,地区热点问题此起彼伏,恐怖主义、网络安全、重大传染性疾病、气候变化等非传统安全威胁持续蔓延,各国人民面临许多共同挑战。这是倡导构建人类命运共同体的现实依据,全球问题需要各国人民共同解决,没有哪个国家能够独自应对人类面临的各种挑战,也没有哪个国家能够退回到自我封闭的孤岛。

三、如何构建人类命运共同体?

十九大报告又以五个"要"系统阐述了如何构建人类命运共同体:一要相互尊重、平等协商,坚决摒弃冷战思维和强权政治,走对话而不对抗、结伴而不结盟的国与国交往新路;二要坚持以对话解决争端、以协商化解分歧,统筹应对传统和非传统安全威胁,反对一切形式的恐怖主义;三要同舟共济,促进贸易和投资自由化便利化,推动经济全球化朝着更加开放、包容、普惠、平衡、共赢的方向发展;四要尊重世界文明多样性,以文明交流超越文明隔阂、文明互鉴超越文明冲突、文明共存超越文明优越;五要坚持环境友好,合作应对气候变化,保护好人类赖以生存的地球家园。接着十九大报告又提出以下具体做法:

（一）坚定奉行独立自主的和平外交政策

构建人类命运共同体要求中国坚定奉行独立自主的外交政策，尊重各国人民自主选择发展道路的权利，维护国际公平正义，反对把自己的意志强加于人，反对干涉别国内政，反对以强凌弱。中国决不会以牺牲别国利益为代价来发展自己，也决不放弃自己的正当权益，任何人不要幻想让中国吞下损害自身利益的苦果。中国奉行防御性的国防政策。中国的发展不会对任何国家构成威胁。中国无论发展到什么程度，永远不称霸，永远不搞扩张。

（二）积极发展全球伙伴关系

构建人类命运共同体要求中国积极发展全球伙伴关系，扩大同各国的利益交汇点，推进大国协调和合作，构建总体稳定、均衡发展的大国关系框架。按照亲诚惠容的理念和与邻为善、以邻为伴的周边外交方针深化同周边国家的关系。秉持正确的义利观和真实亲诚的理念，加强同发展中国家团结合作，加强同各国政党和政治组织的交流合作，推进人大、政协、军队、地方、人民团体等的对外交往。

（三）坚持对外开放

构建人类命运共同体要求中国坚持对外开放的基本国策，坚持打开国门搞建设，积极促进"一带一路"国际合作，努力实现政策沟通、设施联通、贸易畅通、资金融通、民心相通，打造国际合作新平台，增添共同发展新动力。加大对发展中国家特别是最不发达国家的援助力度，逐步缩小南北发展差距。中国坚定支持多边贸易体制，促进自由贸易区建设，推动建设开放型世界经济。

（四）秉持共商、共建、共享的全球治理观

构建人类命运共同体要求中国秉持共商、共建、共享的全球治理观，倡导国际关系民主化，坚持国家不分大小、强弱、贫富一律平等，支持联合国发挥积极作用，支持扩大发展中国家在国际事务中的代表性和发言权。中国将继续发挥负责任大国的作用，积极参与全球治理体系的改革和建设，不断贡献中国智慧和力量。

❤ 专栏一：学习小手册

- **党的二十大主题**

高举中国特色社会主义伟大旗帜，全面贯彻新时代中国特色社会主义思想，弘扬伟大建党精神，自信自强、守正创新，踔厉奋发、勇毅前行，为全面建设社会主义现代化国家、全面推进中华民族伟大复兴而团结奋斗。

- 党的行动指南

中国共产党以马克思列宁主义、毛泽东思想、邓小平理论、"三个代表"重要思想、科学发展观、习近平新时代中国特色社会主义思想作为自己的行动指南。

- 新时代中国社会主要矛盾

人民日益增长的美好生活需要和不平衡不充分的发展之间的矛盾。

- 如何继续推进实践基础上的理论创新？

首先要把握好新时代中国特色社会主义思想的世界观和方法论，坚持好、运用好贯穿其中的立场观点方法。必须坚持人民至上，坚持自信自立，坚持守正创新，坚持问题导向，坚持系统观念，坚持胸怀天下。

- 中国式现代化

中国式现代化，是中国共产党领导的社会主义现代化，既有各国现代化的共同特征，更有基于自己国情的中国特色。中国式现代化是人口规模巨大的现代化，是全体人民共同富裕的现代化，是物质文明和精神文明相协调的现代化，是人与自然和谐共生的现代化，是走和平发展道路的现代化。

- 全面建设社会主义现代化国家的首要任务

高质量发展是全面建设社会主义现代化国家的首要任务。发展是党执政兴国的第一要务。

- 中国特色社会主义进入新时代"两个没有变"

我国仍处于并将长期处于社会主义初级阶段的基本国情没有变，我国是世界最大发展中国家的国际地位没有变。

- "四个伟大"

"伟大斗争"：发展中国特色社会主义是一项长期的艰巨的历史任务，必须准备进行具有许多新的历史特点的伟大斗争；

"伟大工程"：党的建设新的伟大工程；

"伟大事业"：中国特色社会主义伟大事业；

"伟大梦想"：实现中华民族伟大复兴。

- 新时代中国特色社会主义思想的"八个明确"

（1）明确坚持和发展中国特色社会主义，总任务是实现社会主义现代化和中华民族伟大复兴，在全面建成小康社会的基础上，分两步走在本世纪中叶建成富强民主文明和谐美丽的社会主义现代化强国；

（2）明确新时代我国社会主要矛盾是人民日益增长的美好生活需要和不平衡不充分的发展之间的矛盾，必须坚持以人民为中心的发展思想，不断促进人的全面发展、全体人民共同富裕；

（3）明确中国特色社会主义事业总体布局是"五位一体"、战略布局是"四个全面"，强调坚定道路自信、理论自信、制度自信、文化自信；

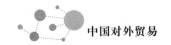

(4) 明确全面深化改革总目标是完善和发展中国特色社会主义制度、推进国家治理体系和治理能力现代化;

(5) 明确全面推进依法治国总目标是建设中国特色社会主义法治体系、建设社会主义法治国家;

(6) 明确党在新时代的强军目标是建设一支听党指挥、能打胜仗、作风优良的人民军队,把人民军队建设成为世界一流军队;

(7) 明确中国特色大国外交要推动构建新型国际关系,推动构建人类命运共同体;

(8) 明确中国特色社会主义最本质的特征是中国共产党领导,中国特色社会主义制度的最大优势是中国共产党领导,党是最高政治领导力量,提出新时代党的建设总要求,突出政治建设在党的建设中的重要地位。

- 新时代的重大时代课题

新时代坚持和发展什么样的中国特色社会主义、怎样坚持和发展中国特色社会主义。

- "五位一体"总体布局

经济建设、政治建设、文化建设、社会建设、生态文明建设。

- "四个全面"战略布局

全面建成小康社会、全面深化改革、全面依法治国、全面从严治党。

- "一带一路"

"丝绸之路经济带"和"21世纪海上丝绸之路"。

- 丝绸之路精神

和平合作、开放包容、互学互鉴、互利共赢。

- 新发展理念

创新发展、协调发展、绿色发展、开放发展、共享发展。

- 重点抓好决胜全面建成小康社会的"三大攻坚战"

防范化解重大风险,精准脱贫,污染防治。

- 全面建成小康社会的"七大战略"

科教兴国战略、人才强国战略、创新驱动发展战略、乡村振兴战略、区域协调发展战略、可持续发展战略、军民融合发展战略。

- "两个一百年"奋斗目标的历史交汇期

从十九大到二十大。

- "两个一百年"奋斗目标

在中国共产党成立一百年时全面建成小康社会,在新中国成立一百年时建成富强民主文明和谐美丽的社会主义现代化强国。

- 当前中国经济所处发展阶段

中国经济已由高速增长阶段转向高质量发展阶段,正处在转变发展方式、优化经济结构、转换增长动力的攻关期。

- "三去一降一补"

去产能、去库存、去杠杆、降成本、补短板。

- 习近平新时代中国特色社会主义经济思想的"七个坚持"

（1）坚持加强党对经济工作的集中统一领导，保证我国经济沿着正确方向发展；

（2）坚持以人民为中心的发展思想，贯穿到统筹推进"五位一体"总体布局和协调推进"四个全面"战略布局之中；

（3）坚持适应把握引领经济发展新常态，立足大局，把握规律；

（4）坚持使市场在资源配置中起决定性作用，更好发挥政府作用，坚决扫除经济发展的体制机制障碍；

（5）坚持适应我国经济发展主要矛盾变化完善宏观调控，相机抉择，开准药方，把推进供给侧结构性改革作为经济工作的主线；

（6）坚持问题导向部署经济发展新战略，对我国经济社会发展变革产生深远影响；

（7）坚持正确工作策略和方法，稳中求进，保持战略定力、坚持底线思维，一步一个脚印向前迈进。

- 实施乡村振兴战略的总要求

产业兴旺、生态宜居、乡风文明、治理有效、生活富裕。

- 社会治理的"三共""四化"

共建、共治、共享；社会化、法治化、智能化、专业化。

- 中国推动建设的新型国际关系

相互尊重、公平正义、合作共赢。

- 中国对全球治理提出的重要理念和倡议

构建人类命运共同体，建设持久和平、普遍安全、共同繁荣、开放包容、清洁美丽的世界。

- 中国秉持的全球治理观

共商、共建、共享的全球治理观。

- 习近平总书记对广东提出的"三个定位，两个率先"

广东要努力成为发展中国特色社会主义的排头兵、深化改革开放的先行地、探索科学发展的试验区，为率先全面建成小康社会、率先基本实现社会主义现代化而奋斗。

- 习近平总书记对广东提出的"四个坚持、三个支撑、两个走在前列"

坚持党的领导、坚持中国特色社会主义、坚持新发展理念、坚持改革开放，为全国推进供给侧结构性改革、实施创新驱动发展战略、构建开放型经济新体制提供支撑，努力在全面建成小康社会、加快建设社会主义现代化新征程上走在前列。

- 习近平总书记对广东提出的"四个走在全国前列"

广东要在构建推动经济高质量发展的体制机制上走在全国前列、在建设现代化经济

体系上走在全国前列、在形成全面开放新格局上走在全国前列、在营造共建共治共享社会治理格局上走在全国前列。

- 习近平总书记对广东提出的"两个重要窗口"

广东既是展示我国改革开放成就的重要窗口,也是国际社会观察我国改革开放的重要窗口。

专栏二：世界贸易和金融问题研究的相关论坛

- 世界贸易组织(World Trade Organization, WTO):1995年,WTO取代了关税及贸易总协定(General Agreement on Tariffs and Trade, GATT)。WTO由164个国家和地区组成,涵盖了98%的世界贸易。它是一个多边贸易机构,为贸易谈判提供框架,并为国际贸易的行为制定基本规则。
- 国际货币基金组织(International Monetary Fund, IMF):IMF成立于1944年,拥有190个成员。IMF关注国际货币问题,为其成员提供所需要的金融资源,并监督国际货币体系。
- 世界银行(World Bank):世界银行成立于1945年,拥有189个成员,为发展中国家提供发展贷款,其资金来源于成员的认缴股本和世界资本市场中的募集资金。需要注意的是,它不是一个国际的中央银行。
- 欧盟(European Union, EU):欧盟是一个紧密的地区集团,拥有27个成员国、4.5亿人口和相当于美国的GDP。其总部设在比利时首都布鲁塞尔。其中19个成员国采用了欧元作为共同货币,并建立了共同的中央银行。
- 十国集团(Group of Ten, G10):十国集团由10个主要工业国组成,寻求磋商经济问题和协调经济政策。其成员国包括美国、英国、日本、德国、法国(这5个工业国构成了五国集团G5)、意大利、加拿大(前7个工业国构成了七国集团G7)、比利时、荷兰、瑞典。
- 联合国贸易和发展会议(The United Nations Conference on Trade and Development, UNCTAD):UNCTAD是联合国的一个组织,关注国际贸易和发展的问题。
- 经济合作与发展组织(Organization for Economic Cooperation and Development, OECD):OECD由来自北美、西欧、大洋洲东亚等区域的38个国家,磋商一系列广泛的经济问题。

本章小结

中国对外贸易活动已有近三千年的历史,随着以"丝绸之路"为载体的对外贸易的兴起,不断促进着世界文化的交流与文明的进步。早在殷商时期,中国已有关于贸易活动的记录,春秋战国时期已形成较规范的贸易体制,唐朝时设立市舶使开始对贸易活动进行管理,元朝制定了海关条例的前身——《市舶则法》,明朝的郑和下西洋和三角贸易是中国参与经济全球化的早期表现。鸦片战争后,中国沦为半殖民地半封建社会,对外贸易完全丧失了独立自主的地位。中华人民共和国成立至今,对外贸易发展历程以改革开放、加入 WTO、十九大为节点,分为四个阶段,不断适应经济全球化新形势,扩大开放,取得了伟大的成就,已发展为世界贸易大国。如今,在党的十九大报告下学习如何推动形成全面开放新格局、如何构建人类命运共同体,具有深刻的意义。

本章主要概念

贸易、国际贸易、市舶制度、三角贸易、改革开放、承包经营责任制、创新驱动发展战略、"一带一路"倡议、人类命运共同体、"双循环"新发展格局

练习与思考

1. 简述当今中国面临的经济新形势,思考如何推动构建全面开放新格局。
2. 阐述"内循环"对中国经济的五大好处。
3. 为何外向型经济支撑不起强国战略?
4. 通过本章的学习,结合当前中国对外贸易发展的现状,对未来中国对外贸易的健康良性发展提出自己的意见。
5. 阅读并了解第四节中的《决胜全面建成小康社会　夺取新时代中国特色社会主义伟大胜利——在中国共产党第十九次全国代表大会上的报告》节选以及《学习小手册》。

推荐阅读

LARDY N R. Integrating China into the global economy[M]. Washington D. C.: The Brookings Institution Press, 2002.

白明等.中国对外贸易史[M].北京:中国商务出版社,2015.

傅高义.邓小平时代[M].冯克利,译.北京:生活·读书·新知三联书店,2013.

国家发展和改革委员会国际合作中心对外开放课题组.中国对外开放 40 年[M].北京:人民出版社,2018.

郭晴."双循环"新发展格局的现实逻辑与实现路径[J].求索,2020,322(6):100-107.

马克思,恩格斯.共产党宣言[M].北京:人民出版社,2018.

马克思.资本论[M].郭大力,王亚南,译.上海:上海三联书店,2009.

裴长洪,刘洪愧.中国怎样迈向贸易强国:一个新的分析思路[J].经济研究,2017,52(5):26-43.

裴长洪,刘斌.中国对外贸易的动能转换与国际竞争新优势的形成[J].经济研究,2019,54(5):4-15.

蒲清平,杨聪林.构建"双循环"新发展格局的现实逻辑、实施路径与时代价值[J].重庆大学学报(社会科学版),2020,26(6):24-34.

钱学锋,裴婷.国内国际双循环新发展格局:理论逻辑与内生动力[J].重庆大学学报(社会科学版),2021,27(1):14-26.

曲韵,王微微,郑春芳,等.中国对外贸易通史:第三卷[M].北京:对外经济贸易大学出版社,2018.

沈觉人.当代中国对外贸易[M].北京:当代中国出版社,1992.

石广生.中国对外经济贸易改革和发展史[M].北京:人民出版社,2013.

隋广军,张建武,胡文涛.广东对外开放40年[M].广州:中山大学出版社,2018.

孙玉琴,常旭.中国对外贸易通史:第一卷[M].北京:对外经济贸易大学出版社,2018.

孙玉琴,陈晋文,蒋清宏,等.中国对外贸易通史:第二卷[M].北京:对外经济贸易大学出版社,2018.

孙玉琴,孙倩.中国对外贸易通史:第四卷[M].北京:对外经济贸易大学出版社,2018.

伍山林."双循环"新发展格局的战略涵义[J].求索,2020(6):90-99.

习近平.习近平谈治国理政:第三卷[M].北京:外文出版社,2019.

习近平.在经济社会领域专家座谈会上的讲话[M].北京:人民出版社,2020.

亚当·斯密.国富论[M].郭大力,王亚南,译.北京:商务印书馆,2019.

汉密尔顿,麦迪逊,杰伊.联邦论[M].尹宣,译.南京:译林出版社,2016.

凯恩斯.就业、利息和货币通论[M].徐毓枬,译.南京:译林出版社,2019.

余淼杰.中国对外贸易的奇迹:40年开放强国之路[M].上海:格致出版社,2018.

第二章
为什么发生国际贸易

知识点
贸易思想、比较优势理论、中国对外贸易理论依据

重点
了解中国贸易思想发展,掌握对外贸易理论,理解对外开放国策

难点
比较不同阶段我国对外贸易政策的异同

自改革开放以来,中国对外贸易快速发展,同时伴随着从未停休的应以哪种理论指导的争论,其理论依据也随着国内经济体制改革和国际贸易理论发展而不断调整。中国对外贸易理论依据的发展经历了从支持马克思主义政治经济学、否定西方国际贸易理论,到普遍接受西方传统贸易理论的合理内核,再到关于新贸易理论适用性的讨论的过程,未来发展仍将继续。

第一节 中国传统对外贸易思想简介

中国传统对外贸易思想源于马克思国际贸易理论体系,其国际分工理论与国际价值理论成为中国解释国际贸易成因、价格形成、贸易方式以及利益分配的主要理论依据。现在,随着对国际贸易理论认识的不断深入及改革开放的不断深化,中国对外贸易思想逐渐朝更加合理化的方向发展。

一、调剂余缺论

调剂余缺论是 20 世纪 80 年代以前中国理论界的一种代表性观点。在计划经济时代和改革开放之初,中国理论界对以商品生产和交换为基础的市场经济有所怀疑,没有清醒认识到国际贸易的价值增值作用及其他对经济增长的促进作用,所以把国际贸易当作调剂余缺的一种辅助手段。**调剂余缺论认为,社会主义对外贸易只是为了改进国民经济实物的构成,弥补部分物资的不足,调节经济比例关系。**显然,这种观点服务于计划经济,其理论特征已不是建立在社会化大生产基础上的马克思主义国际分工理论,而是自给自足的自然经济思想。

从实物形态来看,对外贸易确实起到了"调剂余缺"的作用。一方面,一个国家不可能生产自己需要的所有产品,需要从国外进口。特别是发展中国家,在经济建设中对机械、设备等资本品的需求往往超出本国的供给能力,需要进口以弥补国内的供给不足。另一方面,在传统的计划经济体制下,经济发展不平衡、计划失误、天灾人祸等情况的发生会使供求总量出现缺口,经济结构发生失衡,因而也需要对外贸易来解决。调剂余缺在贸易实践中的基本做法就是出口长线产品和进口短线产品。这种以获得实物资源为目的的国际交换曾对中国的国民经济发展起到很大的促进作用,主要表现有:通过引进先进技术及进口大量设备和机械,加速了中国工业化基础的建立;通过进口中国工业所缺的物资和原材料,优化和补充了中国社会主义扩大再生产的比例;通过进口农业机械和化肥、农药等农用物资,促进了中国农业发展;在经济困难时期,通过进口中国急需的粮油食品等物资,缓和了国内市场供应紧张的局面。

然而,调剂余缺论也有明显的缺陷。一是它仅强调了国际贸易的实物交换功能,而忽视了其价值增值作用。这种片面的观点主要源于对国际价值规律的错误认识,即认为在国际价值形成和按国际价值进行交换的过程中,商品价值只会发生转移而不会增值,因而认为国际交换的结果只是商品实物形态的交换。二是从政治经济学角度分析,调剂余缺论割裂了国际贸易中商品使用价值和价值的统一性,将计划经济中实物与价值运动的不对称性照搬到国际商品交换领域中,这忽视了国内市场与国际市场的差异。这种狭隘的贸易理论在实践中不计换汇成本,不注重经济效益,给经济和社会发展带来了危害。

二、国际收支调节论

改革开放以来,中国经济快速发展。为了满足国内经济发展的需要,国家进行了大规模的投资建设,并进口了大量成套设备,从而造成了**资金缺口**和**外汇缺口**这两大缺口。**两缺口现象,尤其是外汇缺口,是当时中国实行进口替代战略的必然结果**。为了弥补外汇缺口,国家不得不鼓励出口以换取外汇。与此相适应,国际贸易理论中出现了国际收支调节论的观点。

国际收支调节论强调对外贸易的主要功能是出口创汇或维护国际收支平衡，认为对外贸易既能满足国内进口的外汇需求，又能弥补国际收支逆差。在此思想指导下，中国政府采取了外汇留成、减免国内税和出口退税等鼓励出口的措施，极大地促进了出口，为国家增加了外汇收入。虽然与调剂余缺论相比，国际收支调节论有一定的认识上的进步，但它依然没有摆脱计划经济和自给自足的自然经济思想，在实践中也没有改变不计换汇成本、单纯追求创汇指标的不符合国际贸易利益原则的做法。

三、国际贸易盈利论

国际贸易盈利论是在对以上两种观点进行批判的基础上提出的，其基本思想是国际贸易的功能不仅仅是调剂余缺或单纯创汇，更重要的是增加一国的收入。国际贸易的盈利来源有：①关税和其他税收收入；②通过进口廉价原材料和机械设备而节约的社会劳动价值；③通过商品出口而实现的商品价值增值。强调国际贸易的价值增值功能是国际贸易盈利论在理论上的主要贡献。

国际贸易盈利论主要依据马克思主义政治经济学，同时也对大卫·李嘉图（David Ricardo）的比较利益原则给予了充分肯定，认为其与马克思主义政治经济学的分析都是建立在劳动价值论基础之上的，并且其所主张的劳动生产率不同的国家通过国际贸易可以实现社会劳动节约的论断在一定条件下可以实现。因此国际贸易盈利论主张遵循比较利益原则，根据中国实际情况扬长避短，进口中国处于劣势的产品，用较少的劳动消耗获得较大的经济成果，以达到节约社会劳动、提高劳动生产率的目的。国际贸易盈利论是在马克思主义理论框架内对西方古典贸易理论进行阐述的初次尝试，虽然这种阐释并不完全，但它揭示了西方古典贸易理论的"合理内核"，为东西方学者所普遍接受，有着深远的理论影响。同时，**这也是西方贸易理论正式成为中国对外贸易理论依据的开端**。

第二节　比较优势理论与中国对外贸易

随着改革开放不断深化，比较优势理论逐渐成为中国对外贸易理论依据的主要思想来源。比较优势理论认为，发生国际贸易的原因是各国在产品生产上存在比较优势，这种比较优势主要用相对劳动生产率、相对劳动成本或机会成本来衡量。中国作为发展中大国，主要采取比较优势的贸易发展战略，外贸出口规模快速扩大，自1992年以来，在不到15年里，外贸出口总额从世界第十一位登至第一位，极大促进了国民经济的增长。

一、古典贸易理论思想简介

关于国际贸易发生的原因与影响，最早阐述于英国古典经济学家亚当·斯密（Adam

Smith)基于劳动价值学说,将生产过程的研究作为贸易理论的起点,以地域分工为基础提出的绝对优势理论,这便是古典贸易理论。

(一)重商主义

重商主义是比较优势理论产生之前的主导贸易理论。该理论认为以贵金属形态存在的货币是财富的唯一形式,一国增加财富的途径只有两个:①在国内直接扩大贵金属的生产和供给;②通过出口获取其他国的贵金属,在政策上实行奖出限入的贸易保护政策。换句话说,**该理论认为在国际贸易中,一国的收益就是另一国的损失,要遵循多卖少买的原则,保证贸易顺差,从而增加本国财富。**

(二)绝对优势理论

斯密在《国民财富的性质和原因的研究》(*An Inquiry into the Nature and Causes of the Wealth*)一书中对重商主义进行了全面批判。他以家庭为例推及国家,指出一件商品如果在本国生产比在他国生产所耗成本高,就应放弃在本国生产,选择从他国进口。这种以绝对优势为基础的国际分工和自由贸易能够同时增加两国的财富。他否定重商主义所认为的国际贸易是零和博弈,认为国际贸易应是正的非零和博弈。斯密不仅揭示了国家之间为什么会发生贸易,还回答了如何进行贸易。他指出在市场经济中,微观主体可以通过分工和交换来实现双赢,个体利益和社会利益是相互联系的,经济主体之间的利益关系并非像重商主义描述的那样一定是"你死我活"的结果。**只要两个国家各自出口生产成本绝对低的产品,进口生产成本绝对高的产品,贸易就可以使两个国家同时受益。**因此,各国应当鼓励自由贸易,深化国际分工。

斯密的理论被称为绝对优势理论,为国际贸易的发生提供了重要的理论依据。但该理论存在一定局限,他所指的正的非零和博弈仅存在于两个技术发展水平相同或相近的国家,而对于两个技术发展水平悬殊的国家是否要进行国际贸易则缺乏解释力。李嘉图则回答了这一问题,他在《政治经济学及税赋原理》(*On the Principles of Political Economy and Taxation*)一书中对斯密的观点进行了完善。李嘉图认为,国家之间无论经济发展水平强弱,只要按照其比较优势生产并交易,一样能实现正的非零和博弈。也就是说,**绝对优势理论属于比较优势理论的一种特殊情况。**

二、新古典贸易理论思想简介

20世纪70年代以前,比较优势理论几乎是所有国际贸易的理论基础。该理论原本置于古典政治经济学框架之下,以劳动价值论为基础,但在19世纪70年代经济学"边际革命"后,它被纳入了新古典经济学的框架。比较优势理论包括比较成本理论和要素禀赋理论,前者是基石,其逻辑分析是比较优势理论的核心部分;后者则是在比较成本理论基础上的新发展,对比较优势的来源进行了讨论。这些理论具有相似的思想基础,却又从不同的角度对国际贸易新现象做出了解释,反映了人们对国际贸易认识的深化。

(一) 比较优势理论:李嘉图模型

李嘉图认为,发生国际贸易的基础不是各国间生产成本的绝对差异,而是生产成本的相对差异。他对国际贸易模式的研究一般被认为是比较优势理论的起点。他指出,比较优势就是不同国家生产同一种产品的机会成本差异,该差异来源于各国生产该产品的劳动生产率差异或技术差异。该理论假定世界上只有两个国家,劳动力是唯一的生产要素,且生产同一种产品。由于各国的劳动生产率有所差异,在工资率给定的情况下,两个国家生产的产品在相对成本上必然存在差异,进而导致相对价格差异。无论这种差异是相对的还是绝对的,只要存在,就可以按照一定的国际价格进行交换。**只要两个国家各自出口相对成本较低(具有比较优势)的产品,而进口相对成本较高(具有比较劣势)的产品,贸易就可以使双方都获利。**按照该理论,为了寻求利益最大化,每个国家都应根据"两利相权取其重,两弊相权取其轻"的原则,集中生产并出口其具有比较优势的产品,而放弃具有比较劣势的产品,进而实现完全的专业化分工。

该理论仅在两国之间的同一种产品中进行比较,但现实世界中的商品远不止一种。因此,一些追随者把李嘉图模型扩展到两国多种产品的分析,其中最具代表性的是 D-F-S (Dornbusch,Fischer,Samuelson)模型。该模型指出,与国外生产相比,如果一系列产品的相对劳动生产率高于相对工资,则这些产品在本国生产具有比较优势,应该在本国生产并出口这些产品;否则,应当进口这些产品。

比较优势理论很好地解释了完全处于绝对劣势的国家也能从国际贸易中获利的现象。**该理论的提出标志着国际贸易理论体系的建立,保罗·萨缪尔森(Paul Samuelson)称其为"国际贸易不可动摇的基础"。**

尽管比较优势理论有一定的解释力,但仍存在一些缺陷:①实际上各国普遍实现的是相对专业化分工,而非比较优势理论所设想的完全专业化分工;②比较优势理论以技术差异或劳动生产率差异为基础,仅从供给角度解释了为什么发生国际贸易,而忽略了需求因素;③该理论认为技术差异是比较优势的唯一来源,其分析仅局限于技术不变情况下的劳动力这单一生产要素,而忽略了资本。

(二) 比较优势理论:要素禀赋理论(H-O 模型)

要素禀赋理论是由伊莱·赫克歇尔(Eli Heckscher)提出,后经其学生伯尔蒂尔·俄林(Bertil Olin)的阐发而成型的,故称 H-O 模型。该理论经过几代经济学家的建模与模型化拓展,形成了一个关于国际贸易的数学模型体系。要素禀赋理论的核心与拓展集中体现在四个定理中,分别是赫克歇尔-俄林(H-O)定理、斯托尔帕-萨缪尔森(S-S)定理、要素价格均等化(H-O-S)定理以及雷布津斯基定理。其中,H-O 定理和 S-S 定理描述了模型中几对关键变量之间的互动关系,而 H-O-S 定理和雷布津斯基定理则给出了模型的重要推断结论。

1. H-O 模型的基本分析框架

H-O 模型将李嘉图的比较优势理论进行扩展并纳入一般均衡的分析框架,重新描述了比较优势原理,认为在决定比较优势的因素中,要素禀赋最为重要。所谓要素,就是对生产过程发生作用的各种有形或无形的因素,如自然资源、土地、物质资本、知识资本、熟练与非熟练劳动力等。所谓要素禀赋,就是指一国或地区实际拥有的要素总量及结构。某种产品或行业的生产活动能否比较密集地利用该国相对丰裕的要素,它们生产的成本比例能否与该国结构相一致,决定了它们是否具有比较优势。越是能密集利用一国丰裕要素的生产活动,越具有比较优势;反之,越缺乏比较优势。

H-O 模型指出,在不同国家的生产函数相同的情况下,产品投入要素成为比较成本差异形成的主要原因,一国在生产密集使用本国相对丰裕要素的产品时,成本比较低;而生产密集使用他国相对丰裕要素的产品时,成本就比较高。因此得出 **H-O 模型的基本命题:一国将出口那些密集使用本国相对丰裕因而便宜的要素所生产的产品,进口那些密集使用本国相对稀缺因而昂贵的要素所生产的产品**。简而言之,一个劳动力丰裕但资本稀缺的国家,应当出口劳动密集型产品,进口资本密集型产品;一个资本丰裕但劳动力稀缺的国家,应当出口资本密集型产品,进口劳动密集型产品。

2. H-O 模型的扩展一:S-S 定理

在要素禀赋理论提出后,要素价格成为国际贸易中人们关注的焦点。国际贸易因相对价格差异而产生,反过来,国际贸易又促使各贸易国的商品价格趋于相等。实际上,这种商品的流动弥补了生产要素在各国之间不能流动的缺陷,即劳动力相对稀缺的国家可以通过进口劳动密集型产品来弥补国内劳动力短缺,而资本相对稀缺的国家可以通过进口资本密集型产品来弥补国内资本短缺,从而使各国要素禀赋差异最终可以通过贸易消除。

沃尔夫冈·斯托尔帕(Wolfgang Stolper)和萨缪尔森 1941 年在《保护主义与实际工资》一文中分析了商品价格的变化对生产要素价格的影响,发现商品价格的变化会影响生产中密集使用的生产要素价格的变化,进而影响收入的分配。该理论被称为 S-S 定理。**S-S 定理的基本命题是:某一商品相对价格的上升,将导致该商品密集使用的生产要素的实际价格或报酬提高,而另一种生产要素(稀缺要素)的实际价格或报酬则下降**。该定理还引申出一个重要结论:国际贸易会增加该国丰裕要素所有者的实际收入,而减少稀缺要素所有者的实际收入。其原因在于贸易后一国出口商品的相对价格上升,根据 H-O 模型,一国出口的商品所密集使用的生产要素是该国的相对丰裕要素,所以出口商品价格的上升将导致该国丰裕要素的实际报酬上升,而稀缺要素的实际报酬下降。

这一结论表明,国际贸易虽然能提高整个国家的福利水平,但并不是对每一个人都有利,在一部分人收入增加的同时,另一部分人的收入却减少了。国际贸易会对一国要素收入分配格局产生实质性的影响,这也正是有人反对自由贸易的原因。

3. H-O 模型的扩展二：H-O-S 定理

萨缪尔森1948年在《国际贸易与要素价格均等化》一文中,在H-O模型的基础上,考察了国际贸易对生产要素价格的影响,论证了自由贸易将导致要素价格均等化,该理论被称为H-O-S定理。

该理论认为,随着贸易的开展,两国的某一种商品的相对价格的差异会不断缩小,并最终达到均等。在这个过程中,两国丰裕要素的价格不断上升,稀缺要素的价格则不断下降,于是两国要素价格朝着差异缩小的目标变化,直至趋同。也就是说,**随着商品价格的统一,两国要素价格水平将达到均等**。

需要强调的是,要素价格水平的均等是以商品价格的统一为先决条件的。现实中,由于运输成本和一些贸易壁垒的存在,各国的商品价格难以达到一致,因此,国际要素价格水平均等化在现实中一般难以实现。除此之外,要素价格水平均等化还要求生产技术条件必须完全一样,这也是一个比较苛刻的条件。

4. H-O 模型的扩展三：雷布津斯基定理

上述的要素禀赋理论模型都假定一国的要素总量固定不变,然而若放松这条假定,要素禀赋的变化就会导致一国生产可能性边界的移动,从而可能影响其贸易条件,甚至比较优势的形态。为了描述在商品相对价格不变的前提下,生产对要素禀赋变化的反应,塔德乌什·雷布津斯基(Tadeusz Rybczyński)于1955年提出：**在商品价格给定的条件下,某生产要素量的增加将使密集使用该要素的部门生产增加,产业得到扩展；而另一部门(密集使用其他因素的部门)生产下降,产业将萎缩**,被称为雷布津斯基定理。

雷布津斯基定理表明,如果时间足够长,要素积累或经济增长可能会改变一国比较优势形态,即以前具有比较优势的产品,随着经济增长可能变为处于比较劣势；以前具有比较劣势的产品,也可能变得具有比较优势。

三、比较优势理论与中国实际

比较优势理论以比较优势思想为基础,不断完善发展,从不同角度探寻比较优势的来源。比较优势理论在中国的适用性取决于其对中国对外贸易发展的解释力。

一般认为,发展中国家在资金和技术方面相对缺乏,而在劳动力和自然资源方面相对充裕。表2-1显示,2000—2018年中国的劳动密集型产品长期处于很强的比较优势地位,但优势渐弱。初级产品表现出比较劣势,且呈渐弱趋势,表明中国出口产品结构已经摆脱了低收入国家依赖初级产品这一常有特征。资本和技术密集型产品由比较劣势逐渐转变为比较优势,这是因为随着中国国内资本积累,尤其是外资大量流入,中国的资本和技术短缺状况得到了逐步改善。但是,与劳动密集型产品相比,中国的资本和技术密集型产品仍处于比较劣势地位。因此,根据比较优势思想,中国应进口初级产品、资本和技术密集型产品等"比较劣势"产品,而中国的实际情况也基本如此,如表2-2所示。

表 2-1 2000—2018 年中国出口产品显示性比较优势指数（RCA）

年份	产品类型		
	初级产品	劳动密集型产品	资本和技术密集型产品
2000	0.521	1.992	0.757
2001	0.508	1.876	0.812
2002	0.458	1.803	0.867
2003	0.405	1.716	0.958
2004	0.340	1.672	1.010
2005	0.294	1.666	1.070
2006	0.234	1.695	1.099
2007	0.222	1.667	1.103
2008	0.203	1.717	1.181
2009	0.213	1.655	1.192
2010	0.197	1.667	1.222
2011	0.184	1.745	1.250
2012	0.174	1.816	1.221
2013	0.171	1.840	1.229
2014	0.179	1.816	1.166
2015	0.212	1.695	1.099
2016	0.241	1.683	1.091
2017	0.246	1.621	1.127
2018	0.251	1.593	1.148

资料来源：联合国商品贸易统计数据库。

表 2-2 2000—2018 年中国各类产品进出口额　　　　　　单位：亿美元

年份	产品类型					
	初级产品		劳动密集型		资本和技术密集型	
	进口	出口	进口	出口	进口	出口
2000	467.37	254.57	544.89	1 285.35	1 221.44	946.98
2001	457.43	263.38	570.14	1 309.23	1 391.20	1 082.53
2002	492.71	285.40	682.90	1 541.07	1 760.46	1 423.01
2003	727.60	348.06	969.14	1 951.07	2 418.01	2 073.53
2004	1 172.67	405.49	1 241.29	2 570.44	3 183.04	2 946.20
2005	1 477.14	490.37	1 420.19	3 233.04	3 682.12	3 880.06
2006	1 871.29	529.19	1 582.34	4 128.30	4 440.68	5 008.72
2007	2 433.68	624.46	1 902.08	5 172.74	5 200.75	6 381.60

(单位:亿美元)(续表)

年份	产品类型					
	初级产品		劳动密集型		资本和技术密集型	
	进口	出口	进口	出口	进口	出口
2008	3 625.81	779.78	2 046.23	5 976.27	5 609.49	7 533.78
2009	2 893.50	631.22	1 926.67	4 837.61	5 202.32	6 531.35
2010	4 339.48	817.21	2 445.15	6 259.81	6 991.03	8 685.93
2011	6 047.27	1 005.91	2 776.96	7 781.33	8 114.59	10 173.22
2012	6 354.91	1 006.05	2 819.39	8 679.50	8 319.97	10 788.10
2013	6 587.39	1 073.13	2 861.84	9 408.73	9 003.33	11 590.92
2014	6 477.39	1 127.47	3 114.60	10 209.83	9 172.72	12 062.96
2015	4 726.06	1 039.74	2 669.05	9 768.18	8 539.33	11 902.95
2016	4 416.74	1 052.01	2 473.86	8 792.36	8 219.63	11 074.00
2017	5 791.32	1 177.85	2 692.76	9 130.28	9 293.06	12 267.99
2018	6 995.37	1 347.45	2 944.89	9 672.92	10 639.69	13 785.26

资料来源:联合国商品贸易统计数据库。

第三节　新贸易理论与中国对外贸易

传统贸易理论只能解释产业间贸易而不能解释产业内贸易,因而产业内贸易理论的产生是国际贸易理论发展进程中的重大突破。以保罗·克鲁格曼(Paul Krugman)为代表的学者所提出的新贸易理论抛弃了传统贸易理论关于完全竞争和规模收益不变的假定,从不完全竞争和规模经济的角度出发,寻找发生产业内贸易的动因和福利影响。伴随着新贸易理论的产生,克鲁格曼还提出了战略性贸易政策。目前,中国作为发展中国家,经济仍处于转轨之中,实行战略性贸易政策的条件正不断成熟。

一、新贸易理论思想简介

(一)产业内贸易理论

产业内贸易是指一个国家在一定时期内(一般为一年)既出口又进口同一种产品,同时同一种产品的中间产品(如零部件)也大量参加贸易的现象。

相应理论的前提假设包括:①静态分析;②市场不完全竞争(垄断竞争);③经济中具有规模收益;④考虑相同需求和不同需求两种情况。

进行产业内贸易的企业必须具备两个基本条件:①生产投入要素相近;②产品在用途上可以相互替代。

(二) 规模经济贸易理论

克鲁格曼与埃尔赫南·赫尔普曼(Elhanan Helpman)于1985年在《市场结构和对外贸易：报酬递增、不完全竞争和国际经济》(Market Structure and Foreign Trade: Increasing Returns, Imperfect Competition, and the International Economy)一书中提出规模经济贸易理论。该理论认为，规模收益递增直接为国际贸易提供了基础。当某一产品的生产发生规模收益递增时，随着生产规模的扩大，单位产品生产成本递减，获得成本优势，从而导致专业化生产并出口这一产品。

规模经济(Economies of Scale)是指在企业生产扩张的开始阶段，企业由于扩大生产规模而使经济效益得到提高。规模收益不变是传统贸易理论的重要假设，即假定厂商无论生产多少数量的产品，每多生产一件产品，增加的成本总是不变的(边际成本不变)。而实际上，现代许多工业部门都具有规模经济的特点，即收益递增，成本递减。规模经济越大，生产效率越高，投入增加1倍，产出可增加1倍以上。多数资本、技术密集型的大型垄断企业的工业产品生产都具有规模经济的特点，因此规模经济贸易理论较好地解释了20世纪60年代以后大量出现的产业内贸易现象。

规模经济贸易理论具有两个基本前提假设：一是企业生产具有规模经济；二是国际市场的竞争不完全。在现实国际贸易中，存在大量垄断和竞争混合并存的市场结构。因此，在"规模经济"和"垄断竞争"的条件下，任何一国都不可能生产某个行业的全部产品，这使得国际分工和贸易成为必然。某国集中生产什么产品，并没有固定的模式，既可以自由发展，也可以协议分工。值得注意的是，发达国家之间工业产品"双向贸易"的基础是规模经济，而不是技术不同或资源配置不同所产生的比较优势。

将规模经济因素导入国际贸易，标志着传统贸易理论向新贸易理论的转变。传统贸易理论认为，国际贸易格局的形成取决于各国的资源禀赋、技术水平甚至需求偏好这类基本的经济特征，各国为了充分发挥由这些基本特征的差异所形成的比较优势而进行国际贸易。但实践证明，发达国家之间的贸易，特别是资本、技术密集型产品贸易，并不是以这些基本特征的差异为基础的。而规模经济、垄断竞争、产品差异已成为当代国际贸易发展的主导因素。特别是在区域内、产业内贸易中，规模经济的作用甚至大于常规的比较利益。因此，规模经济因素被抽象出来作为国际贸易的决定因素，在理论上具有极高的价值。

同时，规模经济贸易理论揭示了规模收益递增是当代贸易利益的又一重要来源。规模收益递增的存在意味着，两个经济情形相似的国家也可以通过贸易获利。这种新型贸易利益可以独立于任何利益而存在。国际经验也表明，一国缺乏规模经济或只在国内具有规模经济的产业，在开展贸易后都能获得国际规模的递增收益，本国制造业和服务业会得到更快、更好的发展，消费者也能获得更多的福利。

(三) 需求偏好相似理论(重叠需求理论)

需求偏好相似理论是由斯塔芬·林德(Staffan Linder)于 1961 年在《论贸易与转型》(*An Essay on Trade and Transformation*)一书中提出的。他认为,H-O 模型能够较好地解释初级产品的贸易模式,但不足以解释制成品的贸易模式。

林德认为,**国际贸易是国内贸易的延伸,产品的出口结构、流向及贸易量大小取决于本国的需求偏好,而一国的需求偏好又取决于该国的人均收入水平**。原因如下:①产品能够出口的前提条件是其国内需求。出口仅仅是国内生产和销售的延伸,企业不可能生产一种国内不存在扩大需求的产品。②人均收入水平是影响一国消费结构的最主要因素。高收入国家对高档商品存在较大的需求;低收入国家则以低档商品消费为主,以满足基本生活需求。因此,人均收入水平可以作为衡量两国偏好相似程度或需求结构的指标。③两国消费偏好的相似程度越大,则其需求结构越接近,即需求重叠的部分越大。重叠需求(Overlapping Demand)是两国开展国际贸易的基础,两国均可进口和出口在这重叠范围内的商品。

根据需求偏好相似理论,一国的人均收入水平将决定一种特定的偏好方式。人均收入水平高的国家会对高档商品(奢侈品)存在需求,而人均收入水平低的国家则需要低档商品(必需品)。那么,一个国家最可能与哪种类型的国家进行交易呢?林德的回答是:人均收入水平接近的国家,它们的需求结构存在重叠范围,因而可能消费相同类型的产品。由于林德从重叠需求的角度解释国际贸易模式,因此其假说也被称为重叠需求理论。

需求偏好相似理论与要素禀赋理论具有不同的适用性。要素禀赋理论主要解释发生在发达国家与发展中国家之间的产业间贸易(Inter-industry Trade),即工业品与初级产品之间的贸易;需求偏好相似理论则从需求角度解释了发生在发达国家之间的产业内贸易(Intra-industry Trade),即制造业内部的一种水平式贸易。需求偏好相似理论是对要素禀赋理论的发展和完善。

(四) 国家竞争优势理论

国家竞争优势理论是由迈克尔·波特(Michael Porter)提出的。20 世纪八九十年代,波特先后出版了《竞争战略》(*Competition Strategy*)、《竞争优势》(*Competitive Advantage*)和《国家竞争优势》(*The Competitive Advantage of Nations*)三本书,分别从微观、中观和宏观三个层面系统论述了企业竞争、产业竞争和国家竞争的问题,从而提出竞争优势理论,其对国际贸易的解释更具有统一性和说服力,由此形成了一个新的理论框架雏形。

根据国家竞争优势理论,一个国家的竞争优势就是企业和产业的竞争优势,也就是生产力发展水平的优势。波特认为,一国产业的发展水平和创新能力的高低决定了其能否在国际市场中获得竞争优势,而竞争优势形成的关键又在于能否使主导产业具有优势。波特指出,优势产业的建立依靠生产效率的提高,而产业竞争优势又源于企业是否具有创新机制。可是各国的竞争格局存在明显的差异,没有一个国家能够在所有产业或绝大多数产业上具有竞争优势,各国最多能够在一些特定的产业竞争中获胜,这些产业的国内环境往往最有活力和最富竞争性。具体而言,波特的国家竞争优势理论分别从微观、中观和宏观三个层面进行讨论,既探讨了要素、技术等因素对国际贸易的影响,又反映了竞争优势与国际贸易的动态变化。

1. 微观竞争机制

国家竞争优势的基础在于其企业内部的活力。企业缺乏活力,不思创新,国家整体竞争优势就无立身之本。企业经营活动的根本目的在于使其最终产品增值,而增值要通过研究、开发、生产、销售、服务等环节才能逐步实现。这就要求企业重视各个环节的改进与协调,做到强化管理、重视研发、提高质量、降低成本等。

2. 中观竞争机制

中观层面的分析由企业转向产业、区域。从产业来看,个别企业最终产品的增值不仅取决于企业内部要素,还取决于企业的前向、后向和旁侧关联产业的辅助与支持。同时,各企业为获得理想的利润和长期发展,需要有一个产业空间,利用产业链构建一个最优的区域组合,以达到降低成本、提高快速反应能力等目的。

3. 宏观竞争机制

国家竞争优势并非各个企业和产业竞争优势的简单加总,一国的宏观竞争机制成为取得国家竞争优势的关键。波特为此提出了一个"钻石体系"或"钻石模型",如图 2-1 所示。

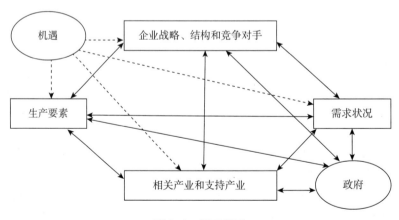

图 2-1 钻石模型

其中,四组基本因素分别是:①生产要素。波特把生产要素分为基本要素和高等要素,前者主要是指一国先天拥有或交易得到的要素,后者是指必须经过长期投资和培育才能创造出的要素。第二次世界大战以后,高等要素对国家竞争优势的形成日趋重要。②需求状况。一般而言,企业的投资、生产和销售首先都是从本国的需求来考虑的,国内需求是提高竞争优势的原动力。③相关产业和支持产业。这些产业的支持有可能发挥群体优势,可能产生对互补产品的需求拉动以及可能构成有利的外在经济和信息环境,因而对竞争优势的发展和培育十分重要。④企业战略、结构和竞争对手。一国的国内竞争环境对该国企业的国际竞争力影响很大,强大的本国竞争对手是企业竞争机制产生并得以长期保持的最强有力的刺激。

两组辅助因素分别是:①机遇。机遇包括重要新发明的出现、重大的技术变化、外汇汇率的重要变化、突然出现的世界或地区需求、外国政府的政策和战争等。机遇对竞争优势的重要性在于它可能打断事物的发展进程并改变一国某产业的国际竞争地位。②政府。政府对国家竞争优势的作用在于它可影响四组基本因素:通过补贴、对市场干预或制定教育政策等影响生产要素条件;通过确定地方产品标准、制定规则等影响买方需求状况;决定相关产业和支持产业的环境;影响企业的竞争战略、结构和竞争状况等。

二、新贸易理论与中国实际

(一) 新贸易政策:战略性贸易政策

以产业内贸易理论为基础的新贸易理论成功地解释了产业内贸易产生的原因并进行了福利分析,但对如何确定不同国家的产业内分工还没有形成结论。新贸易理论对发展对外贸易的指导作用更多地体现在对各国贸易政策制定的指导意义上。伴随着新贸易理论出现的是新贸易政策,即战略性贸易政策,它体现了新贸易理论作为发展对外贸易理论依据的核心价值。

战略性贸易政策最早是由克鲁格曼 2010 年在《战略性贸易政策与新国际经济学》(*Strategic Trade Policy and the New International Economics*)一书中提出的,它是指在规模经济和垄断竞争条件下,一国政府可以借助研发补贴、生产补贴、出口补贴、进口征税、保护国内市场等政策手段,扶植本国战略性产业的成长,增强其国际竞争力,带动相关产业发展,从而谋取规模经济之类的额外收益,并可抢占国际竞争对手的市场份额,转移其垄断利润。

战略性贸易政策提出后备受争议的焦点在于其实施条件是否得到满足。一般认为,战略性贸易政策的成功实施必须满足以下基本条件:

(1) 被确定为战略性产业的必备条件:①该产业必须正面临巨大的或潜在的国外竞争;②必须具有与国外竞争产业同样高的集中度;③应有限地使用被认为是经济瓶颈的要素;④生产过程必须具有巨大的规模经济或学习效应特征;⑤应该具有巨大的固定资本要求和长期高筑的进入壁垒。总之,战略性产业必须能够生产出超过总补贴的额外收益。

(2) 国内成熟的市场经济体制条件:①与市场经济相适应的理性的市场微观主体(企业)和宏观主体(政府);②国内完善、统一、有序的大市场及市场体系;③健全有效的

市场运行传导机制和宏观调控机制等。

（3）需求旺盛、容量较大的国内产品市场，以保证企业在扩大规模过程中实现收益递增。

（4）信息完备、决策独立、干预有效的政府，以正确选择战略性产业，正确制定战略性政策，正确估计实行干预后国内外厂商的反应。

（5）不存在国际产业分工冲突和外国政府的报复行为，以避免产业过度竞争，陷入"囚徒困境"。

（二）限制中国实施战略性贸易政策的方面

我国作为发展中国家，经济仍处于转轨阶段，许多因素限制了我国有效实施战略性贸易政策：

（1）我国国内市场经济体制还不完善，仍处在转轨过程中。规模经济的主要来源还不是企业创新，一些垄断性企业还存在国有企业的弊病，不满足战略性产业的要求。

（2）政府在信息获取和独立决策等方面还存在缺陷：①还没有形成对国外市场、产业等方面信息收集的完善机制。②政府在决策中有时会受到垄断企业的游说，存在寻租行为，可能导致不能正确选择战略性产业。③由于市场的分割，尽管政府在干预上具有优势，还是可能因不能做出正确决策而造成资源配置的扭曲。

（3）我国目前出口的快速增长已经引起一些国际经济摩擦，并且一些国家对中国产生敌视，因而在实施战略性贸易政策时很容易遭到外国的指责甚至报复。

（4）行业市场结构存在不利于实施战略性贸易政策的缺陷：①具有战略性的企业集中度普遍较低，规模小且分散。②产品差异化程度不足，很多新产品仍处于模仿阶段。③进入壁垒问题。在中国许多行业，一些低效率、无效率的企业无法退出，而且产权重组困难，导致行业内过度竞争。这一方面是因为企业规模小、产品差异化程度低和投资软约束进入壁垒低，另一方面是因为市场机制不健全、沉没成本较大和地方保护主义的存在。

（三）有利于中国实行战略性贸易政策的方面

尽管目前我国在实施战略性贸易政策的条件上存在许多缺陷，但是也有有利的方面：

（1）我国国内市场巨大，为战略性产业实现规模收益提供了现实条件。

（2）我国在一些产业中处于领先水平，可以将其作为战略性产业来培养。

（3）我国的市场经济体制仍在不断完善，制度的不断发展将为实行战略性贸易政策提供更好的条件，市场关系的不断理顺也有利于战略性贸易政策效用的发挥。

因此，战略性贸易政策应当受到重视，随着条件的不断成熟，应及时实施战略性贸易政策，以培养我国企业的国际竞争力。

第四节 新新贸易理论与中国对外贸易

20世纪80年代,以克鲁格曼为代表的学者所提出的新贸易理论模型从静态分析出发。90年代,贸易理论得到进一步发展,吉恩·格罗斯曼(Gene Grossman)和赫尔普曼提出了与"内生增长理论"①密切联系的动态贸易模型,在方法和理论假定上实现了新的突破,不仅放弃了完全竞争市场和收益递减的假定,更引入了垄断竞争和收益递增的条件,解释了新新贸易理论。此外,企业异质性被成功地引入国际贸易模型,从微观层面解释了贸易的发生及影响,从而开拓了国际贸易研究的新领域。目前,异质企业贸易模型(Trade Models with Heterogeneous Firms)和新经济地理理论(New Economic Geography Theory)是国际贸易理论的主要最新进展。

一、新新贸易理论思想简介

(一) 异质企业贸易模型

1. 企业异质性:几个重要实证发现

伯纳德和詹森(1995,1997)提出企业生产率异质性说,质疑出口企业是否比非出口企业具有更高的生产率?后续的实证研究证明了这个猜想,伯纳德等(2003)利用1992年美国制造业普查数据,按照多种指标进行分类计算,均得出相同的结果:**一个行业的出口企业相比非出口企业,生产率普遍较高**。具体而言,整个制造业中出口企业比非出口企业的生产率平均高出33%(作对数化处理)。其中,相比资本密集型行业,这种倾向在劳动密集型行业中更为突出(见表2-3)。

表2-3 企业层面的生产率差异

生产率指标 (附加值)	波动幅度 (生产率对数标准离差)	出口企业与非出口企业差距 (出口企业平均对数生产率—非出口企业平均对数生产率,%)
全行业部分类别	0.75	33
4位数行业分类	0.66	15
资本密集型行业内部[a]	0.67	20
劳动密集型行业内部[b]	0.73	25

---

① 内生增长理论(The Theory of Endogenous Growth)是产生于20世纪80年代中期的一个西方宏观经济理论分支,其核心思想是认为经济能够不依赖外力推动而实现持续增长,内生的技术进步是保证经济持续增长的决定因素。

(续表)

生产率指标 （附加值）	波动幅度 （生产率对数标准离差）	出口企业与非出口企业差距 （出口企业平均对数生产率—非出口企业平均对数生产率，%）
生产中资本偏重型行业[c]	0.60	9
生产中劳动偏重型行业[d]	0.64	11

资料来源：BERNARD A B, EATON J, JENSEN J B, et al. Plants and productivity in international trade [J]. *American economic review*, 2003, 93(4)：1 268-1 290。

注：a.按照企业员工人均资产计算分类；b.按照企业员工人均劳动成本计算分类；c.生产中资本比重较高的企业，按照总资产中直接用于生产的资产比重计算；d.企业内部生产环节员工比重较高的企业，按照企业总劳动成本中生产性人员薪酬比重计算。依据1992年制造业普查全部企业数据。"内部"（within）测度每个类别的对数生产率减去平均值。计有450个4位数行业，500个资本密集组（基于员工人均资产计算），500个生产中劳动份额偏向组（基于总劳动成本中生产性员工薪酬比重）。计算中共分为10个资本密集组或10个生产中劳动份额偏向组。

沿着上述视角做进一步实证研究，结果显示，出口企业仅是一个行业中的少数企业，大部分企业并不出口，只在国内市场销售其产品。当然，出口企业占企业总数的比重因行业不同而有所差异。伯纳德等（2007）揭示了出口企业占企业总数比重最高的行业是计算机和电子产品制造业，电器设备、电器及其配件，化学制造业等，这些行业的出口企业占企业总数的比重超过35%。而出口企业占比较低的行业是服装制造业、木制品业、印刷业及相关支持以及家具和相关产品制造业，这些行业的出口企业占企业总数的比重低于9%。

表2-4　2002年美国制造业出口企业数据

NAICS编码	行业	企业占比（%）	出口企业占比（%）	用总货运占比（%）表示的平均出口
311	食品制造业	6.8	12	15
312	饮料和烟草制品业	0.7	23	7
313	纺织制造业	1.0	25	13
314	纺织产品制造业	1.9	12	12
315	服装制造业	3.2	8	14
316	皮革及其副产品制造业	0.4	24	13
321	木制品业	5.5	8	19
322	造纸业	1.4	24	9
323	印刷业及相关支持	11.9	5	14
324	石油和煤炭制品业	0.4	18	12
325	化学制造业	3.1	36	14

（续表）

NAICS 编码	行业	企业占比（%）	出口企业占比（%）	用总货运占比(%)表示的平均出口
326	塑料和橡胶制品业	4.4	28	10
327	非金属矿物制品业	4.0	9	12
331	金属原料加工业	1.5	30	10
332	金属制品业	19.9	14	12
333	机械制造业	9.0	33	16
334	计算机和电子产品制造业	4.5	38	21
335	电气设备、电器及其配件	1.7	38	13
336	交通运输设备制造业	3.4	28	13
337	家具和相关产品制造业	6.4	7	10
339	杂项制造业	9.1	2	15
	制造业总体情况	100	18	14

资料来源：BERNARD A B, JENSEN J B, REDDING S J, et al. Firms in international trade[J]. *Scientific management research*，2007，21(3)：105-130。

注：表中的数据来自2002年美国工业普查。第三栏总括了美国NAICS 3位码制造业的企业分布。第四栏显示了每个行业的出口企业占比。最后一栏显示的是用出口企业货运占所有企业总货运比重表示的平均出口。

进一步地，沿着企业异质性观点看下去，便会发现一个行业的出口企业比非出口企业具有更多特征。伯纳德等（2007）引入具体数据做了回归分析，提出了出口企业七个方面的特征：①出口企业比非出口企业创造就业机会的能力更强；②出口企业比非出口企业货物运量更大；③出口企业的劳动附加值高于非出口企业；④出口企业的全要素生产率高于非出口企业；⑤出口企业的人均工资高于非出口企业；⑥出口企业的资本劳动比率高于非出口企业，即出口企业的资本密集度高于非出口企业；⑦出口企业的技术劳动比率高于非出口企业，即出口企业的技术密集度高于非出口企业。

围绕这些特征的回归分析，结果简略归纳如表2-5所示。

表2-5 出口企业与非出口企业的特征差异

解释变量（对数）	2002年美国出口企业生产率溢价的回归结果		
	(1)	(2)	(3)
就业	1.19	0.97	—
货物运量	1.48	1.08	0.08
单位工人劳动附加值	0.26	0.11	0.10
全要素生产率（TFP）	0.02	0.03	0.05
人均工资	0.17	0.06	0.06

(续表)

解释变量（对数）	2002年美国出口企业生产率溢价的回归结果		
	（1）	（2）	（3）
资本劳动比率	0.32	0.12	0.04
技术劳动比率	0.19	0.11	0.19
额外的控制变量	无	行业固定效应	行业固定效应、就业数量（对数）

资料来源：BERNARD A B, JENSEN J B, REDDING S J, et al. Firms in international trade[J]. Scientific management research, 2007, 21(3)：105-130。

注：回归所使用的数据来自2002年美国工业普查。所有结果是从企业特征（以代表企业是否出口的虚拟变量表示）的二值逻辑回归中得到的。其中第（2）栏和第（3）栏分别在回归中引入行业固定效应和行业固定效应加上对数形式的就业数量作为额外的控制变量。TFP根据Caves等（1982）计算得到，资本劳动比率和技术劳动比率由每单位就业的资本存量和非生产性劳动力表示。

显然，表2-5中第（1）栏数据得自一系列普通二乘回归；第（2）栏数据得自回归中引入行业固定效应以控制行业间的企业特征差异；第（3）栏数据得自回归中进一步引入就业数量作为控制变量。显而易见，多数实证研究有力地支持了前述猜想。

证明过程及结论表明，企业异质性是客观存在的。接下来显而易见的推断是，出口与不出口完全是企业的选择，那么企业怎样进行这种选择？这种基于生产率异质性的选择，应该用什么样的模型去刻画？这项研究由美国经济学家马克·梅里兹（Marc Melitz）取得突破。

2. 异质企业贸易模型（梅里兹模型）

梅里兹2003年在《贸易对产业内重置和总产业生产率的影响》一文中，提出了一个考虑企业生产率异质性且能够自圆其说的动态模型，借以刻画和解释企业基于生产率差异的出口自选择行为及其系列效应。可以说，异质企业贸易模型奠定了新新贸易理论的基础。

异质企业贸易理论的核心思想表现在：①企业在了解生产率状况之后才会做出是否出口的决定；②贸易能够引发生产率较高的企业进入出口市场，而生产率较低的企业只能继续为国内市场生产甚至退出市场；③贸易的存在进一步使得资源重新配置而流向生产率较高的企业。

异质企业贸易模型沿用了新贸易理论中垄断竞争市场结构和规模收益递增的假定，但放松了同质企业的假定，从而将贸易理论的研究对象扩展到企业层面。企业生产率差异是企业异质性的主要体现，并与企业异质性的其他来源紧密联系，因而可以用生产率差异来反映企业异质性对贸易的影响。异质企业贸易模型正是通过内生企业生产率来解释为什么参与贸易的企业具有更高的生产率。

异质企业贸易模型与垄断竞争模型相比，其采用的需求函数相同，供给函数也基本一致，不同之处则在于提出了一个考虑企业生产率（U）的总成本函数 TC，这也正是模型

的关键之处。企业的生产率不同,且面临不同的边际成本 $1/U$,则企业的总成本为:
$$TC(U) = f + q(U)/U \tag{2-1}$$

式(2-1)中,f 是固定成本;q 是产出。异质企业理论认为,行业中的企业和新进入企业面临不同但相互联系的约束。对于原有企业来说,它们有一个企业关门生产率,或称零利润生产率(Zero Cutoff Profit Productivity,ZCP),此约束也被称为关门条件或零利润条件,使得企业的利润刚好为零。如果企业生产率高于关门生产率,企业就可以获得利润;如果低于这个水平,企业就会退出市场。

对新进入企业而言,成功进入的企业面临同样的关门条件,不同的是新进入企业需要承担一个沉没成本。因此,企业是否进入取决于未来利润流。新进入企业的企业价值必须至少等于零,这也是新进入企业的约束条件。

梅里兹通过计算发现,关门条件中,平均利润是关门生产率的减函数;而新进入企业约束条件中,平均利润是关门生产率的增函数。因而两条曲线的交点就确定了行业平均利润水平和行业关门生产率。这就是封闭经济条件下的均衡点,也是行业中两类企业对关门生产率不同反映的共同作用的结果。所以,**在封闭经济中,行业的平均生产率由关门生产率决定,而在一定市场规模下,行业生产率不会提高**。也就是说,行业生产率只能通过单个企业生产率的提高来实现,而不能通过市场份额在产业内企业间的重新分配来改变。

在开放经济中,存在另一个改变行业生产率的途径,就是贸易可以通过市场份额的重新配置来提高行业的生产率。对一个行业而言,一部分企业能够进入国际市场,而另一部分企业只能从事国内业务,这是因为进入国际市场面临的是与国内不一样的进入成本。异质企业贸易模型用贸易成本为零来概括从事出口面临的额外边际成本,同时参与贸易的企业也面临一个固定进入成本。

一个行业,在开放经济下被分为国内市场和国际市场两部分,由于贸易成本和进入国际市场沉没成本的影响,关门生产率体现为三部分:封闭经济关门生产率、开放经济关门生产率和国际市场关门生产率。理论模型和现实状况均表明,封闭经济关门生产率最低,而国际市场关门生产率最高。

那些生产率低于封闭经济关门生产率的企业会退出市场,而那些生产率高于国际市场关门生产率的企业则将获得国际市场份额,从而大大提高利润水平。这就可以解释为什么一部分企业只能从事国内业务,而另一部分企业可以从事出口业务,从而产生了市场份额在产业内的重新配置效应。

所以,贸易提高行业生产率的逻辑可表述为:**贸易提高了行业关门生产率,使得那些在封闭经济中本可以继续生产的企业被迫退出市场,市场份额向生产率更高的企业转移。关门生产率的提高和低生产率企业的退出,使行业总体生产率水平提高,这也是异质企业贸易模型的核心观点**。自由贸易拓宽了提高行业生产率的途径,即使如企业技术水平等其他因素不变,通过自由贸易也可以提高行业生产率水平。自由贸易通过市场份额的重新配置和行业生产率的提高来提高社会福利水平。但是,自由贸易同样会引起国

内企业数量的减少,但这并不会减少国内消费者福利,因为国外企业可以提供价格更低且种类更丰富的产品。异质企业贸易模型为落后的国家和地区提供了一个提高生产率的新途径,在不提高单个企业生产率水平的情况下,一国仍然可以通过贸易和开放来提高一个行业甚至全国的生产率水平,充分发挥优胜劣汰效应。无论是中央还是地方政府,坚持出口导向和实施对外开放政策都非常重要,有利于本地经济的发展。

作为新新贸易理论的核心,异质企业贸易模型开启了国际贸易的新领域,是对新古典贸易理论及新贸易理论的重要补充。同时,异质企业贸易模型为其他经济学学科,尤其是空间经济学带来了深刻的影响,例如在克鲁格曼和赫尔普曼的新贸易理论基础上引入区位因素而产生的新经济地理理论。

(二) 新经济地理理论

新经济地理理论是20世纪90年代由克鲁格曼等人提出的。该理论将运输成本纳入国际贸易理论的分析框架,因为运输成本的减少会引发聚集经济、外部性、规模经济等问题,把这些要素融入企业区位选择、区域经济增长及其收敛与发散性问题,就会得出不同于传统区域经济理论的观点。

新经济地理理论主要研究了"收益递增规律"如何影响产业的空间聚集,即市场和地理之间的相互联系。其基本观点是,产业在空间上的分布不均匀性是"收益递增"的结果。现实经济生活中"收益递增"现象广泛存在,而且可以应用到多个领域。举例来说,如果把一家工厂孤立地建在荒原上,无论工厂如何做大做强,最终也逃脱不了"规模收益递减"的命运。但是,如果把工厂建在大城市里,情况就大不相同了,因为城市的规模越大,一般来说工业基础就越健全。这样,无论所建工厂在原料供给上有什么新要求,在生产工艺上有什么新标准,都可以在城市这个空间范围内得到满足。伴随着工厂的扩张和城市的发展,劳动生产率会越来越高,这样就实现了"收益递增"。克鲁格曼认为这才是把握住了现代国际贸易的核心。

新经济地理理论沿袭了传统经济学的一般均衡分析方法,在垄断竞争、替代弹性效用函数和冰山运输成本基础上将现实世界数学化、抽象化和模型化。克鲁格曼运用了一个简单的核心—外围模型,分析一个国家内部产业集聚的形成原因。在这个模型中,处于核心的是制造业地区,外围是农业地区,区位因素取决于规模经济和交通成本的相互影响。假设工业生产具有收益递增的特点,而农业生产的规模收益不变,那么随着时间的推移,工业生产活动将趋向于空间集聚。在资源不可流动的假设下,生产总是聚集在最大的市场,从而使运输成本最小并取得递增收益。核心—外围模型的意义在于,它可以预测一个经济体中经济地理模式的渐进化过程:初始状态时,一个国家的地理区位可能有某种优势,它对另一地区的特定厂商具有一定的吸引力,并导致这些厂商生产区位发生改变。一旦某个区位形成行业的地理集中,则该地区的聚集经济就会迅速发展,并获得地区垄断竞争优势。

新经济地理理论的核心是核心—外围模型,它的基本机制由三种基本效应组成:

①本地市场效应,指垄断竞争厂商倾向于选择市场规模较大的地区进行生产并向市场规模较小的地区出售其产品。②价格指数效应,指厂商的区位选择对当地居民的生活成本有所影响。一般来说,在产业集聚的地区,商品要比其他地区便宜一些。这是因为本地生产的产品种类和数量较多,从外地输入的产品种类和数量较少,因而本地居民支付的运输成本较少。③市场拥挤效应,指不完全竞争厂商喜欢在竞争者较少的区位进行生产。前两种效应形成了集聚力,促使厂商的空间集聚;而后一种效应形成了分散力,促使厂商的空间扩散。

新经济地理理论对我国制定区域经济发展政策具有重要的指导意义,尤其是指出了贸易自由化程度与区域经济差距之间的关系不是单调的,同样的政策在不同的贸易自由化条件下其效果是不同的。随着我国区域间交通基础设施的完善、贸易壁垒的减少等,区域间贸易自由化程度不断提高。但是,在多数产业集中于东南沿海的情况下,由于集聚租金的作用,随着贸易自由化程度的提高,东南沿海地区会进一步吸引其他地区厂商向这一地区流动,加剧两极分化的格局。而在贸易自由化程度较低时,反而有助于缩小区域经济差距。

二、新新贸易理论与中国实际

新新贸易理论以微观企业为研究对象,研究企业的全球生产组织行为和贸易、投资行为。其最突出的特征在于假设企业是异质的,而不是像新贸易理论那样假设所有企业是同质的,只是外在的市场结构差异影响到企业行为。新新贸易理论的研究范畴是很广泛的,在此讨论的仅是其最基本的模型框架及结论,即企业的出口贸易行为选择及其经济效应。

(一) 基于中国数据的实证研究

随着新新贸易理论的建立与不断发展,基于生产率异质性研究企业出口以及中国数据的实证检验越来越受到学者的重视。汤二子等(2012)通过数理模型分析生产率对出口的决定机制,再通过2007年中国制造业企业样本检验企业生产率对其出口决策及出口规模的影响,他得出结论:生产率的提高会使企业更有能力选择出口,但是在自由决定进入国内市场及出口市场时,企业未必会因为生产率的提高而选择出口。对于全体样本,实证检验认为生产率与企业出口行为是负相关的;对于出口企业样本,实证检验也认为企业生产率与其出口规模是负相关的,并指出新新贸易理论在中国的适用性还需要进一步研究。李春顶等(2010)通过非参数数据包络分析方法计算了中国制造业分行业企业1997—2006年全要素生产率的增长情况,并对其与分行业出口贸易增长率进行了时间序列分析和面板分析。结果表明:中国分行业企业数据的实证检验与新新贸易理论的结论基本一致,即生产率与企业出口贸易具有正相关关系;在因果关系上呈单向因果,即生产率是企业出口的原因,但出口贸易并不一定能够提高企业生产率。该研究还认为,仅中国企业的生产率差异还不能够解释企业的全部出口行为,新新贸易理论需加入更多的异质性因素和变量。李峰(2011)通过对7 041家北京出口型外商投资企业和非出口型外商投资企业的比较分析发现,无论是在企业规模还是在收益率等方面,出口企业都明显优于非出口企业。但是,只出口的外商投资企业不具备异质性,存在"异质企业的悖论",然而其通过自身转变缩小了差距;出口并内销的外商投资企业在扩大企业规模过程中没有实现收益率的同时扩大。同时,该研究通过对2004—2009年中国出口200强企业、民营出口100强企业、北京纺织服装出口100强企业数据的分析发现,异质企业在外贸发展方式转变中发挥了一定作用。通过对北京制造业25个出口行业人均增加值、创新率和增加值率与出口交货值比例的面板数据分析发现,企业创新率和增加值率是推动外贸发展转变的重要力量。陈文芝(2009)利用2001—2006年中国制造业企业层面的数据,采用计量经济学的方法对贸易自由化与制造业生产率增长进行了回归分析。她得出结论:中国制造业中,出口企业与非出口企业存在显著的特征差异,出口企业具有更高的生产率水平、更大的规模,支付更高的平均工资,但是出口企业的人均资本和主营业务利润率并没有显著高于非出口企业。总之,基于中国数据的实证研究进一步验证和推动了新新贸易理论的发展,为新新贸易理论进一步应用于中国对外贸易发展提供了宝贵的数据支持和经验支持。

(二)新新贸易理论对中国对外贸易实践的启示

新新贸易理论的结论对于中国对外贸易战略调整和选择有以下几点启示:

(1)出口贸易能够提高一国企业的平均生产率,所以中国应该继续重视对外贸易的发展,不断开放国内市场和开拓国际市场,逐步实现贸易自由化。

(2)出口贸易具有贸易转移效应,有利于增加生产率高的企业的市场份额,但不利于生产率低的企业,会迫使它们退出市场。所以,中国在对外开放的过程中应遵循渐进原则,对于一些弱势产业和领域,应逐步开放,适当给予保护,从而使其免受贸易自由化的伤害。

(3)对外贸易是企业的行为选择,政府不宜干预,应该努力为企业创造完善、自由的市场环境,由企业根据自身的生产率情况选择是否出口以及是否对外直接投资。

(4)应该鼓励企业创新和提高生产率,优化出口贸易结构,更多地注重质量和效益,限制和废除"两高一资"(高耗能、高污染、资源型)产业发展。

(5)在发展对外贸易的同时,鼓励和帮助生产率高的企业积极"走出去",开展对外直接投资,因为生产率高的企业能够从对外直接投资中获得更多的好处。

(6)"出口至上"的战略需要抛弃,不要对企业出口给予任何形式的补贴,因为不是所有的企业都能够从出口中获益。对那些生产率低的企业,供应国内市场的利润更高,故不要为了扩大出口而补贴企业,这样会扭曲市场,使得社会总收益受损。

专栏：都是石油太多惹的祸？委内瑞拉是如何一步步走进深渊的？

在一般认知中，饥荒通常发生在人口众多而资源匮乏的落后国家。然而，有一个国家的人均GDP约13 000美元，已达到联合国的高收入国家标准，却也存在饥荒现象。该国民众常常排着长队购买粮食、药品、日用品而不得，超市总是空空如也，基本生活物资严重短缺。这个国家就是委内瑞拉。

一、从天堂坠到地狱——玻利瓦尔革命

委内瑞拉自然资源极其丰富，其人口仅有3 000余万，但是石油已探明储量达2 984亿桶（2011年统计数据），多于沙特阿拉伯的2 670亿桶，位居世界第一。除石油以外，委内瑞拉还有世界级的钻石矿、金矿、铁矿、铝土矿、铀矿。同时，委内瑞拉地处热带，人均耕地24亩（中国人均耕地仅1.5亩），且具有丰富的水力和森林资源，因而拥有极为有利的农业发展条件。在这些优越的自然条件下，委内瑞拉在1970年成为拉丁美洲人均收入最高的国家，也是全球最富有的二十个国家之一。

然而，委内瑞拉具有拉美经济的共同缺点——缺乏资本，依赖外资，土地与财富集中，贫富差距巨大。因此，委内瑞拉虽然人均收入高，但仍面临较严重的国家问题，需要进行改革。1999年，查韦斯执政后掀起了一场激进的玻利瓦尔革命，目的是全面调整国家政治经济结构。玻利瓦尔革命围绕"反资本主义、反帝国主义、反美国"展开，具体措施包括：①将外资石油企业等收归国有；②向低收入人群分配石油利润；③实行免费教育、医疗、住房，甚至免费分发或低价配给基本生活用品；④打击私人企业。

以上措施存在一些弊端。例如，石油开采需要投资和良好的管理，因而收归国有措施可能使石油利润减少，因此，即使委内瑞拉更平均地分配石油利润，人民所得也不一定会增加。此外，打击私人企业也为委内瑞拉带来了严重的经济损害，造成商品短缺和过度依赖进口。然而，国际石油价格从2003年的20美元持续上涨至2007年的150美元，这为玻利瓦尔革命的继续推进提供了本钱。

2008年，国际石油价格开始大幅回落，玻利瓦尔革命陷入困境，开始出现商品经常性短缺，社会动荡。2014年，国际石油价格再度暴跌，最低跌至30美元，导致委内瑞拉经济彻底崩溃。2019年，彭博社发布的全球"痛苦指数"①报告显示委内瑞拉已连续五年第一，预计其通货膨胀率将达8 000 000%，远超第二名阿根廷的51%。委内瑞拉的货币已形同废纸，而美元和黄金等硬通货只掌握在少数官员手上，普通民众陷入赤贫。与此同时，委内瑞拉的社会治安极度恶化，其首都加拉加斯成为全球谋杀率最高的城市，政府系统腐败也极其严重。

二、都是石油太多惹的祸？

大量案例表明，丰富的资源对一个国家而言可能是祸不是福。例如，"荷兰病"——由于大量出口丰裕资源，为国家带来巨额顺差，本币汇率坚挺，同时政府大派福利，使得

---

① "痛苦指数"是指将失业率和通货膨胀率加总而得的一种经济指数。

资源以外的行业失去竞争力,产业结构日趋畸形。"荷兰病"因 20 世纪 50—80 年代发生于荷兰而得名,是雷布津斯基定理的一个典型例子。又如,"资源的诅咒"——丰富的资源导致掠夺型和腐败型经济制度的形成,使大多数人陷入贫困与环境污染。产油国出现内乱的概率是其他国家的 40 倍,贫困、债务、腐败和政府独裁等现象更为普遍。

实际上,"荷兰病"是一种经济规律,可以通过认清其规律、扬长避短来预防和减少危害。"资源的诅咒"也可以通过法治与文明来克服。委内瑞拉同时发生"荷兰病"和"资源的诅咒",却没有预防,更没有治理,甚至在革命方向上出现严重的错误,因而一步步走进深渊。相反,部分资源型国家对症下药,成功实现趋利避害。例如,俄罗斯吸取教训,在油价牛市时建立基金,以丰补歉;沙特阿拉伯储备石油,在国际金融市场上进行投资增值,所获资金用以预防未来的石油枯竭情况;英国在北海发现石油后,没有沉湎于出口资源获利,而是积极开展市场化改革,完善产业结构,提升各产业国际竞争力。

三、国家为什么会失败?

解决委内瑞拉的问题需要从三个方面着手:第一,尊重私有财产与市场机制,并在此基础上适当提高福利水平,缩小贫富差距;第二,建立石油基金以预防石油枯竭和油价下跌;第三,调整产业结构,发展石油以外产业,降低对石油的依赖。然而,查韦斯政府的做法大相径庭,大力推行民粹主义与乌托邦狂热,导致委内瑞拉走向绝境。

美国学者德隆·阿西莫格鲁(Daron Acemoglu)和詹姆斯·罗宾逊(James Robinson)花费 15 年时间对比研究了为什么有的国家富裕,有的国家贫穷,特别是在比较北美洲与拉丁美洲之后,发现决定国家成败的不是资源,而是制度。资源与好制度相结合,能够推动国家发展迈入快车道;资源与坏制度相结合,则会发生"资源的诅咒"。因此,委内瑞拉被诅咒的不是石油,而是乌托邦式的制度。

资料来源:黄小鹏.18 年时间,委内瑞拉是如何一步步走进深渊的[EB/OL].(2017-05-22)[2020-05-08].http://futures.jrj.com.cn/2017/05/22074222509510.shtml.

本章小结

本章梳理了国际贸易理论的演变趋势以及在中国的应用。国际贸易理论的演化经历了从古典贸易理论、新古典贸易理论和新贸易理论再到新新贸易理论阶段,新新贸易理论从宏观、中观层面的研究转向了微观层面。当前中国是全球贸易大国,但还不能称为贸易强国。中国的对外贸易还存在结构不合理、附加值较低、参与全球价值链分工主要依赖于低成本的比较优势(而这种优势正逐渐削弱)等问题。比较优势理论、要素禀赋理论、产业内贸易理论、战略性贸易理论、新贸易理论、新新贸易理论等国际贸易理论的假定条件不同,对中国的对外贸易均有指导意义。

本章主要概念

古典贸易理论、重商主义、绝对优势理论、新古典贸易理论、比较优势理论、赫克歇尔—俄林定理、斯托尔帕—萨缪尔森定理、要素价格均等化定理、雷布津斯基定理、"荷兰病"、新贸易理论、产业内贸易理论、规模经济贸易理论、需求偏好相似理论、国家竞争优势理论、战略性贸易政策、新新贸易理论、异质企业贸易模型、新经济地理理论

练习与思考

1. 中国传统对外贸易理论存在哪些不足之处？
2. 简述西方国际贸易理论发展，并指出其特点与不足。
3. 运用比较优势理论解释中国对外贸易发展。
4. 运用雷布津斯基定理解释"荷兰病"。
5. 新贸易理论和新新贸易理论对中国对外贸易发展有何启示？

推荐阅读

BERNARD A B, EATON J, JENSON J B, et al. Plants and productivity in international trade[J]. *American economic review*, 2003, 93(4): 1268-1290.

BERNARD A B, JENSEN J B, REDDING S J, et al. Firms in international trade[J]. *Scientific management research*, 2007, 21(3): 105-130.

BERNARD A B, LAWRENCE J R Z. Exporters, jobs, and wages in U. S. manufacturing: 1976-1987[J]. Brookings papers on economic activity. Microeconomics, 1995: 67-119;

BERNARD A B, JENSEN J B. Exporters, skill upgrading, and the wage gap[J]. *Journal of international economics*, 1997, 42(1-2): 3-31.

DORNBUSCH R, SAMUELSON S F A. Comparative advantage, trade, and payments in a ricardian model with a continuum of goods[J]. *American economic review*, 1977, 67(5): 823-839.

KRUGMAN P R. Increasing returns, monopolistic competition, and international trade[J]. *Journal of international economics*, 1979, 9(4): 469-479.

MACDOUGALL G D A. British and American exports: a study suggested by the theory of comparative costs[J]. *Economic journal*, 1952, 62(247): 487-521.

MELITZ M J, OTTAVIANO G I P. Market size, trade, and productivity[J]. *Review of economic studies*, 2008, 75(1): 295-316.

MELITZ M J, REDDING S J. Heterogeneous firms and trade[M]// GOPINATH G, HELPMAN E, ROGOFF K. Handbook of international economics. Netherlands: Elsevier B. V., 2014: 1-54.

DORNBUSCH R, FISCHER S, SAMUELSON P A. Heckscher-Ohlin trade theory with a continuum of goods[J]. *Quarterly journal of economics*,1980,95(2):203-224.

SAMUELSON P A. Ohlin was right[J]. *Swedish journal of economics*,1971,73(4):365-384.

波特.国家竞争优势[M].李明轩,邱如美,等译.北京:中信出版社,2012.

崔凡,邓兴华.异质性企业贸易理论的发展综述[J].世界经济,2014,37(6):138-160.

东艳,李春顶,马盈盈.2018年国外国际贸易学术研究前沿[J].中国流通经济,2019,33(12):55-64.

李春顶,唐丁祥.出口与企业生产率:新新贸易理论下的我国数据检验(1997—2006年)[J].国际贸易问题,2010(9):13-21.

李嘉图.政治经济学及赋税原理[M].郭大力,王亚南,译.北京:北京联合出版公司,2013.

李峰.异质企业与外贸发展方式转变研究[R].中国社会科学院研究生院,2011.

刘志彪,张杰.我国本土制造业企业出口决定因素的实证分析[J].经济研究,2009,44(8):99-112.

钱学锋等.企业层面的贸易理论与经验分析[M].北京:北京大学出版社,2020.

汤二子,邵莹,刘海洋.生产率对企业出口的影响研究——兼论新新贸易理论在中国的适用性[J].世界经济研究,2012(1):62-67.

陈文芝.贸易自由化与行业生产率:企业异质性视野的机理分析与实证研究[R].浙江大学,2009.

第三章 中国对外贸易战略

知识点

对外贸易战略、自贸区协定

重 点

了解中国对外贸易战略的演变,理解三大战略,掌握自贸区协定的内涵

难 点

比较不同阶段中国对外贸易战略的重点

第一节 对外贸易战略的内涵

一、对外贸易战略的概念

"战略"一词源于军事,在经济方面是指国家根据国情制定的一系列关于未来经济发展方向、目标等制度和政策的集合,反映国家的经济利益和政治利益。**对外贸易战略是指一国根据其国民经济总体发展战略的要求,结合国内外实际环境,对其通过参与国际分工实现资源优化配置的方式、对外贸易的发展目标及实现手段等所做出的全局性决策和长期性规划。**以国际比较优势为原则的对外贸易战略,在很大程度上决定了一国将把比较优势产业的发展战略作为经济发展战略的重要内容,反映了国家经济发展的目标和方向,因而处于国家经济发展战略的核心地位。

二、对外贸易战略的特征

对外贸易战略具有三个特征：全局性、整体性和稳定性。对外贸易战略的全局性是指一国制定对外贸易战略时，对外要充分考虑国际分工体系，对内要注重资源条件和经济发展目标，所制定的制度和政策要对该国的贸易和经济的发展起指导作用。整体性来源于一国对外贸易战略的组成部分之间的相互关系。对外贸易战略的指导思想、制定原则、贸易体制及贸易政策等组成部分之间，不是简单的并行或串行关系，而是相互联系、相互协调、相互促进、相辅相成的关系，从整体上起到促进贸易和经济发展的作用。稳定性则是对外贸易战略的内在要求。对外贸易战略指导着一国未来的贸易发展的目标、方向和方式等，因而从根本上被要求在一定时期内保持稳定性，不可朝令夕改。一国可以根据国内外环境的变化对对外贸易战略进行调整，但是不能随意变动战略基础。这不仅有利于该国的贸易和经济安全、有序发展，还增强了该国与贸易伙伴合作的可预见性。

第二节　发展中国家的对外贸易战略

自 20 世纪 60 年代以来，全球一共有 101 个新兴工业国家进入中等收入阶段，但仅有 13 个国家成功跨越"中等收入陷阱"成为发达国家。[①] "中等收入陷阱"是指一个国家的人均收入达到中等水平后，由于不能顺利实现从数量速度型向质量效率型经济发展方式的转变，导致经济增长动力不足，最终出现经济停滞的一种状态。为加快工业化进程，强化经济发展，发展中国家（地区）采取的工业化战略主要包括四种类型：进口替代战略、出口导向战略、混合发展战略和贸易自由化战略。

一、进口替代战略

进口替代战略，又称内向型发展战略，旨在通过限制进口来鼓励本国（地区）工业的发展。采用进口替代战略的国家（地区）一般认为，在国际贸易与金融市场中，低收入国家相比高收入国家缺乏优势，因此，低收入国家需要限制进口以减少外国产品竞争，从而促进本国工业发展，实现工业化。自第二次世界大战结束至 20 世纪 80 年代，大多数发展中国家在实现政治独立之后，为寻求经济独立，纷纷以工业化与经济多元化为经济发展目标，并在保护幼稚产业理论的支持下，实施进口替代战略。

[①] 根据世界银行的分类标准，截至 2019 年 7 月，低收入国家的人均收入不超过 1 025 美元，中低收入国家的人均收入高于 1 025 美元但不超过 3 995 美元，中高收入国家的人均收入高于 3 995 美元但不超过 12 375 美元，高收入国家的人均收入高于 12 375 美元。

（一）进口替代战略的两个阶段

进口替代战略的实施主要分为两个阶段。第一阶段是建立与发展最终消费品工业，例如食品、纺织品、自行车、收音机等行业，实现对这些产品的进口替代。由于这些行业对人才、资金和技术的要求不高，并且其初级消费品已在国内形成有效需求，因此第一阶段较易实现。第二阶段是在对最终消费品的进口替代发展到一定程度后，集中力量建立与发展资本品、中间品工业，例如冶金、化工、石油提炼、机械设备制造等需要大量资本与技术的工业。由于发展中国家在资本、技术、人才与市场等方面具有一定限制，因此这一阶段的实施较为困难，并不是所有国家都能成功。

（二）实施进口替代战略的一般做法

虽然进口替代战略的实施没有固定的模式，但是各国的实践普遍采取了一些相似的做法：

第一，高筑壁垒限制进口。 采取进口替代战略的国家通常对国内重点扶持的幼稚产业、民族工业的产品提高关税、颁发进口许可证或实行配额等，严格限制其进口。但是，对本国工业化急需的原料与机械设备的进口则免征关税或只征收很低的关税，且几乎无数量限制。这种贸易政策具有明显的进口歧视和拒绝参与国际分工的特点。

第二，实行优惠的国内政策。 实施进口替代战略的国家普遍对国内重点扶持产业实行税收减免优惠政策，以加速其资本积累。部分国家将有限的资源优先配置给重点扶持产业，以加速工业化进程。

第三，高估本国货币汇率。 采用进口替代战略的国家一般都存在高估本国货币汇率的现象，以节约外汇，并将有限的外汇分配到最急需的产业部门。

（三）进口替代战略的优缺点

进口替代战略的优点主要包括：

（1）所生产的工业品在国内已经形成有效市场需求，大幅降低了建立与发展新工业的风险。

（2）各国通过保护国内幼稚产业和民族工业来建立本国工业体系，可促进经济多元化健康发展。

（3）能够在一定程度上解决本国就业问题。

然而，进口替代战略的作用发挥受到经济发展水平的限制。在20世纪80年代以前，拉丁美洲国家通过实施进口替代战略实现了经济的持续快速增长，但在80年代以后，其经济增长速度明显放缓，体现了进口替代战略由适应转向不适应。进口替代战略的缺点主要包括：

（1）立足于国内市场。发展中国家的市场容量普遍较小，有限的市场需求制约了进口替代战略推动经济发展的潜力。

（2）容易引起国际收支失衡。发展中国家主要通过出口农产品、资源等初级产品来换取外汇，用于进口国内工业发展所需的机械设备。但是，初级产品的换汇能力较低，而进口机械设备所需的外汇量较大，因而在长期容易引起国际收支失衡。

（3）受保护的国内产业在缺乏外国产品竞争的情况下容易失去竞争意识，不利于本国工业化进程和经济发展。

因此，一国若实施进口替代战略，需要与其经济发展阶段相联系，在经济得到一定程度的发展后及时转变发展战略。

（四）保护幼稚产业理论与进口替代战略

保护幼稚产业理论最早由美国政治家亚历山大·汉密尔顿（Alexander Hamilton）于1791年提出，后由德国经济学家弗里德里希·李斯特（Friedrich List）系统论述，引起广泛关注。该理论的基本内容是：一个国家的一个新兴产业在处于最适度规模的初创时期时，可能经不起外国的竞争。如果通过对该产业采取适当的保护政策，增强其竞争能力，将来可以具有比较优势，能够出口并对国民经济发展做出贡献的，就应采取过渡性的保护、扶植政策，主要运用关税保护和出口补贴等手段来实现。

幼稚产业之所以需要国家的暂时保护有以下原因：

（1）本国的该产业与他国相比面临相对较高的生产成本，需要一段时间的发展才能与他国竞争。

（2）虽然政府通过高关税等手段对幼稚产业的保护将导致社会总福利的损失，但是这些损失可能为发展后的产业所弥补。

（3）幼稚产业的发展面临市场失灵，市场无法有效地分配商品和劳务，以及配置资源和收入。

（4）发展中国家往往资本市场发展不完备，初始利润率较低的幼稚产业难以吸引资本市场的投资，幼稚产业的发展受到资本投资不足的限制。

保护幼稚产业理论有两个特定前提：①受到保护的幼稚产业能够在保护下迅速发展，并且其带来的收益将能够弥补之前保护所造成的损失；②存在正外部性和市场失灵，使政府的介入合理有效。

然而，由于存在诸多限制与假设，保护幼稚产业理论自提出以来备受质疑。新兴产业似乎并不会因贸易保护而迅速发展和具有竞争力。通过进口替代来实现工业化需要付出代价，会产生资源的浪费。因此，对保护幼稚产业理论和进口替代战略的评价不能执一而论。目前，进口替代战略仍是拉丁美洲和非洲部分国家的主导贸易战略。

二、出口导向战略

出口导向战略，又称外向型发展战略，是指通过向世界特别是发达国家（地区）出口本国（地区）工业品来实现工业化的经济发展战略。第二次世界大战后，日本为了恢复国内经济,采取了出口导向战略,实现了工业化。20世纪70年代,拉丁美洲部分国家和地区也从进口替代战略转变为出口导向战略。之后也有一些亚洲、非洲国家和地区在实施进口替代战略受阻后,转向了出口导向战略。

(一)东亚奇迹

第二次世界大战后,新加坡、韩国和中国香港、中国台湾地区经济一度贫困落后,但是在20世纪60年代后,其经济开始迅速增长,直至1997年亚洲金融危机爆发,其实际GDP每年都以8%～9%的速度增长,远超美国与西欧发达国家2%～3%的增长率,获得了"亚洲四小龙"的称号。"亚洲四小龙"有一些共同特点:它们的进出口量占总GDP的比重较高;国际贸易开放程度较大;遵循比较优势原则发展;是实施出口导向战略最成功的国家和地区。

(二)出口导向战略的两种类型

出口导向战略主要包括两种类型:一种是依靠出口初级产品来实现经济快速增长,另一种是依靠出口制成品来推动经济快速增长。采取出口导向战略的发展中国家和地区普遍遵循比较优势原则,利用区域内的丰富资源或廉价劳动力等优势来发展资源密集型和劳动密集型产业,通过参与国际分工来获取贸易利益,从而促进产业结构升级,改善出口产品结构,实现国际收支平衡等经济发展目标。

(三)实施出口导向战略的一般做法

根据实践经验,各国家和地区实施出口导向战略时一般会采取以下鼓励出口的政策措施加以配合:

第一,减少贸易壁垒。 实施出口导向战略的国家和地区普遍降低了关税水平,并削减配额和许可证等数量限制措施。20世纪80年代中期,实施出口导向战略的亚洲新兴工业国家和地区的平均保护水平为24%,而其他亚洲国家和实施进口替代战略的南美国家的平均保护水平分别高达42%和46%。

第二,对出口部门采取特殊优惠政策。 实施出口导向战略的国家和地区大多对本区域出口企业实行税收优惠政策,甚至部分国家和地区对出口产品实行退税政策。此外,这些国家和地区还会对出口企业提供资金融通方面的特殊待遇,通过提供出口信贷、外汇担保等政策措施鼓励企业发展出口贸易。

第三,货币对外贬值。 货币对外贬值策略能使区域内出口产品的竞争力明显增强,实施出口导向战略的国家和地区以此促进出口贸易发展。

(四)出口导向战略的优缺点

出口导向战略的实施有助于发展中经济体摆脱区域内市场狭小的约束,并且有利于发展中经济体引进先进生产技术,改善产业结构,通过规模经济来推动本土经济全

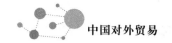

面发展。

但是,出口导向战略也存在一些不足。一方面,实施出口导向战略的国家和地区容易对国际市场特别是美国、日本等少数发达国家形成过度依赖。例如,实施出口导向战略的亚洲国家和地区普遍发展加工工业,依赖于发达国家的生产要素,并且其加工生产的产品也大多销往发达国家。第二次世界大战后,美国是亚洲新兴工业国家和地区的主要出口市场,日本则是这些国家和地区进口机械设备的主要对象。因此,这些国家和地区对美国长期保持巨额贸易顺差,对日本长期保持巨额贸易逆差,对两国资本形成了过度依赖,这也是1997年亚洲金融危机爆发的部分原因。另一方面,发达国家已经拥有极具效率的工业,发展中国家新建立的工业与其竞争较为困难。实施出口导向战略的国家和地区在要求别国开放市场的同时,也必然开放本土市场。面对资金和技术实力雄厚的发达国家跨国公司的竞争,发展中经济体如何建立本土工业基础,实现产业结构升级,是其面临的一大难题。

此外,发达国家在20世纪70年代以后进入了经济衰退期,新贸易保护主义抬头,对发展中经济体的劳动密集型出口产品常常施加贸易限制,同时致力于开拓和占领发展中经济体市场。在此情况下,出口导向战略能否成功值得商榷。

三、混合发展战略

进口替代战略和出口导向战略的实施均受到内外部条件的限制,因此二者都不能持续推动经济增长。基于对这两种战略优缺点的研究,中国学者在20世纪80年代提出了**混合发展战略**,即进口替代战略和出口导向战略相结合。混合发展战略既不过度抑制进口,也不过分鼓励出口,是一种中性的政策。

混合发展战略主要包含三种观点:第一,许心礼(1987)提出应该综合运用进口替代战略和出口导向战略的优势,实施双层次的、重点有序的综合发展战略。第二,任纪军(1991)提出应该平衡交叉运用进口替代和出口导向这两种战略。第三,薛家骥(1992)提出进口替代战略的实施应该以国内市场为主要目标,而出口导向战略的实施应该以国际市场为主要目标,交替运用这两种战略。但是,也有学者认为进口替代战略和出口导向战略的贸易政策要求相互冲突,前者要求高度保护,后者要求自由贸易,因而二者的结合应用会在实际中产生混乱,不能达到预期效果。

混合发展战略在实践中也出现了截然不同的效果。20世纪60年代中期,巴西开始混合使用进口替代战略和出口导向战略,创造了经济快速增长的奇迹。然而,印度在实施进口替代战略受阻后,从20世纪70年代开始尝试混合发展战略,实施效果不佳。这是因为印度的政策措施并不完全符合混合发展战略的内涵,开放程度不足,过度保护国内工业,实际上只是对进口替代战略进行了少量修正。因此,进口替代战略和出口导向战略能否顺利实现优势互补还有待进一步的研究。

四、贸易自由化战略

在现实中,从 20 世纪 80 年代中期起,许多国家政府对进口替代战略失去信心后,转而推行贸易自由化战略。贸易自由化是指一国对外国商品和服务的进口所采取的限制逐步减少,为进口商品和服务提供贸易优惠待遇的过程或结果。**贸易自由化的标志是关税的削减和非关税壁垒的减少。**

表 3-1 为不同阶段印度与巴西制造业的有效保护率。

表 3-1 印度与巴西制造业的有效保护率(%)

	印度	巴西
20 世纪 80 年代末	126	77
20 世纪 90 年代末	40	19

资料来源:MARCELO DE PAIVA ABREU. Trade liberalization and the political economy of protection in Brazil since 1987[J]. Working Paper, Inter-American Development Bank, 2004; DANI RODRIK and ARVIND SUBRAMIAN. From "hindu growth" to productivity surge: the mystery of the Indian growth transition[J]. IMF staff papers, 2005, 52(2): 193-228.

贸易自由化的最终目标同样是经济发展,但其是否真的能够促进经济发展?答案是模糊的。一方面,巴西和其他拉丁美洲国家实施贸易自由化战略时的经济增长率要低于其实行进口替代战略时期的经济增长率。另一方面,20 世纪 80 年代以来,不稳定的宏观经济政策和金融危机进一步降低了经济增长率。其他国家如印度自 20 世纪 80 年代以来经历了快速的增长,但是并不清楚这一增长在多大程度上由贸易自由化引致。一些经济学家则认为贸易自由化引发了收入的不平等,正如 H-O 模型所预测的。因此,贸易自由化战略的实际经济效应也有待进一步研究。

第三节 中国对外贸易战略的演变

一、改革开放前的进口替代战略(1949—1978)

改革开放前,中国采取的对外贸易战略是极端的进口替代战略。在这一阶段,中国遵循"互通有无,调剂余缺"的原则来开展对外贸易,强调自力更生,只进口国内不能生产的产品,没有根据比较优势原则参与国际分工和发展对外贸易。这主要是由当时中国的国内外环境、经济建设指导思想以及经济体制等主客观因素决定的。当时,中国国内在经历多年战火摧残之后百废待兴,而国际上资本主义与社会主义两大阵营对立,西方资本主义国家对中国进行经济封锁。面对内外交困的严峻形势,中国必须坚持独立自主、

自力更生的方针来建立和发展国内工业体系,恢复国民经济。此外,当时中国实行的是高度集中的计划经济体制。在这种体制下,为了维护社会主义制度,避免西方经济冲击,保护和扶植国内幼稚产业,以及防止国际收支逆差和对外举债,中国采取了近乎封闭状态下的进口替代战略。

进口替代战略在当时中国的国情下推动了中国的贸易和经济发展。1952—1978年,中国的对外贸易额增长了5.5倍,其中出口额增长了6.2倍,进口额增长了5倍;此外,中国的年均经济增长率达6.2%,年均工业总产值增长率达11.4%。[①] 在此期间,中国还初步建立了较为完整的民族工业体系,实现了以农产品出口为主转向以轻工业产品出口为主的过渡。凭借丰裕的劳动力要素,中国形成了由劳动密集型轻工业产品略占优势的出口商品结构,在国际竞争中取得了一定的比较优势。

然而,长期实施极端的进口替代战略也给中国的贸易和经济发展带来了不利的影响。极端的进口替代战略使中国孤立于世界经济之外,不能获得国际贸易利益。同时,高度保护国内产业导致资源配置效率低下,高度集中的计划经济体制造成了企业的竞争意识与效率观念淡薄。此外,优先发展重工业战略使人民生活水平改善缓慢,农业发展滞后、结构失衡,也约束了中国贸易和经济的进一步发展。

二、有限开放时期的混合发展战略(1978—1992)

1978年中共十一届三中全会召开,会上将对外开放确立为基本国策,开始由点到面地将进口替代战略逐步转变为混合发展战略。首先,随着经济的发展及国内经济体制改革的推进,高度集中的计划经济体制逐步向市场经济体制转变,原本计划经济体制下的进口替代战略越来越与改革开放进程不相适应,表现出与新体制之间的冲突。其次,中国在实施进口替代战略时采用高估汇率政策,导致只改变了进口结构,并未对进口数额产生预期的抑制作用,且抑制了出口,未能改善外汇紧缺状况,约束了国内资源的优化配置。最后,中国在1986年正式提出恢复在《关税及贸易总协定》(GATT)中缔约国地位的申请,为了尽早实现"复关",中国需要遵守自由贸易原则,调整以高度保护为特征的极端进口替代战略。

自20世纪80年代中期起,中国学者基于中国经济发展过程中出现的各种问题,深入探索了开放条件下的对外贸易发展战略选择。结合国外经验,有些学者提出实行以进口替代为主、结合出口导向的混合发展战略,主张在中西部地区实行进口替代战略,在沿海经济特区与有条件的地区实行出口导向战略,充分发挥两种战略的优势,以进口替代战略维护国民经济基础,以出口导向战略增加外汇收入,实现国民经济结构的合理化、高级化。20世纪80年代后期,有些学者又提出了国际大循环战略,即"大进大出"战略,主张

---

① 中国对外贸易额增长与年均经济增长率由作者根据中华人民共和国国家统计局的数据进行计算,中国年均工业总产值增长率由作者根据国家统计局《新中国五十年统计资料汇编》的数据进行计算。

充分利用农村劳动力资源优势来发展劳动密集型产品出口,并利用外汇收入尽快实现劳动密集型行业向资本或技术密集型行业的转变。该战略既能解决国内农村剩余劳动力问题,又能树立世界经济的整体观念与国际意识。但是,实施该战略将导致国家在国际分工中处于较低层次,不利于长期的经济发展。

20世纪80年代中期以后,中国开始实践上述经济发展战略构想:在沿海经济特区大力吸引外资,发展劳动密集型加工贸易产业,充分利用丰富的劳动力资源;从沿海到中西部地区则实行梯度开放战略。到20世纪90年代初,中国已经基本实现由以初级产品出口为主向以工业制成品出口为主的重要转变,国内经济也得到快速发展。然而,中国当时对各地区实行的对外贸易政策的差异较大,导致各地区处于不公平的竞争状态。各地区为了自身发展,竞相争夺资源,实施地区限制,造成国内市场分割,沿海经济发展受到约束。此外,这种倾斜的对外贸易政策还造成地区经济发展的不平衡,影响国内经济运行的稳定。因此,中国对外贸易体制亟待改革,对外贸易政策亟须调整。

三、全面开放时期的对外贸易战略(1992年至今)

党的十四大确立了经济体制改革的目标是建立社会主义市场经济体制,同时邓小平南方谈话极大地推动了改革开放的进程,标志着中国改革开放进入了全面开放时期,中国先后提出了"大经贸"战略、"走出去"战略等对外贸易发展战略。

(一)"大经贸"战略

1994年,中国外经贸部在"90年代中国外经贸战略国际研讨会"上正式提出了"大经贸"战略构想。**"大经贸"战略是指在新形势下进一步拓宽对外经济贸易的深度和广度,实行以进出口贸易为基础,商品、资金、技术、服务相互渗透与协调发展,对外经济贸易、生产、科研、金融等部门共同参与的对外经贸发展战略。**

"大经贸"战略主要包括四个方面的内容:

(1)"大开放",全面开拓国际市场,扩大市场范围,形成对外对内的全方位、多领域、多渠道的对外开放格局,并在此基础上加快转换企业机制,构建开放型经济体系。

(2)"大融合",实现对外贸易、对外援助、对外投资、对外承包工程与劳务合作以及利用外资等对外经济贸易业务的相互渗透与融合,实现商品、技术和服务贸易的一体化协调发展。

(3)"大结合",推动沿海经济特区的对外经济贸易发展走在前面,同时扶持中西部地区发展对外经济贸易,打破地区界限,实现不同地区之间的对外经济贸易发展和外向型经济发展的有机结合;推进对外经济贸易、生产、科研、金融等部门的密切结合,增强企业的国际竞争力,维护国际收支平衡,将对外经济贸易的宏观管理与国民经济的宏观调控更好地结合起来。

(4)"大转变",转变对外经济贸易的功能,提高其对国民经济增长的贡献度,着力发挥其促进产业结构调整、加快技术进步、推动技术密集型产业发展步伐以及提高宏观、微观经济效益等方面的作用。

"大经贸"战略强调企业是国际竞争的主体,自负盈亏、自担风险,直接享有经济利益;要求政府主要运用税收、关税、汇率、价格、信贷等经济杠杆来间接调控企业行为和经济发展;主张政府可以对企业进行计划指导,但是须尽量减少指令安排。"大经贸"战略的实施促进了我国对外经济贸易的蓬勃发展,有利于不断深化对外贸易体制改革。一方面,它在一定程度上打破了国内外市场经营和国内各地区、各部门之间的界限,促进了专业化联合与协作,推动了工贸结合代理制的发展、企业的集团化与国际化经营以及对外经济贸易发展模式向集约化的转变,改善了对外经济贸易的质量、效应和经营秩序。另一方面,它推动了我国整个经济体制,尤其是对外经济贸易体制的改革,使政府对外经济贸易的宏观管理与调控日益注重遵循市场经济准则,促进了生产、科研、金融等部门的相互配合与支持,并推动了对外经济贸易企业的经营机制的加速转变。

(二)"走出去"战略

进入 21 世纪后,经济全球化导致世界经济格局重新洗牌,为争取战略主动权,各国必须调整发展战略,变革经济贸易体制。当时,中国国内面临传统产业生产过剩问题,需要开拓国内外市场,调整经济结构,培育新的经济增长点。同时,中国加入 WTO 在即,开放度增加,国内企业面临的竞争加剧。此外,中国在就业、资源和环境等方面也备受压力,经济发展受到制约。

2001 年,中国正式将实施"走出去"战略写入《中华人民共和国国民经济和社会发展第十个五年计划纲要》。"走出去"战略,又称国际化经营战略,是指中国企业充分利用国内和国外"两个市场、两种资源",通过对外直接投资、对外工程承包、对外劳务合作等形式积极参与国际竞争与合作,实现我国经济可持续发展的现代化强国战略。党的十七大报告明确指出:"坚持对外开放的基本国策,把'引进来'和'走出去'更好地结合起来,扩大开放领域,优化开放结构,提高开放质量,完善内外联动,互利共赢、安全高效的开放型经济体系,形成经济全球化条件下参与国际经济合作和竞争的新优势。"

"走出去"战略在"十一五"期间得到了全面落实,对外投资合作实现跨越式发展,与对外贸易、利用外资相互融合、相互促进,共同构成我国开放型经济的重要组成部分,推动国民经济与社会发展。具体表现在:第一,即使在 2008 年国际金融危机的影响下,"走出去"战略仍推动我国对外投资合作的增长速度日益加快,总体规模不断扩大,方式日趋多样,领域日益拓展,水平不断提升。第二,"走出去"战略促进我国经济社会发展,在有效推动我国经济增长、对外贸易发展方式转变、产业结构调整与技术升级的同时,部分缓解了国内的资源不足、产能过剩、就业压力大和国际收支不平衡等问题。第三,"走出去"战略培育壮大了我国跨国经营企业,使其逐步增强全球资源配置能力,拓展外部发展空间。例如,加工企业从

工业化失败的国家缺了什么?中国给出了答案

单一的生产、销售逐步拓展至设计研发、市场营销以及售货服务,建立制造基地、配送中心与研发中心,积极抢占全球价值链高端地位。第四,"走出去"战略通过开展互惠互利的对外投资合作,为东道国带去人才、资金与技术,有利于东道国解决就业、增加税收、改善基础设施水平以及增强自主发展能力,实现了中外双方的和谐发展与互利共赢。

第四节　中国对外自由贸易区战略

一、区域经济一体化

（一）区域经济一体化的内涵和组织形式

区域经济一体化是指两个或两个以上的国家或地区通过签订条约或协议,甚至让渡部分经济主权,逐渐减少直至消除区域内的各种壁垒,使商品和各种生产要素在成员间自由流动,从而达到共同繁荣和发展的区域经济安排。

区域经济一体化过程包含六个发展阶段,各阶段的一体化组织形式由低级到高级依次为:优惠贸易安排、自由贸易区、关税同盟、共同市场、经济同盟和完全经济一体化,其主要特征如表3-2所示。

表3-2　区域经济一体化各发展阶段的主要特征

阶段	特征					
	成员间关税减让	成员间自由贸易	对外关税制度统一	生产要素自由流动	经济政策协调	经济政策完全统一
优惠贸易安排	√					
自由贸易区	√	√				
关税同盟	√	√	√			
共同市场	√	√	√	√		
经济同盟	√	√	√	√	√	
完全经济一体化	√	√	√	√	√	√

（二）区域经济一体化的经济贸易效应

1. 区域经济一体化的静态效应

从静态角度来看,区域经济一体化的贸易效应主要包括贸易创造效应和贸易转移效应,前者的作用是积极的,后者的作用是消极的。各国家或地区权衡是否参与某个区域经济一体化组织,主要是比较其贸易创造效应和贸易转移效应的大小。

贸易创造效应是指由于区域经济一体化组织成员之间相互取消关税和非关税壁垒,

产品从成本较高的国内生产转向成本较低的成员方生产,从而成员方进口增加,新的贸易得以"创造"。贸易创造效应具有提高福利和生产效率的效果。一方面,由于区域经济一体化组织取消关税和非关税壁垒,成员方由自己生产并消费高成本、高价格产品转变为向其他成员方购买低成本、低价格产品,使本国消费者节省了开支,提高了福利。另一方面,从一国看,以扩大的贸易取代了本国低效率生产;从同盟整体看,生产由高成本的地方转向低成本的地方,通过重新配置同盟内部的生产要素,提高了资源的利用效率。

贸易转移效应是指由于区域经济一体化组织对外实行保护贸易,成员之间的相互贸易代替了非成员之间的贸易,发生"贸易转移"。贸易转移效应会降低福利。一方面,由于区域经济一体化组织阻止与非成员之间较低成本的进口贸易,消费者由购买非成员的低价格产品转向购买成员的高价格产品,增加了开支,降低了福利。另一方面,这种生产要素的重新配置有利于低效率者,导致世界整体的生产成本提高而生产效率降低,造成世界整体的福利损失。

2. 区域经济一体化的动态效应

从动态角度来看,区域经济一体化会给各成员带来多方面的经济贸易影响,例如规模经济效应、加剧竞争效应、投资刺激效应以及扩大与深化效应。

规模经济效应是指各成员之间取消贸易障碍后,自由贸易市场的规模扩大,使企业生产实现规模经济。**加剧竞争效应**是指区域经济一体化组织的建立摧毁了原来各成员受保护的市场,使各成员生产的专业化提高,资源使用效率提高,从而加剧了市场的竞争性。**投资刺激效应**是指实行经济一体化的区域内,随着市场的扩大,风险与不稳定性降低,会吸引成员方的厂商增加新的投资;此外,为了增强竞争力,原有的厂商也会增加投资,以改进产品质量,降低生产成本。

区域经济一体化组织为各成员的经济贸易带来了多方面的积极影响,但是也伴随着消极效应。例如,各成员对一体化组织内部市场的依赖性逐渐加强,新市场结构逐步确立,形成新的在较大市场范围的企业垄断;由于一体化组织明确的排他性,企业在其"保护"下会缺乏改进技术与降低成本的动力。为了解决这些问题,区域经济一体化组织只能选择扩大或深化两种方式,注入新的竞争激励要素,保持区域经济增长活力,即区域经济一体化组织具有**扩大与深化效应**。

二、自由贸易(园)区

(一) 自由贸易(园)区的定义

自由贸易区(Free Trade Area)是指两个或两个以上国家(地区)通过签订自由贸易协定(Free Trade Agreements),相互消除贸易障碍,包括大多数货物的关税、非关税壁垒和大部分服务部门的市场准入限制,开放投资,从而促进货物、服务和资本、人员、技术等生产要素的自由流动,实现优势互补,促进共同发展的跨国界双边或多边经济贸易区域。例如,中国—东盟自由贸易区、欧盟。

自由贸易园区(Free Trade Zone)与自由贸易区的概念较易混淆,它是指在一个国家或地区的关境之外划出特定的区域,准许外国货物豁免关税自由进出,实质上是采取自由港政策的关税隔离区。例如,中国(上海)自由贸易试验区、中国(广东)自由贸易园区。广义的自由贸易园区还包括自由港和转口贸易区。

自由港,又称自由口岸,是指设在一国国境之内、海关管理关卡之外的准许外国货物、资金自由进出的港口区,例如中国香港港、新加坡港。进出自由港的货物免征关税,允许在港区内开展改装、加工、长期储存和销售等业务活动。自由港在性质、特征、作用等方面与自由贸易园区基本一致,但是自由港一般是指整个港口或港口城市,而自由贸易园区只限于港口或城市的某一特定地区,并且可以设在内陆。

(二) 自由贸易(园)区的类型

按照不同的功能定位,自由贸易(园)区可以分为五种类型。第一,零关税自由港型,对进口商品、当地消费以及转口输出均不征收关税,典型代表是中国香港、新加坡。第二,转口集散型,利用区位优势开展港口装卸、货物储运、货物商业性加工、货物转运等业务活动,以西班牙巴塞罗那、德国汉堡为代表。第三,贸工型,集加工贸易和转口贸易于一身,例如菲律宾马里韦莱斯。第四,出口加工型,以出口加工为主,代表是中国台湾的出口加工区。第五,保税仓库型,可以不办理进口手续,允许货物连续长时间地处于保税状态,例如意大利罗马的免税仓库。

(三) 自由贸易(园)区的通用规则

各国自由贸易(园)区的具体功能与管理政策存在差异,但也有通用的规则。第一,进入自由贸易(园)区的货物无须缴税。第二,自由贸易(园)区不受惯常的海关监管,监管更为宽松与简便。第三,货物进入自由贸易(园)区后可以进行加工、改装,也可以和国内外货物混合重新出口。第四,如果需要将货物运到国内其他地区,办理报关手续和缴纳进口关税即可。第五,不限制商品的自由进出,已纳税的进口商品可从纳税地进入自由贸易(园)区内,与其他商品混合之后再次免税回到纳税地。

三、世界自由贸易区的发展现状

自2008年国际金融危机与2009年欧洲债务危机以来,世界经济从快速发展期步入深度转型调整期,全球经济复苏道阻且长,各国急于寻求摆脱经济增长困境的良药。推动贸易与投资自由化正是一项风险小、成本低的经济刺激措施,因此,欧美发达国家和发展中国家都在积极开展、推进自由贸易协定谈判,以此扩大对主要贸易伙伴的市场准入,提高市场份额,形成"抱团取暖"局面。特别是发达经济体,加快推动自由贸易区战略,不断扩展经济领土,推进"跨太平洋伙伴关系协定"(Trans-Pacific Partnership Agreement,

TPP 协定)、"跨大西洋贸易与投资伙伴关系协定"(Transatlantic Trade and Investment Partnership, TTIP)等巨型自由贸易区建设。WTO 区域贸易协定(Regional Trade Agreements, RTAs)数据库的统计显示,截至 2020 年 5 月,向 WTO 报告的区域贸易协定一共有 558 个,其中正在生效实施的有 303 个。在这 303 个现行区域贸易协定中,属于自由贸易协定的有 258 个,占比最高,覆盖了多数 WTO 成员。

自由贸易协定随着发展逐渐超出了货物与服务贸易的范畴。例如,TPP 协定要求谈判各方对投资等领域采用"负面清单"管理制度,纳入金融、发展、劳工、环境、知识产权、政府采购、国有企业、监管一致性等非传统贸易议题,谈判范围由边境措施延伸至边境后措施,谋求"制定 21 世纪的新规则"。与此同时,自由贸易区战略不再只侧重于推进贸易与投资便利化,而是日益成为谋划地缘政治、运筹外交关系的政治行动。

目前,世界上已建成北美自由贸易区(North American Free Trade Area, NAFTA)、欧盟(European Union, EU)、中国—东盟自由贸易区(China-ASEAN Free Trade Area, CAFTA)三大成熟的自由贸易区,新建《区域全面经济伙伴关系协定》(Regional Comprehensive Economic Partnership, RCEP)、《全面与进步跨太平洋伙伴关系协定》(Comprehensive Progressive Agreement for Trans-Pacific Partnership, CPTPP)、《欧盟—日本经济伙伴关系协定》(EU-Japan Economic Partnership Agreement, EPA)巨型自由贸易区,正在推进 TTIP。

(一)北美自由贸易区(NAFTA)

1992 年 12 月 17 日,美国、加拿大与墨西哥正式签署《北美自由贸易协定》。1994 年 1 月 1 日,该协定正式生效,北美自由贸易区宣布成立。三国必须遵守协定所规定的国民待遇、最惠国待遇、程序透明化等原则与规则,消除彼此之间的贸易障碍。三国的货物可以在自由贸易区内互相流通并大幅减免关税,而自由贸易区外的国家和地区仍维持原关税和贸易壁垒。

美国、加拿大、墨西哥三国在经济水平、文化背景和资源禀赋等方面具有差异,区域内经济互补性很强,存在大量的专业化生产与协作的机会。NAFTA 的建立消除了贸易壁垒,开放了市场,改善了投资环境,促进了美、加、墨三国之间的区域贸易增长,并增加了直接投资,使三国均实现了经济增长与生产率提高。其中,发展中国家墨西哥受益最大,它的加入使 NAFTA 成为南北区域经济合作的典范,基本消除了关于发达经济体与发展中经济体能否通过自由贸易来实现经济共同增长的疑问。截至 2018 年,NAFTA 已经发展成为一个涵盖 4.9 亿人口、GDP 达 23.5 万亿美元的庞大经济体。

(二)欧盟(EU)

欧盟由欧洲煤钢共同体发展而来,是一个经济与政治联盟,在世界上有着举足轻重的影响力。1952 年,欧洲煤钢共同体成立,创始成员为联邦德国、法国、意大利、荷兰、比利时和卢森堡;1993 年 11 月 1 日,欧盟正式成立,并逐渐发展至 28 国。但是,英国于 2020 年 1 月 31 日正式"脱欧",结束了其 47 年的欧盟成员国身份。

欧盟的诞生使商品、人员、劳务和资本得以在大多数欧洲国家间自由流通,加快了欧洲经济的增长速度。欧盟的经济实力一度超越美国。此外,由于欧盟是大规模的资本输出、商品出口与服务出口的国家集团,并且其对外技术交流和发展合作政策相对宽松,因此欧盟对世界其他地区,特别是包括中国在内的发展中经济体的经济发展至关重要。

(三) 中国—东盟自由贸易区(CAFTA)

中国—东盟自由贸易区是中国与东盟十国——文莱、柬埔寨、印度尼西亚、老挝、马来西亚、缅甸、菲律宾、新加坡、泰国、越南——组建的自由贸易区。2000年11月,中国时任总理朱镕基提出建立中国—东盟自由贸易区的设想。2002年11月4日,中国与东盟十国在第六次中国—东盟领导人非正式会谈上签署了《中国—东盟全面经济合作框架协议》。其后,中国与东盟十国先后签署了《货物贸易协议》《争端解决机制协议》《服务贸易协议》《投资协议》,并于2010年1月1日正式全面启动中国—东盟自由贸易区。

20世纪90年代以来,中国和东盟国家的经济贸易联系日益紧密。在欧美区域经济一体化的竞争压力下,亚洲各国逐渐意识到加强亚洲区域经济合作的必要性,争取在全球竞争中占据主动地位。对东盟国家而言,第一,建立CAFTA是大国平衡战略的具体实践,通过与中国合作,能够利用大国间的竞争来达到均衡态势,以保证本地区的稳定与繁荣,并减少对美国和日本的依赖;第二,在亚洲金融危机之后,中国是一个被证明值得信赖的国家,与其开展区域经济合作能够增强自身防御风险能力;第三,欧美经济在"9·11"事件后有所衰退,东盟国家大多以出口为导向,需要另寻一个经济增长快、发展潜力大的出口市场。对中国而言,与东盟国家建立自由贸易区有利于稳定周边政治、扩展外部发展空间以及缓解能源资源紧缺。

中国与东盟十国的协议签署从最容易达成一致意见的货物贸易领域开始,循序渐进至服务贸易与投资领域。在货物贸易领域,协议将产品划分为正常产品与敏感产品,进行分步降税,并且降税过程中对东盟的新、老成员加以区别对待;确定了以"增值标准"为基础的原产地规则,规定产品在自由贸易区的加工增值不低于其总价值的40%,才能被视为原产于自由贸易区的产品;自由贸易区的反倾销与反补贴措施适用WTO的相关规定,并另外规定了保障措施;数量限制和非关税壁垒将逐步取消;东盟十国在协议中明确承认中国完全市场经济地位。在服务贸易与投资领域,中国与东盟十国的协议确立了相关法律框架,阐述了各方相互给予的国民待遇和最惠国待遇,明确了争端解决机制,并致力于保障与促进服务贸易与投资的自由化、便利化。

CAFTA成立之初,东盟十国与中国的贸易占世界贸易的13%,是一个囊括19亿人口和6万亿美元GDP的巨大经济体,是世界人口最多的自由贸易区,也是发展中国家间最大的自由贸易区,在经济规模上仅次于北美自由贸易区和欧盟。截至2021年,CAFTA的GDP已增长至21万亿美元。

(四)《区域全面经济伙伴关系协定》(RCEP)

RCEP 谈判由东盟十国于 2012 年发起,邀请中国、日本、韩国、澳大利亚、新西兰、印度 6 个对话伙伴国参加,旨在通过削减关税和非关税壁垒,建立一个 16 国统一市场的自由贸易协定。经过八年的谈判,东盟十国、中国、日本、韩国、澳大利亚、新西兰 15 个国家在 2020 年 11 月 15 日第四次 RCEP 领导人会议上正式签署 RCEP,其**总人口、GDP、贸易总额均约占全球总量的 30%**,标志着世界上人口数量最多、成员结构最多元、发展潜力最大的自由贸易区建设成功启动。①

RCEP 具有以下四方面的特点:**第一,高水平开放**。RCEP 货物贸易零关税产品数超过 90%,并从广度和深度两个层面拓展了此前许多"东盟'10+1'协定"中未涉及的领域,例如在市场准入方面,RCEP 成员国承诺在所有实质性的商品贸易和服务贸易中逐步取消或减少关税和非关税壁垒,并且扩大了投资领域的范围。**第二,与时俱进**。RCEP 成员国在协定中对 WTO 涵盖的部门领域的条款作出了更新或超越,考虑到了电子商务时代、中小企业潜力、区域价值链的深化以及市场竞争的复杂性等新兴的贸易现状。**第三,高度包容性**。RCEP 汇集了经济发展水平、历史文化背景、社会政治体制迥异的国家,通过为最不发达成员国提供额外的灵活性、加强各成员国之间的技术合作和能力建设,最大限度地确保经济发展水平不同的经济体、规模不同的企业以及更广泛的利益相关者都可以受益,对于未来全球经济贸易规则的制定具有重要和深远的意义。**第四,贸易秩序稳定**。RCEP 支持各成员国参与全球和区域供应链的诉求,通过贸易和投资授权规则对市场准入承诺进行了补充,既有利于商业发展,又维护了合法的公共政策目标。

对中国而言,RCEP 具有许多积极意义与影响。**第一,RCEP 有助于重构区域价值链,为中国经济增长提供新动能**。近十年来,RCEP 成员国的全球价值链参与度在不断提升,显示出强大的生产和交易能力,并且 RCEP 有助于进一步推动亚洲区域内的货物、资本和人员的自由流动。通过相互开放的市场准入,RCEP 在一定程度上可以减少中国对美国市场的依赖,有助于改善中国的外部贸易环境。**第二,RCEP 可以有效应对来自 CPTPP 的负面影响**。亚太区域内的另一个巨型自由贸易协定 CPTPP 采取高标准贸易规则,使中国等未能加入 CPTPP 的经济体遭受排他性贸易转移的负面影响。RCEP 为中国带来的经济收益可以抵消这些损失。**第三,RCEP 有助于维护多边贸易体系**。近年来"去全球化"兴起,特别是美国对现有多边贸易体系日渐不满,并以破坏秩序的方式寻求新秩序的重建,使多边贸易体系遭受重大冲击。RCEP 的达成有助于在亚洲区域内重新构建相对稳定的贸易秩序,减轻美国贸易保护主义引发的负面影响。更重要的是,亚洲经济体作为一个整体对外发出了统一的信号,提出了更具多样性和可操作性的经济贸易

---

① 2019 年 11 月 4 日,第三次 RCEP 领导人会议在泰国曼谷举行并发表联合声明,宣布 15 个成员国结束全部文本谈判及实质上所有市场准入谈判,而印度因"有重要问题尚未得到解决"而未能加入 RCEP。

规则,这将为全球多边贸易体系和区域经济合作的发展注入新动能,有助于亚洲经济体更好地参与全球贸易体系的新一轮重构,维护自身的国际经济利益。

(五)《全面与进步跨太平洋伙伴关系协定》(CPTPP)

在 2017 年 1 月美国退出 TPP 协定之后,启动 TPP 协定谈判的 11 个亚太国家于同年 11 月 11 日发布联合声明,宣布"已经就新的协议达成了基础性的重要共识",并决定改名为"全面与进步跨太平洋伙伴关系协定"。2018 年 12 月 30 日,CPTPP 正式生效,其 11 个缔约国覆盖约 5 亿人口,经济总量占全球的 13%,贸易总量占全球的 15%。

CPTPP 保留了原 TPP 协定超过 95% 的项目,在市场准入、电子商务、服务贸易以及贸易便利化等方面均无差异,仅冻结了美国要求写入的关于知识产权等内容的 22 项条款,是迄今为止最高水平的经济贸易自由机制。CPTPP 将加强缔约国之间的互利联系,促进亚太地区的贸易、投资与经济增长。

(六)《欧盟—日本经济伙伴关系协定》(EPA)

EPA 于 2019 年 2 月 1 日正式生效,覆盖 6 亿多人口,经济总量占全球的 28%,贸易总量占全球的 37%。EPA 将相互取消大部分产品的关税,其中:欧盟将逐步取消约 99% 的日本商品的关税,包括汽车与电视机;日本将逐步取消约 94% 的欧盟商品的关税,包括奶酪与葡萄酒。日本政府估算,该协定将推动日本 GDP 每年增长约 5.1 万亿日元,并新增约 29 万个就业岗位。时任欧盟委员会主席容克则表示,EPA 将使欧洲企业每年可以节省 10 亿欧元的关税支出。

(七)《跨大西洋贸易与投资伙伴关系协定》(TTIP)

TTIP 又称"美欧双边自由贸易协定",该自由贸易协定谈判于 2013 年 6 月正式启动。TTIP 的议题涉及海关、农业、政府采购、服务贸易、原产地规则、贸易便利化和技术性贸易壁垒等,旨在消除关税与非关税壁垒,使欧美市场融为一体。若 TTIP 协定达成,将覆盖全球二分之一的经济产出与三分之一的贸易活动,成为世界上经济最发达、规模最大的自由贸易区,对全球贸易格局与规则的演变产生重大影响。然而,TTIP 的谈判异常困难,美欧在开放服务业、金融业、音像业、政府采购、农业和交通业等问题上存在较大分歧。

四、中国对外自由贸易区的发展历程与现状

(一)中国对外自由贸易区的发展历程

中国对外自由贸易区的发展受同时期的世界经济与政治环境的影响。自 20 世纪 90 年代以来,多边贸易自由化进展缓慢,引发区域经济一体化特别是自由贸易区蓬勃兴起

与发展。在自由贸易区的迅猛发展浪潮中,中国充分认识到建设自由贸易区的重要性。2008年国际金融危机爆发以后,发达经济体市场需求萎缩,贸易保护主义抬头,贸易摩擦加剧,更加剧了中国参与自由贸易区建设的迫切性。

在逐步融入世界经济体系的过程中,中国首先将精力集中于恢复GATT的缔约国地位和加入WTO的问题上。中国在2001年加入WTO以后,开始积极参与区域经济一体化的进程,并探索与构想自由贸易区的建设。**党的十七大将自由贸易区建设上升为国家战略;党的十八大提出要加快实施自由贸易区战略;中共十八届三中全会提出要以周边为基础加快实施自由贸易区战略,形成面向全球的高标准自由贸易区网络**。截至2020年底,中国内地现有对外自由贸易区的基本情况如表3-3所示。

表3-3 中国内地自由贸易区基本情况

名称	时间(年)	主要涉及内容
内地与香港、澳门《关于建立更紧密经贸关系的安排》	2003	金融业、服务业
中国—智利自由贸易区	2006	货物贸易、投资
中国—巴基斯坦自由贸易区	2008	服务业
中国—新西兰自由贸易区	2008	货物贸易、服务贸易、投资
中国—新加坡自由贸易区	2008	货物与服务贸易、人员流动、海关程序
中国—东盟自由贸易区	2010	货物贸易、服务贸易、投资
中国—秘鲁自由贸易区	2010	货物贸易、服务贸易
中国—哥斯达黎加自由贸易区	2010	货物贸易、服务贸易
《海峡两岸经济合作框架协议》	2010	货物贸易、服务贸易、投资、经济合作
中国—冰岛自由贸易区	2014	货物贸易、服务贸易、投资
中国—瑞士自由贸易区	2014	货物贸易(钟表领域合作)、规则
中国—韩国自由贸易区	2015	货物贸易、服务贸易、投资、规则
中国—澳大利亚自由贸易区	2015	货物贸易、服务贸易、投资
中国—格鲁吉亚自由贸易区	2017	货物贸易、服务贸易
中国—马尔代夫自由贸易区	2017	货物与服务贸易、投资、经济技术合作
中国—毛里求斯自由贸易区	2019	货物贸易、服务贸易、投资、经济合作
中国—柬埔寨自由贸易区	2020	货物贸易、服务贸易、投资、经济技术合作
《区域全面经济伙伴关系协定》	2020	货物贸易、服务贸易、投资、经济技术合作

资料来源:中国商务部。

(二)中国对外自由贸易区的发展现状

截至2020年底,中国已与26个国家和地区达成了19个自由贸易协定,分别是RCEP,中国与智利、巴基斯坦、新西兰、新加坡、东盟、秘鲁、哥斯达黎加、冰岛、瑞士、韩国、澳大利亚、格鲁吉亚、马尔代夫、毛里求斯和柬埔寨的自由贸易协定或自由贸易协定升级/第二阶段的版本,中国内地与香港、澳门《关于建立更紧密经贸关系的安排》(CEPA),以及中国大陆与台湾的《海峡两岸经济合作框架协议》(ECFA);**正在与 17 个国家进行 11 个自由贸易协定谈判或升级谈判**,分别是中国与海湾合作委员会、斯里兰卡、以色列、挪威、摩尔多瓦、巴拿马、巴勒斯坦的自由贸易协定谈判,以及中日韩贸易协定、中国—新西兰自由贸易协定升级、中国—秘鲁自由贸易协定升级和中国—韩国自由贸易协定第二阶段的谈判;**正在与 8 个国家开展自由贸易协定可行性或升级联合研究**,分别是中国与哥伦比亚、斐济、尼泊尔、巴布亚新几内亚、加拿大、孟加拉国、蒙古国的自由贸易区联合可行性研究以及中国—瑞士自由贸易协定升级联合研究。由此可见,中国已逐步形成立足周边、辐射"一带一路"、面向全球的自由贸易区格局。

首先,中国在国内的自由贸易区建设已走向成熟。2003 年,中国内地与香港、澳门签订了 CEPA,其后陆续签署了若干补充协议,开放的领域由服务业向其他行业不断扩大。2010 年,中国大陆与台湾签订了 ECFA。这些协议为促进区域内货物、资本及人员的自由流动提供了制度化平台,最大限度地发挥了海峡两岸以及香港、澳门的经济优势互补。

其次,中国正稳步推进与周边国家的自由贸易区建设。在中国的外交全局中,周边国家占据重要地位。2010 年,中国与东盟十国经过十年的努力如期建成了中国—东盟自由贸易区,各方的经济贸易关系进入了一个新的阶段,在中国自由贸易区建设进程中具有里程碑意义。2020 年,RCEP 正式签署,作为世界上参与人口最多、成员结构最多元、发展潜力最大的自由贸易区,这是东亚区域合作极具标志性意义的成果。此外,中国与巴基斯坦、新加坡、韩国、格鲁吉亚和马尔代夫的自由贸易区建设进展顺利,有效推动了亚洲经济贸易增长。

最后,中国面向全球,积极向外围扩展,逐步构建跨洲自由贸易区网络,范围涵盖了拉丁美洲、大洋洲、欧洲及北美洲。在拉丁美洲,中国分别与智利、秘鲁和哥斯达黎加建成自由贸易区。在大洋洲,中国分别与新西兰、澳大利亚签署了自由贸易协定,其中,《中国—新西兰自由贸易协定》是中国与发达国家签订的第一个自由贸易协定,也是中国签订的第一个同时涉及货物贸易、服务贸易和投资等领域的一揽子自由贸易协定。在欧洲,中国分别与冰岛、瑞士建成自由贸易区,正在与挪威和摩尔多瓦商谈自由贸易区建设。在北美洲,中国正与巴拿马进行自由贸易协定谈判。

第五节 中国自由贸易试验区战略

目前,全球已有 1 200 多个国内自由贸易(园)区,成为各国家和地区实施贸易政策、发展自由贸易的重要工具。中共十八届三中全会《中共中央关于全面深化改革若干重大问题的决定》明确表示"建立中国上海自由贸易试验区是党中央在新形势下推进改革开放的重大举措,要切实建设好、管理好,为全面深化改革和扩大开放探索新途径、积累新经验。在推进现有试点基础上,选择若干具备条件地方发展自由贸易园(港)区"。

一、中国发展自由贸易试验区的影响因素

中国成立的第一个自由贸易试验区是上海自由贸易试验区,其发展的影响因素包括内、外两个方面。

(一) 外在环境的压力趋势

1. 顺应国际自由贸易(园)区发展新趋势

国际自由贸易(园)区的发展顺应了全球经济一体化发展新格局,呈现出新的趋势特征。第一,从以货物贸易为主转向货物和服务贸易并重,并且更加重视服务贸易发展。第二,从以贸易功能为主转向贸易和投资功能并重,并且更加重视投资自由化、便利化,在市场准入、投资服务、业务经营、外资国民待遇等方面营造高度开放的宽松投资环境。第三,从以在岸业务为主转向在岸和离岸业务并重,并且更加重视离岸功能拓展。第四,从以贸易自由制度安排为主转向贸易、投资、金融自由制度联动创新,顺应国际贸易投资新规则。为顺应国际自由贸易园区发展新趋势,中国自由贸易试验区需要积极发展服务贸易、投资促进和离岸服务功能,努力实现其产业功能的拓展延伸和转型升级。

2. 面对国际经贸投资发展新趋势

后危机时代,世界新产业革命酝酿加速,国际经贸投资格局调整重构加快,呈现出新的趋势特征。第一,新产业革命催生新业态、新模式,产生新贸易、新投资,引致国际投资转向服务业和新兴领域,全球产业链、价值链、创新链重构整合。第二,全球经贸投资格局加快调整,发展重心逐渐向亚太地区转移,以中国为代表的新兴经济体仍是全球投资首选地。第三,国际贸易投资规则体系面临重塑,推行更高水平的贸易和投资自由化、便利化,更加强调服务领域开放。为顺应国际经贸投资发展新趋势,中国自由贸易试验区需要建立与国际接轨的贸易投资规则体系,聚焦新产业、新业态、新模式,抢占全球产业链、价值链、创新链高端环节,打造中国进一步融入经济全球化的重要载体。

3. 应对美国主导的全球化趋势

中国(上海)自由贸易试验区建立之时,美国以北美自由贸易区为依托,以TPP、TTIP为两翼,谋求建立自北美至欧洲、东亚的巨型区域板块,促进"大西方"战略目标实现。其中,TPP囊括了美国在亚太地区的主要盟友,能够增强美国在亚太地区的经贸竞争力,从多方面压缩中国的经贸发展空间。为应对美国主导的全球化趋势,中国实施自由贸易试验区战略,加强与亚太各国家和地区的贸易、资金等方面的往来,以规避被孤立的严峻局势。

(二) 内在环境的迫切需求

中共十八届三中全会为中国的新一轮改革做出了战略部署,打开了中国全面深化改革的新局面。第一,深化经济体制改革,发挥市场在资源配置中的决定性作用,提高资源配置效率。第二,深化行政体制改革,切实转变政府职能,创新行政管理方式,建设法治政府与服务型政府。第三,构建开放型经济新体制,推动对内和对外相互促进、"引进来"和"走出去"更好结合,促进国际要素和国内要素有序自由流动、资源高效配置、市场深度融合,加快培育国际经济合作与竞争新优势,以开放促改革。为顺应国内改革开放发展的新趋势,中国自由贸易试验区的建设需要加快转变政府职能,创造国际化、市场化、法治化的营商环境,打造成为引进高质量外商投资、促进国内企业"走出去"的新平台。

二、中国自由贸易试验区的战略布局与定位

自2013年9月中国(上海)自由贸易试验区成立至2020年底,中国"1+3+7+1+6+3"21个自由贸易试验区全面铺开,覆盖东西南北中,把扩大开放不断推向深入。新时代中国自由贸易试验区以制度创新为核心,加快商品、服务、人才、资本、信息等自由流动,日益成为开放型产业发展的重要载体。

截至2020年底,中国的21个自由贸易试验区包含64个片区,大多数片区重点发展3~6个产业,已初步形成以现代商贸和金融为主、战略性新兴产业为辅的产业格局。中国自由贸易试验区对经济发展的贡献度高,有效提高了所在城市的生产总值,增加了所在城市的财政收入,扩大了所在城市的开放程度。

(一) 一个试点:上海(2013年)

中国(上海)自由贸易试验区是我国于2013年9月成立的第一个自由贸易区试点,是我国推动改革和提升开放型经济水平的试验田,其主要任务是:探索中国对外开放的新路径、新模式,推动政府职能加快转变,推进行政体制改革,促进经济增长方式转变和经济结构优化,实现以开放促发展、促改革、促创新,形成可复制、可推广的经验,服务全国经贸发展。

2019年,中国(上海)自由贸易试验区设立临港新片区,实施面积扩大至240.2平方千米。根据国务院印发的《中国(上海)自由贸易试验区临港新片区总体方案》,新片区的发展目标是:到2035年,建成具有较强国际市场影响力和竞争力的特殊经济功能区,形成更加成熟定型的制度成果,打造全球高端资源要素配置的核心功能,成为我国深度融入经济全球化的重要载体。

(二) 连点成线:广东、福建、天津(2015年)

2015年4月,我国同时新设3个沿海自由贸易试验区——中国(广东)自由贸易试验

区、中国(福建)自由贸易试验区和中国(天津)自由贸易试验区,与先行的中国(上海)自由贸易试验区一同,由南至北,连点成线,勾画出改革开放、创新发展的新格局。

中国(广东)自由贸易试验区的实施范围为116.2平方千米,其战略定位为:依托港澳、服务内地、面向世界,将自由贸易试验区建设成为粤港澳深度合作示范区、21世纪海上丝绸之路重要枢纽和全国新一轮改革开放先行地。

中国(福建)自由贸易试验区的实施范围为118.04平方千米,其战略定位为:围绕立足两岸、服务全国、面向世界的战略要求,充分发挥改革先行优势,营造国际化、市场化、法治化营商环境,把自由贸易试验区建设成为改革创新试验田;充分发挥对台优势,率先推进与台湾地区投资和贸易自由化进程,把自由贸易试验区建设成为深化两岸经济合作的示范区;充分发挥对外开放前沿优势,建设21世纪海上丝绸之路核心区,打造面向21世纪海上丝绸之路沿线国家和地区开放合作新高地。

中国(天津)自由贸易试验区的实施范围为119.9平方千米,其战略定位为:以制度创新为核心任务,以可复制可推广为基本要求,努力成为京津冀协同发展的高水平对外开放平台、全国改革开放先行区和制度创新试验田、面向世界的高水平自由贸易园区。

(三)连线成面:中国"7+1+6+3"自由贸易试验区(2017年起)

自2017年起,我国进一步加快推进自由贸易试验区建设,2017年设立了7个自由贸易试验区,2018年成立了海南全岛自由贸易试验区,2019年推动了6个自由贸易试验区落地,2020年新设了3个自由贸易试验区。我国自由贸易试验区经历了由点到线再扩展到面的发展,逐步形成由南到北、自东向西的"1+3+7+1+6+3"自由贸易区发展格局。

1. 辽宁、浙江、河南、湖北、重庆、四川、陕西(2017年)

中国(辽宁)自由贸易试验区的实施范围为119.89平方千米,其战略定位为:以制度创新为核心,以可复制可推广为基本要求,加快市场取向体制机制改革、积极推动结构调整,努力将自由贸易试验区建设成为提升东北老工业基地发展整体竞争力和对外开放水平的新引擎。

中国(浙江)自由贸易试验区的实施范围为119.95平方千米,其战略定位为:以制度创新为核心,以可复制可推广为基本要求,将自由贸易试验区建设成为东部地区重要海上开放门户示范区、国际大宗商品贸易自由化先导区以及具有国际影响力的资源配置基地。

中国(河南)自由贸易试验区的实施范围为119.77平方千米,其战略定位为:以制度创新为核心,以可复制可推广为基本要求,加快建设贯通南北、连接东西的现代立体交通体系和现代物流体系,将自由贸易试验区建设成为服务于"一带一路"建设的现代综合交通枢纽、全面改革开放试验田和内陆开放型经济示范区。

中国(湖北)自由贸易试验区的实施范围为119.96平方千米,其战略定位为:经过三至五年改革探索,对接国际高标准投资贸易规则体系,力争建成高端产业集聚、创新创业活跃、金融服务完善、监管高效便捷、辐射带动作用突出的高水平高标准自由贸易园区,在实施中部崛起战略和推进长江经济带发展中发挥示范作用。

中国(重庆)自由贸易试验区的实施范围为119.98平方千米,其战略定位为:以制度创新为核心,以可复制可推广为基本要求,全面落实党中央、国务院关于发挥重庆战略支点和连接点重要作用、加大西部地区门户城市开放力度的要求,努力将自由贸易试验区建设成为"一带一路"和长江经济带互联互通的重要枢纽、西部大开发战略的重要支点。

中国(四川)自由贸易试验区的实施范围为119.99平方千米,其战略定位为:以制度创新为核心,以可复制可推广为基本要求,立足内陆、承东启西、服务全国、面向世界,将自由贸易试验区建设成为西部门户城市开发开放引领区、内陆开放战略支撑带先导区、国际开放通道枢纽区、内陆开放型经济新高地、内陆与沿海沿边沿江协同开放示范区。

中国(陕西)自由贸易试验区的实施范围为119.95平方千米,其战略定位为:以制度创新为核心,以可复制可推广为基本要求,全面落实党中央、国务院关于更好发挥"一带一路"建设对西部大开发带动作用、加大西部地区门户城市开放力度的要求,努力将自由贸易试验区建设成为全面改革开放试验田、内陆型改革开放新高地、"一带一路"经济合作和人文交流重要支点。

2. 海南(2018年)

中国(海南)自由贸易试验区的实施范围为海南全岛3.54万平方千米,其战略定位为:发挥海南岛全岛试点的整体优势,紧紧围绕建设全面深化改革开放试验区、国家生态文明试验区、国际旅游消费中心和国家重大战略服务保障区,实行更加积极主动的开放战略,加快构建开放型经济新体制,推动形成全面开放新格局,把海南打造成为我国面向太平洋和印度洋的重要对外开放门户。

2019年3月18日上午,世界自由区组织与海口市人民政府签署战略合作协议。世界自由区组织中国区总部正式落户海口,助力海口打造海南自由贸易区(港)的重点先行区。

3. 山东、江苏、广西、河北、云南、黑龙江(2019年)

中国(山东)自由贸易试验区的实施范围为119.98平方千米,其战略定位为:以制度创新为核心,以可复制可推广为基本要求,全面落实中央关于增强经济社会发展创新力、转变经济发展方式、建设海洋强国的要求,加快推进新旧发展动能接续转换、发展海洋经济,形成对外开放新高地。

中国(江苏)自由贸易试验区的实施范围为119.97平方千米,其战略定位为:以制度创新为核心,以可复制可推广为基本要求,全面落实中央关于深化产业结构调整、深入实施创新驱动发展战略的要求,推动全方位高水平对外开放,加快"一带一路"交汇点建设,着力打造开放型经济发展先行区、实体经济创新发展和产业转型升级示范区。

中国(广西)自由贸易试验区的实施范围为119.99平方千米,其战略定位为:以制度

创新为核心,以可复制可推广为基本要求,全面落实中央关于打造西南中南地区开放发展新的战略支点的要求,发挥广西与东盟国家陆海相邻的独特优势,着力建设西南中南西北出海口、面向东盟的国际陆海贸易新通道,形成21世纪海上丝绸之路和丝绸之路经济带有机衔接的重要门户。

中国(河北)自由贸易试验区的实施范围为119.97平方千米,其战略定位为:以制度创新为核心,以可复制可推广为基本要求,全面落实中央关于京津冀协同发展战略和高标准高质量建设雄安新区的要求,积极承接北京非首都功能疏解和京津科技成果转化,着力建设国际商贸物流重要枢纽、新型工业化基地、全球创新高地和开放发展先行区。

中国(云南)自由贸易试验区的实施范围为119.86平方千米,其战略定位为:以制度创新为核心,以可复制可推广为基本要求,全面落实中央关于加快沿边开放的要求,着力打造"一带一路"和长江经济带互联互通的重要通道,建设连接南亚东南亚大通道的重要节点,推动形成我国面向南亚东南亚辐射中心、开放前沿。

中国(黑龙江)自由贸易试验区的实施范围为119.85平方千米,其战略定位为:以制度创新为核心,以可复制可推广为基本要求,全面落实中央关于推动东北全面振兴全方位振兴、建成向北开放重要窗口的要求,着力深化产业结构调整,打造对俄罗斯及东北亚区域合作的中心枢纽。

4. 北京、湖南、安徽(2020年)

中国(北京)自由贸易试验区的实施范围为119.68平方千米,其战略定位为:以制度创新为核心,以可复制可推广为基本要求,全面落实中央关于深入实施创新驱动发展、推动京津冀协同发展战略等要求,助力建设具有全球影响力的科技创新中心,加快打造服务业扩大开放先行区、数字经济试验区,着力构建京津冀协同发展的高水平对外开放平台。

中国(湖南)自由贸易试验区的实施范围为119.76平方千米,其战略定位为:以制度创新为核心,以可复制可推广为基本要求,全面落实中央关于加快建设制造强国、实施中部崛起战略等要求,发挥东部沿海地区和中西部地区过渡带、长江经济带和沿海开放经济带结合部的区位优势,着力打造世界级先进制造业集群、联通长江经济带和粤港澳大湾区的国际投资贸易走廊、中非经贸深度合作先行区和内陆开放新高地。

中国(安徽)自由贸易试验区的实施范围为119.86平方千米,其战略定位为:以制度创新为核心,以可复制可推广为基本要求,全面落实中央关于深入实施创新驱动发展、推动长三角区域一体化发展战略等要求,发挥在推进"一带一路"建设和长江经济带发展中的重要节点作用,推动科技创新和实体经济发展深度融合,加快推进科技创新策源地建设、先进制造业和战略性新兴产业集聚发展,形成内陆开放新高地。

专栏：如何使用亚洲及太平洋经济社会委员会(ESCAP)的贸易情报与贸易谈判顾问系统

贸易情报与贸易谈判顾问(Trade Intelligence and Negotiation Advisor, TINA)系统通过提供关税、贸易协定和双边贸易流量等贸易数据，以及应就何种商品进行关税谈判的见解，来协助ESCAP成员国进行贸易协定谈判。其最终目标是加强贸易以支持《2030年可持续发展议程》。

在自由贸易协定谈判中，首先要确定一份谈判清单，TINA系统可以帮助解决这个问题。在TINA系统上了解两个国家之间的贸易流量、交易商品、贸易便利化措施、贸易协定等信息之后，可以设置阈值以缩小谈判的商品范围，满足标准的商品将被列入谈判清单，下面以中国—挪威自由贸易协定谈判为例进行简要介绍。

（一）考虑的标准是什么？

标准1：该商品必须是挪威进口的

只有挪威表示有兴趣购买的商品才应该被列入谈判清单，这也是挪威允许市场准入的一个指标。进一步地，由于挪威对许多商品的进口额非常小，这部分并不能提供有价值的市场定位机会，因此，重要的是考虑在挪威有着不可忽视的需求量的商品。

标准2：该商品必须是中国目前生产并有能力增加出口的

中国不生产的商品可以排除在谈判清单之外。此外，中国要想利用挪威关税降低带来的更多机会，就必须具备扩大生产的能力，其代理变量是中国对全球的出口额。

标准3：挪威必须对该商品征收非零关税

挪威必须对列入清单的商品征收非零关税。TINA系统的过滤器中包括了HS6产品层面的优惠关税、最惠国待遇关税和约束关税，以及它们的任意组合。选择关税组合时，将考虑最低关税。对每种类型的关税，都使用HS6产品层面的最高税率，谈判代表需要仔细研究关税层面的详细信息，以查看具体受影响的商品。

标准4：中国必须对该商品具有显示性比较优势

比较优势考察的是一个国家是否特别擅长生产某种商品（相对于其他商品的生产以及其他国家的生产能力）。因此，中国列入谈判清单的商品必须具有比较优势。若一国某类商品出口额占其出口总额的比重大于世界该类商品出口额占世界出口总额的比重，该商品就具有显示性比较优势(Revealed Comparative Advantage, RCA)。同样地，双边显示性比较优势(Bilateral Revealed Comparative Advantage, BRCA)表明，与其他国家相比，一国是否特别擅长向伙伴国（在此案例中为挪威）出口某种商品。值得注意的是，中国在全球范围内具有比较优势的商品可能存在大量的未实现的潜力，但是由于市场准入的原因，当出口到伙伴国（挪威）时则不具有比较优势。因此，RCA与BRCA均需考量。

（二）挪威可能会采取防御措施吗？

在拟订谈判清单时，还必须考虑挪威在某种商品的关税削减谈判中是否可能采取防御性的行动。为了解决这个问题，需要考察挪威是否拥有强大的国内产业，以及是否有可能受到来自中国的新进口商品的威胁。TINA系统强调了挪威很有可能采取防御行动的商品特征,这些商品必须满足以下两个条件:

(1)挪威向世界出口该商品的总额占挪威出口总额的75%。这代表了国内产量。

(2)中国向挪威出口该商品的总额占挪威同类商品出口总额的10%以上。这代表了从中国进口对挪威生产的威胁。

另一个可能的指标是:挪威在贸易协定中给予其他国家的关税优惠。在TINA系统生成清单后,可在详细的商品页面中找到这一点。

(三)生成清单之后考虑什么?

经过以上标准设置后,TINA系统将自动生成一份谈判清单。根据TINA系统提供的数据,还可以考虑:与挪威签订贸易协议的其他国家是否对这些商品提供优惠关税?与出口这些商品到挪威的其他国家相比,中国是否具有价格优势?两国的贸易便利化实施措施是什么?……

本章小结

发展中国家(地区)采取的工业化战略主要包括进口替代战略、出口导向战略以及混合发展战略三种类型。自第二次世界大战结束至20世纪80年代,大多数发展中国家在实现政治独立之后,为寻求经济独立,纷纷以工业化与经济多元化为经济发展目标,实施进口替代战略。然而,进口替代战略的作用发挥受经济发展水平的限制,各国(地区)纷纷在实施进口替代战略受阻后,将目光转向了出口导向战略。出口导向战略帮助"亚洲四小龙"实现了经济增长奇迹,但是它也存在导致出口国家和地区对少数发达国家产生过度依赖等问题,受到新贸易保护主义抬头的威胁。基于对这两种战略优缺点的研究,中国学者在20世纪80年代提出了混合发展战略,将前两种战略相结合,以求实现优势互补。然而,混合发展战略在各国的实践中也出现了截然不同的效果,有待进一步研究。

自中华人民共和国成立以来,中国对外贸易战略的演变与国际主流相似。改革开放前,中国为避免西方经济冲击和建立与发展国内工业体系,实行高度集中的计划经济体制,采取极端的进口替代战略,取得了一定的经济贸易增长成果,但也约束了经济贸易的进一步发展。改革开放后,中国逐步实行市场经济体制,由点到面地实施混合发展战略,加强对外开放。党的十四大确立了经济体制改革的目标是建立社会主义市场经济体制,同时邓小平南方谈话极大地推动了改革开放的进程,标志着中国改革开放进入了全面开放时期,先后提出了"大经贸"战略、"走出去"战略等对外贸易发展战略,持续推进更高水平的对外开放。与此同时,世界多边贸易自由化进展缓慢,区域经济一体化蓬勃兴起和发展,在自由贸易(园)区的迅猛发展浪潮中,中国充分认识到建设自由贸易(园)区的重要性。截至2020年底,中国在国际上已与26个国家和地区达成了19个自由贸易协定,在国内已建成21个覆盖东西南北中的自由贸易试验区,把扩大开放不断推向深入。

本章主要概念

对外贸易战略、中等收入陷阱、保护幼稚产业理论、进口替代战略、出口导向战略、混合发展战略、贸易自由化战略、"大经贸"战略、"走出去"战略、区域经济一体化、优惠贸易安排、自由贸易(园)区

练习与思考

1. 简述进口替代战略与出口导向战略,分别指出其特点。
2. 简述中国对外贸易战略的发展演变。
3. 简述中国对外自由贸易区战略与中国自由贸易试验区战略的发展现状。
4. 简述区域经济一体化的主要形式。
5. 使用 TINA 系统生成一份双边贸易谈判清单。

推荐阅读

BALDWIN R E. Managing the noodle bowl: the fragility of East Asian regionalism[J]. *The Singapore economic review*, 2008, 53(3): 449-478.

ELBEHRI A, HOFFMAN L, ASH M, et al. Global impacts of zero-for-zero trade policy in the world oilseed market: a quantitative assessment[C]. Paper Presented at the 4th Conference on Global Economic Analysis, Purdue University, West Lafayette, Indiana, June 26-29, 2001.

ETHIER W J. Regionalism's role today[C]. Presentation at the University of International Business and Economics, 2010.

HADJIYIANNIS C, HERACLEOUS M S, TABAKIS C. Regionalism and conflict: peace creation and peace diversion[J]. *Journal of international economics*, 2016, 102(C): 141-159.

KASTNER S L, KIM S Y. Why the rush to bilateral free trade agreements in the Asia-Pacific[C]. International Studies Association Annual Meeting, San Francisco, CA, March. 2008.

KO A H. Five ideal types of trade policy and the Chinese case[J]. Working paper Copyright PSA, University of Glasgow, 2007.

LARDY N R. Foreign trade and economic reform in China, 1978-1990[M]. Cambridge: Cambridge University Press, 1992.

LIN G, SCHRAMM R M. China's foreign exchange policies since 1979: a review of developments and an assessment[J]. *China economic review*, 2003, 14(3): 246-280.

MAH F H. The foreign trade of mainland China[M]. Edingburgh: At the University

Press,1972.

YANG S. The future of regional cooperation in Asia: ASEAN's Policy toward ASEM[J]. *East Asian review*, 2001, 13(4): 79-92.

阿西莫格鲁,罗宾逊.国家为什么会失败[M].李增刚,译.长沙:湖南科学技术出版社,2015.

对外经济贸易大学国际经济研究院课题组.中国自贸区战略:周边是首要[M].北京:对外经济贸易大学出版社,2010.

顾卫平.中国对外贸易战略性进展研究[M].上海:上海人民出版社,2007.

任纪军.中国贸易发展战略分析[J].财贸经济,1991(2):38-43.

许心礼.社会主义初级阶段外贸发展战略[J].财经研究,1987(11):19-24.

薛家骥.对外经济发展战略的若干问题的思考[J].江苏经济探讨,1992(2):9-11.

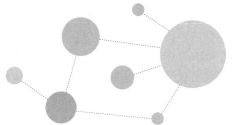

第四章
中国的贸易政策

★ **知 识 点**

关税政策、关税的经济效益、非关税措施

★ **重 点**

了解关税概念与种类,理解关税经济效益分析,了解关税衡量方式,掌握查阅关税数据的方法及途径

★ **难 点**

从多个角度进行关税经济效益分析

当提到贸易自由化时,我们首先想到的便是关税的减让,以及各种贸易协定的签署和自由贸易区的建立。然而近年来贸易摩擦频发,各国政策的逆全球化趋势愈加明显,这都表明关税仍是一国保护国内产业的重要选择,也是各国政府干预贸易的主要方式。非关税措施在实施中较关税更具灵活性、隐蔽性,且针对性更强,因而在自由贸易协定对关税做出种种限制后,非关税措施逐渐成为各国政府干预贸易的工具。在 WTO 的多哈回合谈判中,关于非关税措施的限制也被列入会议议程,但最终各成员未能达成协议。认真学习与了解关于关税与非关税措施的政策,将使我们对中国的贸易政策工具有最基本的了解。

第一节 战略性贸易政策理论

在完全竞争的环境下,政府只有几个可能正当的干预贸易的理由:①对进口商品实施最优关税,以改善贸易条件;②当直接补贴不可行时,保护幼稚产业;③当国内措施不可行时,对国内扭曲采取平衡措施。但是,人们认为这些理由并不是那么重要,不足以证明偏离传统自由贸易立场是正确的。

近年来,对寡头垄断市场的贸易分析引起了对贸易干预的新争论——战略性贸易政策。[①] 寡头垄断的一个显著特征就是寡头垄断利润的存在性和持续性。战略性贸易政策的目的是以外国企业为代价来增加本国企业在全球市场上的份额,进而提高本国企业所获得的全球寡头垄断利润的比例。当建造工厂、购买设备或研发需要大额的初始费用时,边际成本会随着产出的扩张等因素而下降,这就限制了该产业的企业数量。干中学的强效应也会导致同样的结果。[②] 在这些情况下,政府能够为本国企业提供支持,例如,对本国进口竞争寡头垄断企业提供关税保护,以增加其全球市场份额;实施出口补贴以将外国竞争者挤出该产业,从而使本国企业掌握全球市场。

第二节 关 税

一、关税的种类与度量方式

关税就是对国家边境上的进口产品,或个别时候对出口产品所征收的税收。它的结果是将进口(出口)产品的价格提高至世界(国内)市场水平之上。关税通常由海关管理部门收取,可以使用从价税或从量税。**从价税**按照进口(出口)产品价值的一定百分比来表示(通常是成本、保险费加运费的进口价值的百分比),而从量税是以每单位产品收取一个固定的货币金额来表示。一般情况下,从价税的应用更加广泛,在统计过程中便于比较,也是关税谈判时的主要依据。

由于中国在2001年加入WTO,因此中国针对WTO成员和非成员的关税形式存在差异。依据最惠国原则,中国承诺给予原产于成员国家和地区的进口货物**最惠国待遇关税**(The Most-favoured-nation Rate of Duty)。另一方面,对于与中国签订自由贸易协定的国家、地区或海关联盟,则实施协定关税税率或**优惠税率**,甚至零关税。而对于原产于上述国家和地区以外区域的进口货物实施**普通税率**。

需要注意的是,在众多的优惠税率统计中,需要区分约束关税与实施关税。例如在WTO成员谈判时,**最惠国约束关税**是政府承诺实施的最惠国关税上限,实际实施的关税需等于或低于约束关税。对于发达国家来说,约束关税已经接近于0,因而其约束关税非常接近于实施关税。然而,新兴经济体的约束关税通常高于实施关税,以此对贸易流量进行约束,这导致在关税研究时产生一定的不确定性。

---

① 寡头垄断市场是指一个产业中只有少数几家企业可以持续地获得经济利润,并且新企业的进入障碍是极大的。战略性贸易政策由政府的税收和(或)补贴组成,在损害外国企业的情况下增加本国寡头垄断企业的利润,旨在增加本国寡头垄断企业的全球市场份额,详见本书第二章第三节。

② 干中学效应是指在生产和物质资本积累过程中引起的劳动生产率提高和技术外溢。

一国关税的平均税率可以分为简单算术平均值和加权平均值。**简单算术平均值即关税税目的税率平均值。而加权平均值可以弥补忽略贸易量的统计偏差,对不同税目下的贸易量赋予不同权重,给予大量进口的商品高权重,给予禁止性关税零权重。**

关税在提高进口商品价格的同时,对国内生产商提供保护,使其可以扩大国内产品的生产。但关税也会提高国内生产商的成本,从而降低其产出。如果对一个部门的生产商进行综合考虑,那么仅仅考虑单个商品的关税是不够的。有效保护概念则是针对关税的正面和负面刺激作用的考虑,衡量关税对特定部门价值增值的影响。增值是指产品价值与中间产品成本之间的差值。**有效保护税率(Effective Rate of Protection)可以度量关税对国内生产商一个特定部门整体的净保护效应。**有效保护税率的计算较为困难,因其需要最终产品的中间投入产品数据,我们可以从世界银行的贸易、贸易保护和生产数据库,获得汇总水平的数据(SIC3位)。

上述讨论的均是进口关税。因为在近一个世纪的全球化进程中,为了减少本国商品在国际市场上的竞争压力,各国很少使用出口关税。**但对于高耗能、高污染、资源型产品,出口关税的保护作用仍然存在,因此中国仍对一小部分关系到国计民生的重要出口商品征收出口税。**根据《国务院关税税则委员会关于2019年进出口暂定税率等调整方案的通知》,自2019年1月1日起继续对铬铁等108项出口商品征收出口关税或实行出口暂定税率,税率维持不变,取消94项出口暂定税率。

同样地,随着国际贸易和国际货物运输的发展,各国通过签订条约逐渐废除了过境税。过境税是一国对于通过其关境的外国货物所征收的一种关税。依据GATT规定:"成员对通过其领土的过境运输,应对它免征关税过境税或有关过境的其他费",现在各国仅收取少量的登记费、统计费。在全球经济一体化进程中,各国纷纷建立保税区来促进"保税仓储、出口加工、转口贸易",享受免税与便利的储存条件。

二、关税的经济效应

(一)谁支付关税?

有人认为,关税的成本是由商品进口商支付的,而后随着商品价格的上涨转嫁给进口国消费者。然而,事实经常不是这样的。

假定美国是咖啡进口国,巴西是咖啡出口国,咖啡的自由贸易价格为每吨50美元,美国对咖啡征收从量关税为每吨10美元。该关税的直接效应是把美国国内咖啡价格提高到每吨60美元。于是,美国人减少对咖啡的消费,转向茶等替代性产品,或减少包括咖啡在内的热饮料的消费。**由于美国的咖啡消费量巨大,其对进口咖啡需求的减少会对世界咖啡价格产生影响。**假定这会迫使咖啡的自由贸易价格从每吨50美元降至45美元。对此,由于美国对每吨咖啡征收10美元的关税,美国消费者为每吨咖啡支付的价格(由自由贸易时的50美元)上升至55美元;巴西的咖啡生产商从每吨咖啡收取的价格

（由自由贸易时的 50 美元）下降至 45 美元。**这每吨 10 美元的差价就是美国政府征收的咖啡进口关税，由美国消费者和巴西的咖啡生产商共同承担。**

在自由贸易下，消费者支付的价格等于生产商收到的价格，但关税在二者之间打进了一个楔子。值得注意的是，**征收关税后，美国消费者为每吨咖啡多支付了 5 美元，但是国家作为一个整体（消费者与政府）为每吨咖啡少支付了 5 美元。**

一个国家的贸易条件（Terms of Trade）被定义为其出口价格与进口价格之比。作为国家整体而言，美国的咖啡进口价格从每吨 50 美元下降至每吨 45 美元。如果假定美国的其他商品的出口价格保持不变，那么美国的贸易条件就改善了。对巴西而言，其咖啡出口价格也从每吨 50 美元下降至每吨 45 美元。如果假定巴西的其他商品的进口价格保持不变，那么巴西的贸易条件就恶化了。由此可见，一个国家在贸易条件上所获得的利益，正是另一个国家在贸易条件上所遭受的损失。但是，贸易数量的扩张会使从事贸易的两个国家均从中受益，这恰与贸易条件的上述影响形成对比。

若征收关税的是一个小国，情况会有何变化呢？假定挪威对每吨进口咖啡征收 10 美元的关税，巴西仍是咖啡出口国，原来的咖啡自由贸易价格仍为每吨 50 美元。对此，挪威国内的每吨咖啡价格（由自由贸易时的 50 美元）上升至 60 美元，并且挪威国内的咖啡消费量减少。**由于挪威是一个小国，不是全球咖啡市场上的主要买家，其咖啡消费量的减少不会影响世界咖啡价格。**由于世界咖啡价格不变，巴西的咖啡出口价格仍然是每吨 50 美元。因此，关税的全部经济效应都在挪威国内发生，并且挪威和巴西的贸易条件没有发生变化。在这里，**贸易小国就是指一个不能通过自身行动来影响世界市场价格，从而不会影响其贸易条件的国家。**根据该定义，美国是全球屈指可数的贸易大国之一。

（二）国内效应

为了集中研究关税征收国的国内效应，我们首先假定一个小国情况，**进口商品的国内价格上升额等于关税**，所产生的后果如下：

首先，征收关税使一些消费者减少对进口商品的消费，并且转向国内生产的替代品。然而，国内生产的替代品略逊一筹，否则，消费者在无关税的时候就会购买国内生产的替代品了。因此，这一变化构成了**消费者的福利损失**。

其次，征收关税使国内生产替代品的企业扩大生产，因而在充分就业的条件下，资源会从其他按照比较优势排序靠前的产业中转移出来。这会造成**经济整体的生产效率损失**，即关税的生产成本。

根据小国假定，关税只从国内征收，其增长部分抵消了以上两种损失。在进口国内，收入从消费群体向被保护商品的生产商和政府转移，这形成了**收入再分配**，并且发生了**实际收入的净损失**。由于关税提高了消费者所支付的价格，并保护了国内生产商，因而**其国内效应类似于对消费者征税和对生产商给予补贴的综合效应。**

关税国内效应的一个重要结果是，提供进口竞争产业大量使用的生产要素的厂商获得了利益,而其他生产要素的供给商可能受到损害。国家因关税政策而遭受的全部损失,有时远远超过那些受保护的生产商获得的收益。此外,如果想让收入再分配令人满意,那么国内税与补贴会是更好的方式。

最后,**征收关税可能间接地提高了国内垄断程度,从而降低了企业生产效率、损害了消费者福利和阻碍了经济增长**。如果一个国家非常小,其国内市场只能维持一两家企业,那么外国竞争可以刺激创新与经济增长,并抑制物价。实施关税则会减缓或阻碍这种刺激。即使对一个大国而言,当存在产业垄断时,进口也可以有力地促进国内竞争和抑制物价上涨。实际上,国家常常通过放宽进口限制以缓解通货膨胀。

另外,**研究关税对出口国的国内效应**。如果进口国是小国,则关税不会产生出口国的国内效应。如果进口国是大国,则出口商品的价格会下降,导致出口国该商品的国内产量减少而国内消费量增加。由此,关税会使出口商品在出口国国内的价格上升。综上,在进口国征收关税时,**出口国的生产商将受损而消费者将受益,出口国作为一个整体则是受损的**。这不仅由于关税使资源配置变得缺乏效率,而且由于关税使出口国的贸易条件恶化。

(三)实际收入效应

关税不可避免地减少了世界作为一个整体的实际收入,进口国的贸易条件效应被削弱,相比自由贸易条件下,贸易数量会下降。其原因是:①生产模式受到了扭曲,不再符合比较优势结构;②消费者从理想的进口商品转向了不那么理想的国内替代品。

然而,这并不意味着每个国家都一定会因关税而受损。由于贸易数量的下降与贸易条件的恶化,关税使出口国遭受了损失。但是,关税对进口国产生了两个相互冲突的影响:贸易数量的减少引起了实际收入的损失,而贸易条件的优化又引起了实际收入的增加。如果进口国是贸易大国,足以影响其贸易条件,并且关税不是很高,那么贸易条件优化的影响就可能强于贸易数量减少的影响,从而引起实际收入的净收益。**这种可以使实际收入净收益实现最大化的关税率,被称为最优关税(Optimum Tariff)**。最优关税的大小取决于决定贸易条件的各个要素。对贸易小国而言,由于其不能改善贸易条件,最优关税为零。

三、中国关税政策的演变

关税对一国经济的影响主要体现在关税的财政收入效应、产业结构和收入分配的调节,以及对宏观经济的影响。一国国内市场的开放程度越高,以及对外贸易的规模越大,关税的财政收入效应越明显。而关税的产业结构和收入分配的调节则是通过影响贸易品价格来发挥作用的。通过对贸易品价格的调节,影响替代品与互补品的生产与消费,从而影响国内产业结构的变化;同样地,国内与国外的生产者剩余与消费者剩余也通过价格调整而得到调节。在我国的出口导向经济阶段,关税对宏观经济的影响也很明显,主要体现在调节经济增长、物价水平、就业与汇率等方面。

中华人民共和国成立后,为了更好地服务于经济发展的不同时期、不同阶段的政策目标,我国关税制度经过数次调整和完善,已成为国家经济政策的重要一环。1949年10月25日,中国海关总署正式成立。1951年5月4日,政务院通过了《中华人民共和国海关进出口税则》。1951—1979年,中国实行高度集中的计划性对外贸易政策,进口关税壁垒很高,对外贸易的规模较小,难以发挥资源禀赋优势,因而贸易对推动国民经济发展的贡献很小。经测算,1951年《中华人民共和国海关进出口税则》的算术平均关税高达52.9%,此后一直未有大幅削减。同时,关税在财政收入中的占比很小,主要起到保护国内产业的作用。表4-1列示了改革开放前几个阶段的关税及总税收情况。

表4-1 改革开放前我国关税及总税收情况(名义收入)

时期	关税收入(亿元)	全国税收收入(亿元)	税收中关税占比(%)
经济恢复时期(1949—1952)	15.31	227.80	6.72
"一五"期间(1953—1957)	25.04	675.07	3.71
"二五"期间(1958—1962)	30.48	916.55	3.33
1963—1965年	14.23	550.61	2.58
"三五"期间(1966—1970)	30.11	1 126.79	2.67
"四五"期间(1971—1975)	48.00	1 471.70	3.26
"五五"期间(1976—1980)	129.52	2 505.03	5.17

资料来源:相关年份的《中国财政统计》。

改革开放后,中国对外贸易政策发生了重大转变,国家逐步将对外贸易经营权下放到地方和企业,推行对外贸易承包经营责任制,自此关税对财政收入的影响和对宏观经济的调节愈发明显。从1982年起,中国逐步调整和降低了许多加工原材料和零件的税率,同时逐步征收商品出口关税,调节商品的出口价格等。到1992年,中国的平均税率降到了43.2%。与此同时,深圳、珠海、汕头、厦门经济特区和海南经济特区相继建立,为我国加工贸易的发展奠定了基础。"三来一补"(来料加工、来样加工、来件装配、补偿贸易)在国内轰轰烈烈地开展起来,成为国内早期改革开放的重要形式,推动了国内工业化进程。在关税层面,中国逐步推行出口退税、出口奖励等关税优惠政策,成为我国多元化关税政策的一部分。据统计,1982—1995年,中国利用关税优惠政策支持企业改造更新的项目多达十万余项,推动了国内技术水平的提升,但也造成了国内产业发展失衡、缺乏竞争力等问题。因此,从1993年起,中国开始对进口关税的优惠政策进行全面清理和调整,仅保留了部分进口减免税政策。

与此同时,为了适应全球经济一体化和贸易自由化趋势,中国自1992年1月开始实施以《商品名称及编码协调制度》(The Harmonized Commodity Description and Coding System)为基础的关税税则,并开启多轮自主降税调整,关税水平由1992年的43.2%降低到2001年的15.3%,逐步解决了关税偏高的问题,这对引进先进技术和设备,以及提升国内企业生产力和竞争力都起到了积极促进作用,并为中国加入WTO奠定了基础。同时,这些调整措施也对打击走私和清理关税减免措施很有帮助。

在漫长而艰难的谈判后,2001年12月11日,中国正式加入WTO,同时也开启了大幅削减关税的过程,迎接经济全球化浪潮。中国关税制度由此进行改革,一是降低名义税率的同时,完善关税优惠等配套措施;二是根据国内产业政策,优化关税税率结构,实现对国内产业的有效保护。加入WTO推动了中国关税政策与国际惯例接轨,进一步完善了其对促进对外贸易发展、调节国内产业结构、改善国际经贸关系、调节宏观经济等的积极作用。

中国承诺加入WTO后,在全国范围内统一实施关税制度,并履行降税义务。2005年是中国按照承诺大幅降低关税税率的最后一年,共对900多个税目实施降税,工业品的最惠国平均税率降到9.0%,农产品最惠国平均税率降到15.3%,最惠国关税总水平降至9.9%。2010年1月1日,中国进一步调整了有关商品的关税税率,将最惠国平均税率降至9.8%,至此,中国加入WTO的降税承诺基本履行完毕。中国关税的税则税目也随着对外贸易的逐步发展而增加,由1992年的2 208个,增加至2019年的8 549个。"十二五"时期,中国进口关税政策以结构性调整为主,总体关税水平未有明显变化。为了满足人民日益增长的物质文化需求,2018年中国着重调整了轿车等948项商品的进口关税,最惠国平均税率也由之前的9.8%下降为7.5%。"十三五"时期以来,中国关税调整紧跟"创新驱动战略"的脚步,2016年成功将201项高新技术产品纳入《资讯科技协定》(Information Technology Agreement, ITA)的扩充协议范围内,实现对高科技产品的关税减免。一方面,随着2018年中美贸易摩擦逐渐升温,以及英国脱欧等逆全球化趋势的显现,贸易争端又逐步推升了关税水平。另一方面,随着由中国首倡、多国参与的"一带一路"建设的持续推进,沿线各国的经贸交流日益增加,中国的关税政策面临新一轮调整与完善。

第三节 非关税措施

一、非关税措施的内涵

非关税措施(Non-tariff Measures, NTMs)又称为**非关税壁垒**(Non-tariff Barriers, NTBs),是指除关税以外一切限制进口的措施。同关税壁垒一样,非关税措施也有限制进出口的作用,但是因其涵盖的措施种类较多,所以准确来说并不一定都是贸易壁垒。

一部分非关税措施是由进口国直接对进口商品数量和金额加以限制,如进口配额制、进口许可证等;另一部分是对进口商品制定严格的规范,如卫生及植物检疫、技术性贸易壁垒等。

非关税措施在当代国际贸易中已经逐渐取代关税成为政府干预贸易的主要手段,这在发达国家的国际贸易中表现尤为明显。其原因除了关税水平的不断下降,还在于非关税措施对贸易保护的隐蔽性、针对性更强。由于非关税措施的定义很广泛,因此详细的分类至关重要,以便更好地识别和区分各种形式的非关税措施。联合国贸易和发展会议(UNCTAD)在 2012 年发布了非关税措施的分类报告,如表 4-2 所示,该分类包括技术性非关税措施,例如卫生及植物检疫措施,以及传统上用作商业政策工具的其他措施(非技术性非关税措施),例如,配额、价格控制、出口限制或贸易保护措施,以及其他边境后措施,如竞争相关的措施、贸易相关的投资措施、分销限制措施和政府采购措施。非关税措施的分类包括 16 章(A 至 P),每个章节根据深度最多分为三级(一位、二位和三位,按照协调制度分类的相同逻辑)的分组。所有章节都反映了进口国对其进口的要求,但出口国对出口实施的措施除外(P 类)。这种分类不能用于判断国际贸易中使用的任何形式的政策干预的合法性、充分性、必要性或歧视性。

表 4-2 联合国贸易和发展会议非关税措施分类表

进口相关	技术性非关税措施	A. 卫生及植物检疫措施(SPS)
		B. 技术性贸易壁垒(TBT)
		C. 装船前检验及其他规范
	非技术性非关税措施	D. 条件性贸易保护措施(贸易救济措施)
		E. 非自动许可、配额、禁令和数量控制措施(SPS 或 TBT 除外)
		F. 价格控制措施(包括附加税与费用)
		G. 金融措施
		H. 竞争相关的措施
		I. 贸易相关的投资措施
		J. 分销限制措施
		K. 售后服务限制措施
		L. 补贴(不包括 P7 项下的出口补贴)
		M. 政府采购措施
		N. 知识产权保护
		O. 原产地规则
出口相关		P. 出口相关措施

资料来源:联合国贸易和发展会议。

在第二次世界大战后出现的新贸易保护主义浪潮中,数量和金额限制(配额)曾经扮演着重要角色。以纺织品为例,在 1995 年 WTO 成立之前,GATT 通过《多种纤维协定》对纺织品配额进行了管理。WTO 成立之后,用了 10 年时间(1995—2005)才完成对纺织品进口配额的撤除。之后,配额的使用越来越少,而各种新型技术性非关税措施的使用频率越来越高。

同时我们需要注意,关税的下降并不等同于贸易壁垒的降低,非关税措施对贸易的限制作用同样不可小觑。事实上,依据 WTO 的约定和要求,任何国家的关税以法律形式确定和公布后,不得出现以增加关税为形式的扭曲国际贸易的行为,这使得再次使用传统贸易保护措施保护国内产业的做法变得十分困难,各国便转向以非关税措施等新型隐蔽性规则替代关税以寻求贸易"救济"从而保护国内经济,尤其是在 2008 年国际金融危机爆发导致全球经济衰退后。据 WTO 监测报告显示,新型非关税措施数目从 2008 年的 53 条激增到 2009 年的 346 条;2008 年后的每一年,新型非关税措施在数量上均超过了自由化措施。金融危机增加了非关税措施作为一国贸易保护和贸易调节工具的相对重要性,提高了各国对实施非关税措施的迫切需求,导致其以多种形式被各国在各种合理借口(例如对健康和环境的保护)下采用。与关税总水平的下降形成鲜明对比的是,非关税措施的数目和种类日益增加,非关税措施俨然成为当今贸易增长和市场进入的最大障碍。

当关税下降空间逐步变小,除关税以外的其他新型隐蔽性规则(非关税措施)将逐渐成为贸易谈判的焦点。2013 年 12 月 7 日,WTO 第九届部长级会议上达成的"巴厘岛协议"即是有益尝试,其主要内容几乎围绕非关税措施展开。此外,多哈回合谈判未达成有效的协议,西方发达国家便先行一步,加速构建以大量非关税措施为主要内容的超级贸易保护区(TPP/TTIP)。近二十多年来,美国每一次大力推动的自由贸易区建设都给全球经济贸易甚至政治格局带来了重大影响。以 TTIP 为例,贸易谈判的焦点在于如服务条款、交通运输、政府采购、地理标志规定以及投资规则等多种非关税措施,应当被视为一项美欧长期努力在监管方面的极具隐蔽性的措施,本质便是在现有国际贸易规则上创造和制定一套国际贸易新规范、条例和标准,属于以非关税措施为主要形式的超级贸易保护主义。最近几年,美国退出了 TPP 和 TTIP 的贸易谈判,这更加剧了各国在没有协定的基础上对非关税措施的使用,加速了各国政策走向贸易保护主义的趋势。而作为全球经济的新兴增长极,亚太地区的区域自由贸易协定近年来也迅速增长,涵盖了 WTO 规则的管辖领域,特别是对海关程序、反倾销、反补贴等传统的非关税措施条款的覆盖率和承诺率均达到 90% 以上,针对技术性贸易壁垒等较新领域的条款也具有较高的覆盖率和较强的约束力。

如何避免在新一轮国际贸易规则重构中被边缘化是中国必须正视的问题。较之于传统贸易规则,新一轮国际贸易规则的主要特点是包含了大量边境后措施,如知识产权保护的强化、竞争政策、投资政策、资本流动管理、环境保护措施、劳动力市场措施、消费

者权益保护、政府财政支持、税收制度等38个广阔的议题。近年来,全球价值链贸易的生产分工模式也使得重新评估贸易政策,特别是NTMs的影响变得更加困难,而据此制定符合国家核心利益与长远利益的贸易政策成为决策者面临的新议题。

二、非关税措施与关税

由于关税率在WTO谈判下逐渐下降——目前世界的平均关税水平在5%左右,许多国家越来越倾向于使用非关税措施来保护本国产业。然而,与非关税措施相比,关税具有其优点。第一,关税只是扭曲了市场机制,而许多非关税措施直接使得市场机制完全失效。第二,关税是公开透明的,其限制程度是可知的(尤其是从价关税),而非关税措施的保护水平、对国内价格的影响,甚至有时其存在性都是隐蔽的。第三,非关税措施不仅比关税更普遍,而且难以通过谈判方式来消除。由于关税可通过谈判来减免,一些非关税措施又为关税所取代,称为关税化进程。

度量非关税措施的正确方法是:(国内价格-国际价格)/国际价格,得到非关税措施的关税等价。但是,几乎所有国家都实施了多种非关税措施,因而以此方法度量非关税措施的程度是不切实际的。可以说,完全精确度量非关税措施的方法是不存在的。

在缺乏非关税措施精确度量方法的情况下,国际组织提出了一个现在广泛使用的**替代方法**,即计算一国非关税措施覆盖其进口的比例。但是,这只是度量非关税措施覆盖率的指标,而不能衡量其保护效应。目前,大多数国家都有非关税措施清单目录。非关税措施的增长抵消了一部分从多边谈判关税减免中获得的收益。

三、中国非关税措施的分布

由于近年来中国积极推进制度建设和努力对标国际一流标准,根据中国NTMs数据库,截至2019年中国所有的进口产品均遭受了NTMs,为了更好说明中国实施的NTMs分布情况,以下选取技术性贸易壁垒(TBT)这一占比最高的NTMs和制造业这一重要行业,展示中国TBT在制造业行业的分布现状。

就中国TBT在制造业行业的分布来看,相比较就加入WTO前(1992—2001),中国在加入WTO后(2002—2012)的TBT水平大幅提高,行业平均TBT条数由0.28上升至4.73,频数比率由15.98%上升至71.89%;在进入新时代后(2013—2019),各行业TBT水平进一步提高,行业平均TBT条数继续上升至10.08,频数比率继续上升至90.70%。从行业分布结构来看,中国TBT主要分布于食品加工和制造业、纺织业、普通机械制造业、专用设备制造业等中国具有比较优势的劳动密集型行业和对于推动工业发展较为重要的资本密集型行业,上述行业同时也是中国加工贸易分布的重要行业。这些行业所遭遇的TBT频数比率均超过90%,受TBT的影响较大(见表4-3)。

表 4-3　中国制造业各行业的 TBT 实施条数和频数比率

制造业行业	HS-6分位产品数目	TBT 实施条数			TBT 实施频数比率(%)		
		1992—2001	2002—2012	2013—2019	1978—2001	2002—2012	2013—2019
01 食品加工和制造业	458	0.65	11.9	26.72	32.33	97.62	99.39
02 饮料制造业	6	0.58	10.02	26.15	33.33	100.00	100.00
03 烟草加工业	6	0.38	9.59	14.96	24.17	100.00	100.00
04 纺织业	534	0.14	2.03	3.43	12.57	61.71	99.41
05 服装及其他纤维制品制造业	237	0.13	2.38	4.41	12.50	64.72	98.93
06 皮革毛皮羽绒及其制品业	72	0.17	5.39	11.34	12.50	72.51	93.06
07 木材加工及竹藤棕草制品业	47	0.18	6.53	11.27	12.50	74.24	99.19
08 家具制造业	27	0.38	4.31	7.8	12.50	74.34	87.62
09 造纸及纸制品业	123	0.17	2.66	4.13	13.71	54.22	59.42
10 印刷业和记录媒介复印业	21	0.14	2.07	3.28	12.50	50.84	57.67
11 文教体育用品制造业	78	0.22	3.74	7.83	12.50	69.21	88.04
12 石油加工及炼焦业	23	0.18	2.61	6.92	14.06	64.63	76.34
13 化学原料及化学制品制造业	753	0.35	3.85	10.66	17.09	71.09	86.63
14 医药制造业	75	0.55	14.25	24.74	18.72	98.04	99.44
15 化学纤维制造业	21	0.13	1.89	3.04	12.83	62.07	100.00
16 橡胶制品业	61	0.19	2.04	4.96	14.11	57.60	83.27
17 塑料制品业	63	0.21	2.56	9.63	13.26	56.04	85.71
18 非金属矿物制品业	155	0.19	2.8	6.33	13.40	62.94	85.46
19 黑色金属冶炼及压延加工业	207	0.13	1.65	3.43	12.50	52.50	81.56
20 有色金属冶炼及压延加工业	132	0.15	1.93	3.88	13.13	55.84	81.74
21 金属制品业	197	0.13	2.45	4.59	12.59	72.26	98.83
22 普通机械制造业	320	0.41	5.26	12.28	14.99	78.53	100.00
23 专用设备制造业	272	0.36	4.81	10.86	14.35	73.79	94.38
24 交通运输设备制造业	122	0.36	6.14	12.3	14.76	87.04	100.00
25 电气机械及器材制造业	195	0.37	5.61	14.06	12.52	74.60	100.00
26 电子及通信设备制造业	57	0.42	6.05	16.31	16.55	81.79	100.00
27 仪器仪表及文化、办公用机械制造业	163	0.39	4.79	11.42	28.98	82.53	100.00
28 其他制造业	111	0.15	3.25	5.64	12.50	62.30	83.38
平均	—	0.28	4.73	10.08	15.98	71.89	90.70
标准差	—	0.15	3.23	6.79	6.07	14.60	11.83
离散系数	—	0.54	0.68	0.67	0.38	0.20	0.13

数据来源：作者根据 UNCTAD 数据库自行整理和统计。

表 4-4 显示,70.77% 的非关税措施是针对全球所有国家的,没有歧视性,属于共同措施。而仅针对发达国家或地区中的经济合作与发展组织(OECD)国家的措施数目占比达到了 10.66%,仅针对发展中国家或地区的措施数目占比达到 13.84%。

表 4-4 中国现存非关税措施的目标地区分布

地区分类		非关税措施数量	占比(%)
全球共同 NTMs	全球	5 724	70.77
仅针对发达国家或地区	高收入国:OECD	863	10.66
	高收入国:非 OECD	151	1.87
	总计	1 014	12.53
仅针对发展中国家或地区	东亚和太平洋	252	3.11
	欧洲和中亚	238	2.94
	拉美和加勒比	310	3.83
	中东和北非	48	0.59
	南亚	91	1.12
	撒哈拉以南非洲	181	2.24
	总计	1 120	13.84
其他		231	2.86

资料来源:作者根据 UNCTAD 数据库自行整理和统计。

中国的非关税措施种类变化一直很大,加入 WTO 前后中国做出承诺削减或取消了一部分非关税措施,如补贴等;现阶段留存的非关税措施集中于卫生及植物检疫措施和技术性贸易壁垒,分别占比 21.02% 和 52.05%(如表 4-5 所示)。

表 4-5 中国现存非关税措施的种类分布

非关税措施种类	非关税措施数量	所占比例(%)
A. 卫生及植物检疫措施(SPS)	1 644	21.02
B. 技术性贸易壁垒(TBT)	4 071	52.05
C. 装船前检验及其他规范	115	1.47
D. 条件性贸易保护措施(贸易救济措施)	523	6.69
E. 非自动许可、配额、禁令和数量控制措施(SPS 或 TBT 除外)	322	4.12
F. 价格控制措施(包括附加税与费用)	54	0.69
G. 金融措施	6	0.08
H. 竞争相关的措施	26	0.33
I. 贸易相关的投资措施	4	0.05
J. 分销限制措施	1	0.01

（续表）

非关税措施种类	非关税措施数量	所占比例(%)
K. 售后服务限制措施	0	—
L. 补贴(不包括P7项下的出口补贴)	0	—
M. 政府采购措施	0	—
N. 知识产权保护	13	0.17
O. 原产地规则	10	0.13
P. 出口相关措施	1 033	13.21
总计	7 822	100.00

资料来源：作者根据UNCTAD数据库自行整理和统计。

第四节 中国贸易政策遇到的困难与挑战

在中国加入WTO的前6年，也即2007年以前，中国与其他国家的贸易纠纷诉诸WTO争端解决的只不过3例。这种局面的形成，一方面源于中国涉案政策的谨慎，另一方面是因为以美国、欧盟为代表的WTO成员着力于成就一个让中国感觉良好的"蜜月期"，所以它们并不急于对中国发起WTO争端解决。2007年，是中国加入WTO过渡期结束后的第一年，也是涉及中国的WTO争端解决案件爆发增长的一年。仅仅这一年，WTO成员所提起的全部13起争端解决案件中，针对中国的就有4起。到2009年，WTO新发生争端解决案件中，半数是针对中国提起或中国作为当事方的案件。

一、"两反一保"与市场经济地位

欧美各国争先对中国发起贸易纠纷，也反映出其对中国经济崛起的担忧。自2007年以来，中国企业不断遭到诉讼，"两反一保"一度成为研究的重点。**两反一保指的是反倾销、反补贴以及保障措施，均属于D类条件性贸易保护措施，即贸易救济措施**。此外，针对中国的以绿色壁垒为由的技术性贸易壁垒日益增多。中国的纺织、钢铁、光伏产业等屡屡遭受欧美国家的"两反一保"申诉。在WTO纠纷中，中国涉案企业一直以被告的身份参与其中。这种原告诉讼地位的缺失，不仅与司法实践层面的不成熟相关，而且和中国当前的立法技术相关。

理解反倾销措施，首先要理解倾销的概念。**倾销是指在正常贸易过程中进口产品以低于其正常价值的出口价格进入出口国(地区)市场**。确定倾销的关键是比较正常价值和出口价格。出口价格低于其正常价值的幅度，为倾销幅度。

正常价值按下列方法确定：进口产品的同类产品在出口国(地区)市场的正常贸易过

程中有可比价格的,以该可比价格为正常价值;进口产品的同类产品在出口国(地区)市场的正常贸易过程中没有销售的,或者该同类产品的价格、数量不足以进行公平比较的,以该同类产品出口到一个适当第三国(地区)的可比价格,或者以该同类产品在原产国(地区)的生产成本加合理费用、利润为正常价值。这个第三国也被称为"替代国"。"替代国"做法的依据是 GATT 规定对由政府完全垄断贸易或制定价格的国家,如认定其国内价格扭曲,则可以采用特殊的价格比较方法,使用第三国的价格作为参照价格。**但该条款并未明确指出此类国家就是非市场经济国家,也未给出明确的判断标准**。这给予 WTO 成员很大的自由裁量权来决定什么样的国家可以采用替代国做法。对于中国来说,替代国通常是新加坡、马来西亚、印度等。按照此条款,上述得出的正常价值和出口价格并不能直接比较,而应当考虑、调整影响价格的各种可比性因素,进行公平、合理的比较。倾销幅度的确定,应以加权平均正常价值与全部可比出口交易的加权平均出口价格比较,或将正常价值和出口价格在逐笔交易基础上比较,这也是反倾销诉讼中的重点。

《中华人民共和国加入世界贸易组织议定书》第 15 条规定,中国加入 WTO 后 15 年内,其他 WTO 成员在对华反倾销时可以继续采用"替代国"做法,即不采用中国的价格,而采用第三国的价格进行比较。其结果是中国企业更容易被认定为倾销,而且倾销幅度可以定得更高,从而适用更高的反倾销税。**中国政府的立场是非常鲜明的,即中国的市场经济建设并不需要欧美各国承认,而且中国特色的市场经济建设是一个不断完善的动态过程,中国要求各成员履行 WTO 规则,取消对中国使用"替代国"做法**。实际上并没有任何 WTO 规则表明对非市场经济国家的反倾销调查要采用替代国做法,这完全是欧美国家对冷战时期社会主义国家规则的沿用。

对于反补贴与保障措施,目前全球 35% 的反倾销调查和 71% 的反补贴调查针对中国出口产品。可以说,反倾销是针对企业的行为,而反补贴所面对的是政府行为。针对中国的"两反一保"多以地方政府的鼓励政策为焦点,集中体现在出口退税、产业鼓励政策以及相应的税收优惠方面。

2019 年,WTO 裁决美国对华 11 项反补贴措施违规,但令人遗憾的是,美方在执行 WTO 裁决过程中仍继续使用违规做法,滥用贸易保护措施。当前,单边主义、贸易保护主义愈发令人担忧,多边贸易体制受到严重冲击。特别是 2019 年中美贸易摩擦以来,欧美国家对中国贸易采取的措施屡屡突破 WTO 规则,使用国内法来限制中国的对外贸易,因此未来对此的争议还将继续下去。

二、知识产权保护

知识产权(Intellectual Property)包括专利、商标、工业品外观设计、集成电路布图设计、版权、地理标志和商业秘密。科学技术的发展和社会的进步,不仅使知识产权的内涵不断丰富,而且使知识产权的外延不断拓展。1893 年,据《保护工业产权巴黎公约》

成立的国际局与据《保护文学和艺术作品伯尔尼公约》成立的国际局联合起来,构成了全世界范围内保护经济"硬实力"和文化"软实力"的两个"基本法"。1967年,世界知识产权组织在斯德哥尔摩成立并于1974年成为联合国专门机构之一。它的宗旨是通过国际合作与其他国际组织进行协作,以促进在全世界范围内保护知识产权,以及保证各知识产权同盟间的行政合作。中国于1985年3月19日成为该组织成员;根据1994年GATT乌拉圭回合谈判缔结的《与贸易有关的知识产权协定》(Agreement on Trade-Related Aspects of Intellectual Property Rights, TRIPs),参与《建立世界知识产权组织公约》等国际公约和完成《中华人民共和国民法通则》①《中华人民共和国反不正当竞争法》等国内立法。

中国对知识产权的保护一直处于落后状态,与反倾销争端类似,国内立法方面进展也较为缓慢,对我国积极争取诉讼的积极地位有负面影响。知识产权保护落后有助于模仿跨国公司的技术,也严重阻碍了国内企业的创新活力,但长期看来对知识产权的保护是有益且必要的。可喜的是,近年来中国对知识产权的保护一直在加强。2017年4月24日,最高人民法院首次发布《中国知识产权司法保护纲要(2016—2020)》。2018年9月,中共中央办公厅、国务院办公厅印发《关于加强知识产权审判领域改革创新若干问题的意见》等重要文件。2018年12月,最高人民法院对外发布《关于审查知识产权纠纷行为保全案件适用法律若干问题的规定》,进一步完善了行为保全制度在知识产权与竞争纠纷领域的实施。

◆ 专栏:关税与非关税措施的替代性与互补性

中国的改革开放始于1978年,当时中国的市场经济及国际贸易迅速发展,关税逐渐降低。贸易政策替代性表现为使用非关税措施来部分补偿关税。正如鲍德温(Baldwin, 1970)所说:"降低关税实际上就像是在排尽沼泽。较低的水位揭示了仍需清除的非关税措施的障碍。"该现象也被视为"持续保护法则",指的是关税与非关税之间的替代性是为了维持一定程度的对国内产业的保护(Wallner, 1998)。

但关税和非关税措施并不一定总是相互替代的,它们也可能是互补的贸易政策工具。尽管关税的削减和非关税措施的增加在中国似乎是同时发生的,但并不是所有的非关税措施都在增长。例如,纺织品配额随着关税降低的同时也逐步取消使用。因布鲁诺(Imbruno, 2016)提供了有关中国关税与传统非关税措施之间互补关系的证据,事实证明,取消配额、招标和许可与关税削减在很大程度上相关。根据贸易谈判协议和WTO的要求,取消传统的非关税措施和降低关税可能反映了贸易自由化的相同趋势。

此外,作为发展中国家,中国长期以来一直在努力根据其作为多边贸易体系成员的

---

① 2020年5月28日,第十三届全国人大三次会议表决通过了《中华人民共和国民法典》,自2021年1月1日起施行。《中华人民共和国民法通则》同时废止。

角色来改变自身的体制和法律结构,这又体现了非关税政策独立于关税政策的一面,即与法律法规的更新息息相关。根据中国对WTO的承诺,政府还减少了其他进口壁垒,特别是进口禁令和限制,并简化了进口许可制度。现在,中国大量的非关税措施是以法律法规的名义发布的。例如,为了履行保护臭氧层的国际义务以及执行《保护臭氧层维也纳公约》和《蒙特利尔议定书》,中国禁止进口汽车用空调;自2003年起使用CFC-12作为空调制冷剂。随着2001年TRIPs的签署,中国开始更加关注专利法的制定。这些都体现了中国制度建设对非关税措施的影响。

本章小结

本章通过对中国关税制度的演变、关税与非关税措施的种类,以及中国市场经济地位的介绍,使读者了解贸易政策在国际贸易中的重要作用。一国政府干预贸易时所采用的贸易政策,除了关税这一强有力的工具,非关税措施正发挥着越来越重要的作用。本章通过对关税和非关税措施的介绍,使读者对中国的贸易政策有了深刻的认识,有助于为进一步研究贸易政策打下坚固的基础。

本章主要概念

战略性贸易政策、关税、从价税、从量税、最惠国关税、非关税措施、技术性贸易壁垒、知识产权保护

练习与思考

1. 简述中国的关税政策演变。
2. 什么是最惠国关税?其与优惠关税的区别是什么?
3. 什么是"三来一补"?什么是"两反一保"?它们分别对应我国贸易政策的什么方面?
4. 简述中国非关税措施的分布情况。

 推荐阅读

AMITI M, KONINGS J. Trade liberalization, intermediate inputs, and productivity: evidence from Indonesia[J]. *American economic review*, 2007, 97(5): 1 611-1 638.

BALDWIN R E. Are economists' traditional trade policy views still valid[J]. *Journal of economic literature*, 1992, 30(2): 804-829.

BALDWIN R, FLAM H. Strategic trade policies in the market for 30-40 seat commuter aircraft[J]. *Review of world economics*, 1989, 125(3): 484-500.

BAO X, QIU L D. Do technical barriers to trade promote or restrict trade? Evidence from China[J]. *Asia-pacific journal of accounting & economics*, 2010, 17(3): 253-278.

BAO X, QIU L D. How do technical barriers to trade influence trade[J]. *Review of international economics*, 2012, 20(4): 691-706.

BAO X, CHEN W C. The impacts of technical barriers to trade on different components of international trade[J]. *Review of development economics*, 2013, 17(3): 447-460.

BRANDT L, MORROW P M. Tariffs and the organization of trade in China[J]. *Journal of international economics*, 2017, 104(C): 85-103.

CHEN B, FENG Y. Openness and trade policy in China: an industrial analysis[J]. *China economic review*, 2001, 11(4): 323-341.

CHEN B, MA H, XU Y. Measuring China's trade liberalization: a generalized measure of trade restrictiveness index[J]. *Journal of comparative economics*, 2014, 42(4): 994-1006.

CHEN B, LI Y. Analyzing bilateral trade barriers under global trade context: a gravity model adjusted trade intensity index approach[J]. *Review of development economics*, 2014, 18(2): 326-339.

GROSSMAN G, HELPMAN E. Protection for sale[J]. *American economic review*, 1994, 84(4): 833-850.

GROSSMAN G M, RICHARDSON J D. Strategic trade policy: a survey of issues and early analysis[M]. Princeton University, 1985.

GRUNDKE R, MOSER C. Hidden protectionism? evidence from non-tariff barriers to trade in the United States[J]. *Journal of international economics*, 2019, 117(C): 143-157.

HERGHELEGIU C. The political economy of non-tariff measures[J]. *World economy*, 2018, 41(1): 262-286.

IMBRUNO M. China and WTO liberalization: imports, tariffs and non-tariff barriers[J]. *China economic review*, 2016, 100(38): 222-237.

KEE H L, NICITA A, OLARREAGA M. Estimating trade restrictiveness indices[J]. *Economic journal*, 2009, 119(534): 172-199.

KREININ M E. United States trade and possible restrictions in high-technology products[J]. *Journal of policy modeling*, 1985, 7(1): 69-105.

KRUGMAN P R. Is free trade passé? [J]. *Journal of economic perspectives*, 1987, 1(2): 131-144.

TREFLER D. International factor price differences: Leontief was right! [J]. *Journal of political economy*, 1993, 101(6): 961-987.

World Trade Organization. World trade report 2012：trade and public policies：a closer look at non-tariff measures in the 21st century[R]. Geneva：WTO, 2012.

YU M. Processing trade, tariff reductions and firm productivity：evidence from Chinese firms[J]. *Economic journal*, 2015, 125(585)：943-988.

ZHOU D, YANG J, LAI M. Input trade liberalization and the export duration of products：evidence from China[J]. *China & world economy*, 2019, 27(6)：1-25.

兰宜生,徐小锋.关税保护对不同产业全球价值链参与度的影响差异:基于一般制造业和高技术产业的比较研究[J].软科学,2019,33(4):25-28.

兰宜生,徐小锋.关税对中国产业全球价值链参与度的影响机制:基于中介效应的实证研究[J].财经科学,2019(1):63-74.

梁俊伟.贸易壁垒引致出口边际扩张的机制:基于技术创新的视角[J].中共南京市委党校学报,2020(1):52-58.

梁俊伟,魏浩.非关税措施与中国出口边际[J].数量经济技术经济研究,2016,33(3):3-22.

刘庆林,段晓宇,汪明珠.贸易政策限制程度的数量测度方法研究述评[J].产业经济评论(山东大学),2016,15(1):65-80.

刘庆林,段晓宇,汪明珠.中国农产品市场准入政策改革的福利效应:基于贸易限制指数方法的分析[J].财贸经济,2015(11):101-113.

刘庆林,汪明珠.中国农产品市场准入政策的保护水平与结构:基于贸易限制指数的研究[J].经济研究,2014,49(7):18-30.

罗胜强,鲍晓华.反倾销影响了在位企业还是新企业:以美国对华反倾销为例[J].世界经济,2019,42(3):118-142.

毛其淋.贸易政策不确定性是否影响了中国企业进口?[J].经济研究,2020,55(2):148-164.

毛其淋,许家云.贸易自由化与中国企业出口的国内附加值[J].世界经济,2019,42(1):3-25.

钱学锋,王备.异质性企业与贸易政策:一个文献综述[J].世界经济,2018,41(7):169-192.

盛斌.中国对外贸易政策的政治经济分析[M].上海:上海三联书店,2002.

盛斌,陈帅.全球价值链如何改变了贸易政策:对产业升级的影响和启示[J].国际经济评论,2015(1):85-97.

唐宜红,张鹏杨.全球价值链嵌入对贸易保护的抑制效应:基于经济波动视角的研究[J].中国社会科学,2020(7):61-80.

王孝松,林发勤,李玏.企业生产率与贸易壁垒:来自中国企业遭遇反倾销的微观证据[J].管理世界,2020,36(9):54-67.

王孝松,吕越,赵春明.贸易壁垒与全球价值链嵌入:以中国遭遇反倾销为例[J].中国社会科学,2017(1):108-124.

王孝松,施炳展,谢申祥,等.贸易壁垒如何影响了中国的出口边际?:以反倾销为例的经验研究[J].经济研究,2014,49(11):58-71.

余淼杰,李乐融.贸易自由化与进口中间品质量升级:来自中国海关产品层面的证据[J].经济学(季刊),2016,15(3):1 011-1 028.

余淼杰.中国的贸易自由化与制造业企业生产率[J].经济研究,2010,45(12):97-110.

周茂,陆毅,符大海.贸易自由化与中国产业升级:事实与机制[J].世界经济,2016,39(10):78-102.

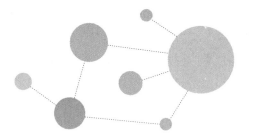

第五章
志通天下:"一带一路"大棋局

知识点

"一带一路"、全球贸易架构

重 点

理解"一带一路"倡议,了解"一带一路"沿线国家发展,掌握分析"一带一路"面临的机遇与挑战

难 点

分析"一带一路"现状及未来挑战

在前几章的学习中我们了解到,改革开放后中国的对外贸易政策改革过程,是融入经济全球化与区域经济一体化的过程。这一改革推进了国内科技的进步发展,快速提高了生产效率,改善了人们的生活条件。但自 2008 年国际金融危机以来,世界经济增长愈加乏力,全球经济治理体系革新缓慢,全球化面临严峻的挑战。"不谋万世者,无以谋一时;不谋天下者,无以谋一域",在以上背景下,中国提出了共建"一带一路"的合作倡议,通过加强国际合作来谋求共同发展的道路。

第一节 "一带一路"的基本概念与理念

长河落日,大漠孤烟,汉韵唐风,丝路千年。2 100 多年前,张骞两次出使西域,开辟了一条横贯东西、连接欧亚的陆上丝绸之路。同样,从 2 000 多年前的秦汉时代起,连接中国与欧亚国家的海上丝绸之路也逐步兴起。当今,在新的历史起点上,"一带一路"重新焕发出无限可能。**2013 年 9 月 7 日,国家主席习近平在哈萨克斯坦纳扎尔巴耶夫大学**

发表《弘扬人民友谊 共创美好未来》的重要演讲时表示,为了使欧亚各国经济联系更加紧密、相互合作更加深入、发展空间更加广阔,我们可以用创新的合作模式,共同建设"**丝绸之路经济带**",以点带面,从线到片,逐步形成区域大合作。**2013年10月3日,国家主席习近平在印度尼西亚国会发表《携手建设中国—东盟命运共同体》的重要演讲**时提出,中国致力于加强同东盟国家的互联互通建设;倡议筹建亚洲基础设施投资银行(以下简称亚投行);愿同东盟国家发展好海洋合作伙伴关系,共同建设"**21世纪海上丝绸之路**"。共建"丝绸之路经济带"和"21世纪海上丝绸之路"的构想共同构成了"一带一路"倡议,并逐步成为现实。2015年3月,国家发改委、外交部、商务部联合发布了《推动共建丝绸之路经济带和21世纪海上丝绸之路的愿景与行动》,标志着"一带一路"倡议正式进入实施阶段。

"一带一路"倡议旨在推动国际和区域互联互通的合作倡议。其主要目的在于通过基础设施建设和其他与联通相关的投资、政策沟通、设施联通、贸易畅通、资金融通、民心相通,既开展互联互通、产能合作、贸易投资等重点领域的务实合作,也重视推动沿线国家之间多种形式的人文交流,实现经济和文化的共同繁荣发展。因此,"一带一路"倡议促进了伙伴国家的融资和投资以及其他合作模式的出现。

经历多年的发展与合作,中国已牵头成立了丝路基金、亚投行以及建立了中欧班列等经济合作关系纽带。2017年5月,首届"一带一路"国际合作高峰论坛在北京举行,包括29个国家的元首和政府首脑在内,140多个国家、80多个国际组织的1 600多名代表从世界各地来到北京与会,高峰论坛发布圆桌峰会联合公报,达成270多项成果,形成了各国共建"一带一路"倡议的国际共识。会议前夕,推进"一带一路"倡议建设工作领导小组办公室在2017年5月10日发布《共建"一带一路":理念、实践与中国的贡献》,文件指出:"共建'一带一路'倡议是促进全球和平合作和共同发展的中国方案。共建'一带一路'合作是所有国家不分大小、贫富,平等相待共同参与的合作;是公开、透明、开放,为世界和平与发展增添正能量的合作;是传承丝绸之路精神,追求互利共赢和优势互补的合作;是各国共商共建共享,共同打造全球经济治理新体系的合作;是推动要素高效流动和市场深度融合,实现多元、自主、平衡和可持续发展的合作;是推动地区发展,促进繁荣稳定,扩大文明对话和互学互鉴的合作。"

与近年来世界上的逆全球化趋势不同的是,"一带一路"倡议的首要目标便是促进贸易和投资自由化、便利化,旗帜鲜明地反对保护主义,推动经济全球化朝着更加开放、包容、普惠、平衡、共赢的方向发展。"一带一路"倡议有利于为发展中国家创造更多的发展机遇和空间,帮助它们摆脱贫困,实现可持续发展。同时,**"一带一路"倡议也是中国建设人类命运共同体倡议的重要一部分**,其重视推动沿线国家间国际援助与经济文化的共同繁荣。区别于其他国际合作机构,"一带一路"倡议是一个包容性的发展规划,而诸多多边机构则是基于规则的服务机构。在2020年新冠肺炎疫情期间,中国在援助世界卫生

组织开展防疫工作之外,向"一带一路"沿线国家派出40余支医疗援助团队①,并向众多国家援助抗疫物资,开展抗疫合作。

第二节 "一带一路"沿线各国的参与现状

截至2020年1月,中国已与138个国家和30个国际组织签署了近200份合作文件。"一带一路"倡议已历时7年,由初期的很多国家以观察国的身份开展初步合作,到现在众多国家正式加入成为签署国家,"一带一路"倡议的实施可谓是一段艰辛而又伟大的路程。这归功于"一带一路"倡议的顶层设计和各个规划领域的清晰和完备,使得其关注度不断提高,得到越来越多国家的认可。

表5-1 已同中国签署"一带一路"合作文件的国家一览(截至2020年1月)

非洲国家(44个)
苏丹、南非、塞内加尔、塞拉利昂、科特迪瓦、索马里、喀麦隆、南苏丹、塞舌尔、几内亚、加纳、赞比亚、莫桑比克、加蓬、纳米比亚、毛里塔尼亚、安哥拉、吉布提、埃塞俄比亚、肯尼亚、尼日利亚、乍得、刚果、津巴布韦、阿尔及利亚、坦桑尼亚、布隆迪、佛得角、乌干达、冈比亚、多哥、卢旺达、摩洛哥、马达加斯加、突尼斯、利比亚、埃及、赤道几内亚、利比里亚、莱索托、科摩罗、贝宁、马里、尼日尔
亚洲国家(38个)
韩国、蒙古国、新加坡、东帝汶、马来西亚、缅甸、柬埔寨、越南、老挝、文莱、巴基斯坦、斯里兰卡、孟加拉国、尼泊尔、马尔代夫、阿联酋、科威特、土耳其、卡塔尔、阿曼、黎巴嫩、沙特阿拉伯、巴林、伊朗、伊拉克、阿富汗、阿塞拜疆、格鲁吉亚、亚美尼亚、哈萨克斯坦、吉尔吉斯斯坦、塔吉克斯坦、乌兹别克斯坦、泰国、印度尼西亚、菲律宾、也门、塞浦路斯
欧洲国家(26个)
俄罗斯、奥地利、希腊、波兰、塞尔维亚、捷克、保加利亚、斯洛伐克、阿尔巴尼亚、克罗地亚、波黑、黑山、爱沙尼亚、立陶宛、斯洛文尼亚、匈牙利、北马其顿、罗马尼亚、拉脱维亚、乌克兰、白俄罗斯、摩尔多瓦、马耳他、葡萄牙、意大利、卢森堡
大洋洲国家(11个)
新西兰、巴布亚新几内亚、萨摩亚、纽埃、斐济、密克罗尼西亚联邦、库克群岛、汤加、瓦努阿图、所罗门群岛、基里巴斯
南美洲国家(8个)
智利、圭亚那、玻利维亚、乌拉圭、委内瑞拉、苏里南、厄瓜多尔、秘鲁
中美洲国家(11个)
哥斯达黎加、巴拿马、萨尔瓦多、多米尼加、特立尼达和多巴哥、安提瓜和巴布达、多米尼克、格林纳达、巴巴多斯、古巴、牙买加

资料来源:国家信息中心,中国一带一路网。

---

① 详情见中国国家国际发展合作署,http://www.cidca.gov.cn/ylyw.htm。

第五章 志通天下:"一带一路"大棋局

自2013年"一带一路"倡议提出以来,国内的企业积极参与建设,其参与形式也在不断摸索中进步。近年来,以产业园(工业园)为代表的境外经贸合作区的兴起,成为"一带一路"全面深化、推进国际制造业合作的最新动向。同时,在以基础设施建设为代表的"一带一路"倡议指导下,中国与沿线国家开展了一系列合作建设项目。

截至2021年底,中老铁路已经正式开通,中泰铁路、雅万高铁、匈塞铁路等基础设施建设工程正在扎实推进中,瓜达尔港、汉班托塔港、比雷埃夫斯港、哈利法港等项目进展顺利。

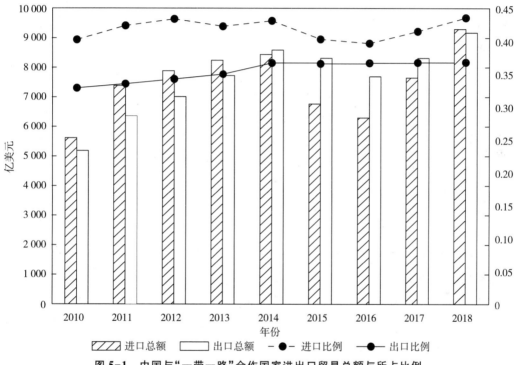

图 5-1 中国与"一带一路"合作国家进出口贸易总额与所占比例

资料来源:作者根据 UN Comtrade 数据库整理。

从图5-1中可以看到,中国对已签署"一带一路"合作文件的138个国家进出口贸易总额均呈增长趋势,且占中国总进出口额的比例也在增长。但同时我们也可以看到,已签署文件国家贸易总额占中国对外进出口额的比例总体不到50%,说明随着中国与这些国家合作关系的加强,以及中国对外投资建设的逐步开展,双边及多边贸易蕴含着巨大的潜能。

但不论对中国自身而言,还是对投资与落实"一带一路"项目的企业来说,这项倡议仍存在很多机遇与挑战。对沿线各国而言,"一带一路"倡议对它们的意义也不尽相同。中国社会科学院世界经济与政治研究所前国际投资研究室主任张明认为,"一带一路"倡议的实施应该重视投资收益率低、安全挑战大、政府出资不稳定、经济结构调整难以及对中国误解加深等五大挑战。中国人民大学王义桅教授认为,"一带一路"存在地缘风险、

安全风险、经济风险、法律风险、道德风险等五大挑战。对此,有研究提出了加强我国企业"走出去"风险防控的中国方案。

第三节 中国与"一带一路"沿线国家的贸易走廊

在众多涉及文化、投资、贸易等多领域合作项目中,与对外贸易紧密相关的无疑是中国与"一带一路"沿线国家的贸易合作。**其中,构建"一带一路"自由贸易区网络,促进贸易便利化成为重点。**丝绸之路经济带有三大走向,一是从中国西北、东北经中亚、俄罗斯至欧洲、波罗的海;二是从中国西北经中亚、西亚至波斯湾、地中海;三是从中国西南经中南半岛至印度洋。21世纪海上丝绸之路有两大走向,一是从中国沿海港口过南海,经马六甲海峡到印度洋,延伸至欧洲;二是从中国沿海港口过南海,向南太平洋延伸。自"一带一路"倡议提出以来,中国逐渐形成了"六廊六路多国多港"的主骨架建设思路。"六廊"包括新亚欧大陆桥经济走廊、中蒙俄经济走廊、中国—中亚—西亚经济走廊、中国—中南半岛经济走廊、中巴经济走廊、孟中印缅经济走廊;"六路"指的是铁路、公路、水路、空路、管路、信息高速路互联互通;"多国多港"指的是将若干重要国家作为重点合作对象,建设若干海上支点港口。在"六廊六路多国多港"的合作框架下,中国取得了越来越多的建设成果,推动了全球治理模式的创新。

新亚欧大陆桥、中蒙俄、中国—中亚—西亚经济走廊经过亚欧大陆中东部地区,不仅将充满经济活力的东亚经济圈与发达的欧洲经济圈联系在一起,而且畅通了连接波斯湾、地中海和波罗的海的合作通道,为构建高效畅通的欧亚大市场创造了可能,也为地处"一带一路"沿线、位于亚欧大陆腹地的广大国家提供了发展机遇。中国—中南半岛、中巴和孟中印缅经济走廊经过亚洲东部和南部这一全球人口最稠密地区,连接着沿线主要城市和人口、产业集聚区。澜沧江—湄公河国际航道和在建的地区铁路、公路、油气网络,将丝绸之路经济带和21世纪海上丝绸之路联系到一起,经济效应辐射南亚、东南亚、印度洋、南太平洋等地区。

一、新亚欧大陆桥经济走廊

新亚欧大陆桥经济走廊由中国东部沿海向西延伸,经中国西北地区和中亚、俄罗斯抵达中东欧。新亚欧大陆桥经济走廊建设以中欧班列等现代化国际物流体系为依托,重点发展经济贸易和产能合作,拓展能源资源合作空间,构建畅通高效的区域大市场。截至2019年4月,运行线路达到65条,通达欧洲15个国家的44个城市,累计运送货物92万标箱,成为沿途国家促进互联互通、提升经贸合作水平的重要平台。2020年3月27日,满载防疫物资和小商品的"义新欧中国邮政号"X8020次中欧班列从义乌西站首发,驶向西班牙马德里,这标志着义乌至欧洲运邮业务规模化常态化的实现。中哈国际物流合作项目进展顺利,已成为哈萨克斯坦开展贸易和跨境运输合作的重要窗口。比雷埃夫斯港的顺利运营,为实现中希(腊)互利共赢发挥了积极作用。

二、中蒙俄经济走廊

中蒙俄经济走廊有两个通道,一是从华北通道,沿着京津冀到呼和浩特,再到蒙古国和俄罗斯;二是东北通道,沿着老中东铁路从大连、沈阳、长春、哈尔滨到满洲里和俄罗斯赤塔。2014年9月11日,国家主席习近平在中国、俄罗斯、蒙古国三国元首会晤时提出,将"丝绸之路经济带"同"欧亚经济联盟"、蒙古国"草原之路"倡议对接,打造中蒙俄经济走廊。2015年7月9日,三国有关部门签署了《关于建设中蒙俄经济走廊规划纲要的谅解备忘录》。2016年6月23日,三国元首共同见证签署了《建设中蒙俄经济走廊规划纲要》,这是共建"一带一路"框架下的首个多边合作规划纲要。在三方的共同努力下,规划纲要已进入具体实施阶段。截至目前,这条走廊上的多个项目正在稳步推进。以黑龙江省黑河市为例,由于毗邻俄罗斯远东第三大城市阿穆尔州的布拉戈维申斯克市,黑河市围绕"一带一路"重点推进"一桥一道一港一管"建设(黑龙江公路大桥、跨江空中索道、国际空港、中俄东线天然气管道),将使其成为中蒙俄经济走廊上俄新国际公路大通道、空中大通道和中国东北油气的战略通道。在中蒙方面,中蒙二连浩特—扎门乌德跨境经济合作区、满洲里综合保税区等也在有序推进。

三、中国—中亚—西亚经济走廊

中国—中亚—西亚经济走廊由中国西北地区出境,向西经中亚至波斯湾、阿拉伯半岛和地中海沿岸,辐射中亚、西亚和北非有关国家。多年来,不稳定已成为西亚多个国家的常态,直接影响地区发展,也会给"一带一路"建设带来阻碍。《**推动共建丝绸之路经济带和21世纪海上丝绸之路的愿景与行动**》明确指出:新疆要成为"重要交通枢纽""商贸物流和文化教科中心""丝绸之路经济带核心区"。同时我们也应看到,新疆GDP仅占国内经济总量的1.3%,新疆对外贸易额仅占我国对外贸易总额的0.5%,其经济发展所需的资金、技术、人才不足。2014年6月5日,国家主席习近平在中国—阿拉伯国家合作论坛第六届部长级会议上提出,构建以能源合作为主轴,以基础设施建设、贸易和投资便利化为两翼,以核能、航天卫星、新能源三大高新领域为突破口的中阿"1+2+3"合作格局。2016年G20杭州峰会期间,中哈(萨克斯坦)两国元首见证签署了《"丝绸之路经济带"建设和"光明之路"新经济政策对接合作规划》。中国与塔吉克斯坦、吉尔吉斯斯坦、乌兹别克斯坦等国签署了共建丝绸之路经济带的合作文件,与土耳其、伊朗、沙特阿拉伯、卡塔尔、科威特等国签署了共建"一带一路"谅解备忘录。中土双方就开展土耳其东西高铁项目合作取得重要共识,进入实质性谈判阶段。

四、中国—中南半岛经济走廊

中国—中南半岛经济走廊以中国西南为起点,新加坡为终点,纵贯中南半岛上的越南、老挝、柬埔寨、泰国、缅甸、马来西亚等国家,是中国连接中南半岛的大陆桥,也是中国与东盟合作的跨国经济走廊,主要承担国际投资和贸易等职能,将带动中南半岛相关国家的经济和社会发展,是中国与东盟扩大合作领域、提升合作层次的重要载体。2016年5月26日,第九届泛北部湾经济合作论坛暨中国—中南半岛经济走廊发展论坛发布《中国—中南半岛经济走廊倡议书》。中国与老挝、柬埔寨等国签署共建"一带一路"合作备忘录,启动编制双边合作规划纲要;推进中越陆上基础设施合作,启动澜沧江—湄公河航道二期整治工程前期工作;开工建设中老铁路,启动中泰铁路项目,促进基础设施互联互通;设立中老磨憨—磨丁经济合作区,探索边境经济融合发展的新模式。同时,**2020年11月15日,《区域全面经济伙伴关系协定》(RCEP)正式签署,作为全球规模最大的自由贸易协定,有助于优化本区域的经济整合。**

五、中巴经济走廊

中巴经济走廊是共建"一带一路"的旗舰项目。巴基斯坦作为我国全天候战略合作伙伴国家,对"一带一路"项目给予高度重视,并积极与我国一同开展远景规划的联合编制工作。中巴经济走廊南起瓜达尔港,北至新疆喀什,是一条包括公路、铁路、油气管道、通信光缆等在内的贸易走廊。2015年4月20日,两国领导人出席中巴经济走廊部分重大项目动工仪式,签订了51项合作协议和备忘录,其中近40项涉及中巴经济走廊建设。"中巴友谊路"——巴基斯坦喀喇昆仑公路升级改造二期、中巴经济走廊规模最大的公路基础设施项目——白沙瓦至卡拉奇高速公路顺利开工建设,瓜达尔港自由区起步区加快建设,走廊沿线地区能源电力项目快速上马。2018年11月,巴基斯坦总理伊姆兰·汗访华,代表巴基斯坦与中国签署《关于加强中巴全天候战略合作伙伴关系、打造新时代更紧密中巴命运共同体的联合声明》。目前,中巴经济走廊有28个项目正在建设中,还有41个正在筹备中,累计建设总投资达540亿美元,累计为巴基斯坦直接创造了7.5万个就业岗位。

六、孟中印缅经济走廊

孟中印缅经济走廊连接东亚、南亚、东南亚三大区域,沟通太平洋、印度洋两大海域。2013年12月,孟中印缅经济走廊联合工作组第一次会议在中国昆明召开,各方签署了会议纪要和联合研究计划,正式启动孟中印缅经济走廊建设政府间合作。但因为政治等因素,经济走廊在建设过程中一直存在地区内行为体权力间的博弈,遇到的挑战较大,建设进度落后于预期。但中国与孟加拉国和缅甸的合作取得了诸多成果。特别是在2017年缅甸时任总理昂山素季访华时,中方提议建设"人字形"中缅经济走廊,北起中国云南,经中缅边境南下至曼德勒,然后再分别向东西延伸到仰光新城和皎漂经济特区,将缅甸最落后地区和最发达地区连接起来,打造三端支撑、三足鼎立的大合作格局。作为"一带一路"倡议的重要组成部分,中缅经济走廊成为中国在提出"六大经济走廊"后,第二次提出的与单个国家建立的经济走廊。随着中缅油气管道、莱比塘铜矿、达贡山镍矿等中缅标志性合作项目的建成投产,缅甸政府和民众逐步享受到项目带来的实惠,中缅两国经贸合作再上新台阶;孟加拉国虽然深受印度影响,但近年来发展迅猛,成为亚太地区45个国家中经济增长最快的国家,已于2018年摆脱了最不发达国家的行列。中国在基础设施建设方面与其达成诸多项目合作意向。此外,中国与尼泊尔开展了广泛的经贸合作。2019年10月,国家主席习近平访问尼泊尔时,签署了《中华人民共和国和尼泊尔联合声明》,并表示中国将推进与尼泊尔的更多合作,同时中国与尼泊尔的跨境铁路也在规划中,这无疑使尼泊尔成为这条南亚经济通道的另一重要国家。

第四节 基于全球价值链视角的"一带一路"发展

一、东盟:变化中的亚太价值链

亚太地区具有成熟的价值链,中国和东盟是其重要组成部分。 中国制造业长期以来从事低端和低附加值的出口,获利微薄,极易受到海外市场低迷的负面冲击。从2008年国际金融危机以来,中国一直在试图改变这一状况,部分东盟国家也相应地调整了与中国的供应链关系。当中国沿海企业开始专业化生产零部件时,内陆省份张开双臂,欢迎传统的加工和组装业务内迁。同样,当越来越多的跨国公司在新加坡和马来西亚建立研发中心时,低收入的东盟国家也抓住中国和本地区产业调整的机会,吸引外国投资,建立加工组装基地。中国与东盟日渐精细的生产分工体现在机电以及纺织和服装两大行业。如在机电行业,相对于中国在全球价值链上的位置,新加坡和马来西亚专门针对研发密集型的零部件进行专业化生产,而泰国、印度尼西亚和菲律宾则相反,该领域的生产逐渐减少。这显示,中国机电行业正在调整,在全球价值链上朝着东盟高收入国家和部分中等收入国家的方向发展。

二、南亚:形成中的价值链

通过振兴制造业、扩大出口来实现减贫是当前印度改革的主旋律。 印度和中国在很多方面具有可比性。中国的制造业和印度的服务业分别是全球价值链的重要组成部分。然而,以信息技术为主的印度服务业主要雇用技术人员,不能为非熟练劳动力创造大量的就业机会,减贫效果有限。仿效中国振兴制造业,促进劳动密集型产品出口,是莫迪政府经济改革的中心任务。为了落实振兴印度制造业的战略构想,莫迪政府于2014—2015年启动了"印度制造"(Made in India)倡议。

虽然这能为非熟练工人带来大量制造业就业机会,有助于实现印度经济改革的重要目标,但目前尚无发掘这些潜能的政策保障。印度制造业多为中小企业,从事低端产品的生产。由于无法实现规模经济,面对中国在低端制造业领域的竞争优势,它们对向中国开放贸易和投资心存疑虑。这是2007年中国—印度区域贸易安排联合研究无功而返的原因,也造成了今天"印度制造"倡议对中国低端制造业转移的保留态度,甚至出现抵制中国产品的民族主义情绪。**解决这一问题,不仅需要改革阻碍印度制造业发展的印度国内立法,也需要双方共同寻求创新的制度安排,以减少中国投资印度低端制造业的政治阻力。**

与印度不同的是,巴基斯坦是中国的全天候盟友,在经济、军事和安全方面均依赖中国。作为连接中国内陆和印度洋的国家,巴基斯坦的战略位置对中国的重要性不言而喻。中巴自由贸易区不仅仅是为了提升双边经贸关系,而且是中国地缘战略的重要组成部分。斯里兰卡是印度洋上的航运枢纽,地处中国主要运输线上。但两国的产业体系不完善,大范围开放将使得中国的各种产品涌入两国,必将遭遇其国内强烈的政治阻力。因此,在制造业市场准入谈判中,避开两国成熟的进口替代产业,在其空白产业领域推动市场准入的突破;对现存(成熟或幼稚的)制造业,应寻求与之衔接的中间投入和零部件出口,避免制成品输入。这些是中国在市场准入、投资和服务等领域谈判中应该注意的问题。

三、非洲和太平洋岛国:萌芽中的价值链

非洲的国民经济主要依赖资源采掘业和农业,制造业被边缘化。根据UNCTAD《2011年非洲经济发展报告》,2008年非洲制造业产值占GDP的比例为10.5%,而同期亚洲发展中国家的比例则为35%。非洲在世界制造业生产和出口中的份额则更小,不仅如此,非洲制造业企业多为小型和非正规企业。劳动密集型制造业发展缓慢制约了就业机会的创造,并带来贫困等一系列社会问题。这些问题源于其基础设施缺乏,吸收整套制造业项目能力的不足,以及政府治理能力薄弱、政局不稳导致其投资风险偏高。在"一带一路"建设中,非洲参与构建全球价值链的成功案例可以起到积极的示范效应,特别是埃塞俄比亚东方工业园的开设,对中非合作发展的经贸政策的启示意义巨大。

2019年中非合作论坛北京峰会的《联合声明》指出,"中方愿将资金、技术、装备、产能等优势同非洲人口红利、市场潜力、能源资源等优势加强对接,支持非洲自由贸易区、经济特区和工业园区建设,以及贸易、工业化、中小企业和创业、数字时代高质量数据能力发展,鼓励实力强、资质好的中国企业赴非投资兴业,包括通过合资企业和与非洲私营部门合作等方式加强伙伴关系,也鼓励非方企业赴华投资"。随着"一带一路"

倡议的实施,越来越多的国家融入全球供应链、产业链、价值链,发挥其资源优势,带动当地的经济发展。

如果说非洲因为基础设施不足、政局不稳,劳动密集型的制造业近期无望成规模地参与全球价值链,那么,太平洋岛国则由于地理位置的原因也不能实现同样的目的。通过发展劳动密集型低端制造业来加入全球价值链的经济社会发展战略在这一地区行不通,因而需要根据其比较优势,在服务业领域另辟蹊径。多届中国—太平洋岛国论坛对话会、中国—太平洋岛国经济发展合作论坛的召开,显著促进了中国与太平洋岛国之间的经贸合作。

专栏:中国与东盟的贸易自由化与减贫效应

中国—东盟双边贸易自由化正在通过全球价值链进一步整合而加深。这为该地区的低收入和贫困人口提供了脱贫的机会,使他们能够被纳入世界贸易体系从而摆脱贫困。在通过贸易自由化来减贫方面,中国具有丰富的经验。在农业方面,由于奉行"粮食自给自足"政策以及主要贸易伙伴实施的严格的卫生及植物检疫标准,中国的农业贸易自由化并未导致大量劳动力密集型农产品向高端市场出口。因此在中国,农业出口对减少贫困的影响是有限的。但是,中国实施的创新的加工贸易制度为非技术移民工人创造了数百万个制造业工作岗位,在减少贫困方面取得了巨大成功。

东盟国家与中国不同。在考察自1997年以来中国与东盟国家在机电以及纺织和服装行业(这两个行业的生产在这些国家最为广泛)之间不断发展的贸易价值链后,研究发现东盟中的高收入国家正在以中国为装配中心,专门从事研发密集型零件的生产。同时,东盟中的低收入国家正在成为中国制造零件的装配中心。这表明,东盟的这两个行业为低技能的低收入劳动力提供了大量的工作机会。

中国劳动密集型产业向东盟中低收入国家的转移,对该地区的减贫产生了深远影响。鉴于大规模的加工贸易对于有效脱贫至关重要,因此东盟国家应引入中国创新的加工贸易海关安排。同时中国有很大的空间来加强对东盟国家贸易计划的援助,以帮助该地区减少贫困。

本章小结

本章对"一带一路"倡议的进程做了描述,对其目标与含义进行了解读。同时,对与"一带一路"沿线各国的参与现状进行描述,使读者对"一带一路"沿线项目的发展有了一定的认识。"一带一路"倡议是一项伟大的创举,在其发展的道路上机遇与挑战并存。了解"一带一路"倡议的各方面发展现状是了解中国对外贸易,乃至"一带一路"沿线国家经济、文化、政治的重要方式。未来还将有众多的合作建设成果需要我们跟进了解。

本章主要概念

"一带一路"倡议、"六廊六路多国多港"、新亚欧大陆桥经济走廊、中蒙俄经济走廊、中国—中亚—西亚经济走廊、中国—中南半岛经济走廊、中巴经济走廊、孟中印缅经济走廊

练习与思考

1. 简述"一带一路"倡议的目标与含义。
2. 简述"一带一路"的"六廊六路多国多港"的合作框架。
3. "一带一路"的风险与挑战有哪些?

推荐阅读

BHATTACHARYAY B N. Estimating demand for infrastructure in energy, transport, telecommunications, water and sanitation in Asia and the Pacific: 2010-2020[D]. Asian Development Bank working papers, 2010.

ELEK A. The future of the belt and road long-term strategic issues: summary and recommendations[R]. Qianhai Institute for Innovative Research, 2017.

FUGAZZA M. Maritime connectivity and trade policy issues in international trade and commodities[J]. Research study series, 2015(70).

RATHBONE M, REDRUP O. Developing infrastructure in Asia Pacific: outlook, challenges and solutions[J]. Singapore: Price Waterhouse Coopers Services LLP, 2014.

SI Y. Outward direct investment from China: historical development, geographical distribution and the obstacles to subsidiary business success[D]. Department of Economic Geography at the Justus-Liebig-University Giessen, 2013.

陈定定,张子轩,金子真.中国企业海外经营的政治风险:以缅甸与巴布亚新几内亚为例[J].国际经济评论,2020(5):161-176.

高飞.中国特色大国外交视角下的"一带一路"[J].经济科学,2015(3):10-12.

国家开放银行,联合国开发计划署,北京大学."一带一路"经济发展报告[M].北京:中国社会科学出版社,2017.

郭周明,田云华,周燕萍.逆全球化下企业海外投资风险防控的中国方案:基于"一带一路"视角[J].南开学报(哲学社会科学版),2019(6):17-27.

蓝庆新,赵永超."一带一路"倡议导致沿线国家落入债务陷阱了吗?[J].西南民族大学学报(人文社科版),2020,41(8):106-115.

刘伟,王文.新时代中国特色社会主义政治经济学视阈下的"人类命运共同体"[J].管理世界,2019,35(3):1-16.

推进"一带一路"建设工作领导小组办公室.共建"一带一路":理念、实践与中国的贡献[J].中国产经,2017(6):62-77.

王义桅.世界是通的:"一带一路"的逻辑[M].北京:商务印书馆,2016.

王义桅."一带一路":机遇与挑战[M].北京:人民出版社,2015.

第六章
粤港澳大湾区

★ 知识点

粤港澳大湾区、区位优势、技术溢出

★ 重 点

了解粤港澳大湾区发展战略,了解粤港澳大湾区发展现状,对比粤港澳大湾区与世界其他湾区发展异同

★ 难 点

粤港澳大湾区融合发展制度障碍、瓶颈和挑战

上一章中我们学习了中国的"一带一路"倡议,在参与"一带一路"与对外开放中,广东省一直是中国开放程度最高与经济活力最强的地区之一。**2017 年,中国提出建设粤港澳大湾区(Guangdong-Hong Kong-Macao Greater Bay Area,GBA),由香港、澳门两个特别行政区和广东省广州、深圳、珠海、佛山、惠州、东莞、中山、江门、肇庆九个珠三角城市组成。**中国希望将粤港澳大湾区建成充满活力的世界级城市群、国际科技创新中心以及内地与港澳深度合作的示范区,并打造成为宜家、宜业、宜游的优质生活圈,作为"一带一路"建设的重要支撑和高质量发展的典范。

湾区(Bay Area)一般是指,由一个海湾或者相连的一些海湾、港湾或邻近岛屿共同组成的区域。根据世界银行数据,港口海湾地带和直接腹地产生的经济体量占世界经济总量的 60%。世界上最著名的三大湾区是旧金山湾区、纽约湾区和东京湾区。

第一节 粤港澳大湾区建立的背景与意义

1980 年深圳、珠海等经济特区的正式设立,揭开了广东省对外开放的序幕。深圳、珠海等地通过实施关税、土地使用、外汇管理、企业经营等方面的优惠政策,充分吸引外资、引进技术,并利用外商销售渠道发展对外贸易,带动了特区经济在20世纪80年代的迅猛发展,尤其是深圳特区。由于毗邻港澳,广东省成为改革开放的试验田、排头兵,这为其经济腾飞创造了重要的制度条件。

90年代香港、澳门回归祖国后,内地与港澳的合作更加紧密。随着改革开放的深化,粤港澳合作逐步发展成为以广东省为加工制造基地,以香港为购销管理中心的产业跨地域分工格局,这种模式后来被称为"前店后厂"模式。**这种产业分工模式实际上是一种投入和产出"两头在外""大进大出"的直接投资和贸易模式。**在这一模式中,直接投资带动货物贸易,正是投资和贸易这种相互补充和相互促进推动了粤港之间贸易量的高速增长,使香港自由港的制度优势得到了发挥,并令香港成为一个国际贸易、金融、物流和商贸服务中心,珠三角成为国家制造业和外贸出口的基地。

2001年中国加入WTO标志着内地市场从局部开放向全方位开放转变,粤港澳地区的发展也在悄然发生变化。其中,2003年签署的《内地与香港关于建立更紧密经贸关系的安排》《内地与澳门关于建立更紧密经贸关系的安排》,最大限度地减少了区域内商品和生产要素流动的障碍,并建立起开放和统一的市场,推动实现货物贸易自由化、服务贸易自由化和投资便利化,成为21世纪初港澳与内地及粤港澳合作的主要内容。2004年,首届泛珠三角区域合作与发展论坛在香港揭幕,粤港澳三地的地理、文化、经济关系变得更加紧密。

2017年7月1日,《深化粤港澳合作 推进大湾区建设框架协议》在香港签署。自此,一个湾区的11座城市,一同携手并进的发展模式开始展露雏形,粤港澳迈入深度合作的新阶段。**粤港澳大湾区拥有中国建设最好的城市群,有紧密的文化和历史渊源,是中国经济最发达的地区之一。**大湾区总面积5.6万平方千米,常住人口约7 000万,2018年GDP总量达到10.86万亿元。从地理概念上看,湾区是由一个海湾或相连的若干个海湾、港湾、邻近岛屿共同组成的区域。总结一下湾区的共同点不难发现,当今世界,发展条件最好的、竞争力最强的城市群都集中在沿海湾区。比如,东京湾区、纽约湾区、旧金山湾区是世界公认的知名三大湾区。可以说,湾区已然成为世界经济发展的重要增长引擎,更是国际竞争力尤其是创新能力的新载体。由此衍生出的经济效应称为"湾区经济"。粤港澳大湾区将成为继三大湾区之后的又一世界著名湾区。

粤港澳合作不是新概念,大湾区城市群的提出,应该说是包括港澳在内的珠三角城市融合发展的升级版,从过去三十多年"前店后厂"的经贸格局,升级成为先进制造业和现代服务业有机融合的示范区;从区域经济合作,上升到全方位对外开放的国家战略;这为粤港澳城市群未来的发展带来了新机遇,也赋予了新使命。

推进粤港澳大湾区建设是以习近平同志为核心的党中央做出的重大决策,是习近平总书记亲自谋划、亲自部署、亲自推动的国家战略,是新时代推动形成全面开放新格局的新举措,也是推动"一国两制"事业发展的新实践。推进建设粤港澳大湾区,有利于深化内地和港澳交流合作,对港澳参与国家发展战略,提升竞争力,保持长期繁荣稳定具有重要意义。2019年2月18日,中共中央、国务院印发《粤港澳大湾区发展规划纲要》(以下简称《纲要》),目标是将粤港澳大湾区于2035年打造成为世界一流湾区。

《纲要》指出,粤港澳大湾区的建设对中国经济的发展具有深远意义:"打造粤港澳大湾区,建设世界级城市群,有利于丰富'一国两制'实践内涵,进一步密切内地与港澳交流合作,为港澳经济社会发展以及港澳同胞到内地发展提供更多机会,保持港澳长期繁荣稳定;有利于贯彻落实新发展理念,深入推进供给侧结构性改革,加快培育发展新动能、实现创新驱动发展,为我国经济创新力和竞争力不断增强提供支撑;有利于进一步深化改革、扩大开放,建立与国际接轨的开放型经济新体制,建设高水平参与国际经济合作新平台;有利于推进'一带一路'建设,通过区域双向开放,构筑丝绸之路经济带和21世纪海上丝绸之路对接融汇的重要支撑区。"

《粤港澳大湾区发展规划纲要》全文及思维导图

《纲要》还指出,以香港、澳门、广州、深圳四大中心城市作为区域发展的核心引擎,并明确了四个中心城市的不同定位。香港将巩固和提升国际金融、航运、贸易中心和国际航空枢纽地位,提高全球离岸人民币业务枢纽地位、强化国际资产管理中心及风险管理中心功能,建设亚太区国际法律及争议解决服务中心,打造更具竞争力的国际大都会。澳门将建设世界旅游休闲中心、中国与葡语国家商贸合作服务平台,打造以中华文化为主流、多元文化共存的交流合作基地。广州将全面增强国际商贸中心、综合交通枢纽功能,培育提升科技教育文化中心功能,着力建设国际大都市。深圳将加快建成现代化国际化城市,努力成为具有世界影响力的创新创意之都。

第二节 粤港澳大湾区合作发展的基础

经过改革开放四十多年的发展,如今的珠三角地区已经发展成为技术水平高、具有世界影响力的加工制造业基地。广东省的经济总量自1989年起连续33年位居内地第一,先后超过香港、台湾。而香港,也从改革开放初期的制造业中心,转型升级为国际服务业中心。香港回归二十多年间,GDP总量翻了一番,国际金融、航运和贸易中心地位得到强化,成为内地最重要的转口港、离岸集资中心和最大的外商投资来源地。澳门作为中国最早的中西文化交流和技术交接中心之一,一直是中国和葡语国家商贸合作的重要服务平台,同时成为世界旅游休闲中心,推动了粤港澳优质生活圈的建设。广东省作为中国对外开放程度最高的地区,加上香港和澳门两个自由港,资源的整合可以使粤港澳地区更好地参与国际竞争,参与新一轮经济全球化的过程。**总体来看,粤港澳大湾区合作发展的基础包括其区位优越、经济发达、创新活力高、国际化水平领先等。**

粤港澳大湾区有得天独厚的区位优势。对普通人来说,粤港澳协调发展最直接的体验就是自由行。2003年,港澳自由行首先在广东省实行。随着深圳福田、皇岗、深圳湾、珠海拱北、横琴、跨境工业区等多个口岸的建成开通,粤港澳三地之间的要素流动更加便利。2017年,第十二届全国人民代表大会常务委员会第三十一次会议通过了在香港西九龙站实施"一地两检"的安排。在越来越大的交通与贸易需求下,港珠澳大桥于2009年12月15日动工,2018年10月24日通车,它东接香港特别行政区,西接珠海市和澳门特别行政区,为全长55千米的跨海大桥,加上7千米的海底隧道,是世界上最长的跨海大桥。这座中国的超级工程由香港、澳门和内地共同投资、共同建设、共同管理,协调了三地不同的法律制度、技术标准、跨境交通政策,标志着粤港澳紧密合作进入新的篇章。紧随其后的广深港高铁也于2018年通车,南沙大桥于2019年通车,深中通道正在紧张地建设中,这一系列工程建设将连接珠三角核心区,珠三角九市与港澳的时空距离在快速拉近,最终粤港澳十一市将成为"一小时"生活圈。

粤港澳大湾区的区位优势不仅体现在公路与铁路方面,而且体现在航运、空运等多个物流枢纽建设中。粤港澳大湾区拥有目前世界上最大的机场群,除已有的香港、澳门、广州、深圳、珠海这5个城市的大型机场外,还有惠州机场、广州第二机场的规划建设,形成较为紧密的'一市多场'格局。《纲要》指出,将巩固提升香港国际航空枢纽地位,强化航空管理培训中心功能,提升广州和深圳机场的国际枢纽竞争力,增强澳门、珠海等城市的机场功能,推进大湾区机场错位发展,增强良性互动,建设成为世界级机场群。在航运方面,以广州港、深圳港、香港港为龙头,珠海港、惠州港为支撑,形成世界级港口群,拓展粤港澳大湾区的对外合作空间。《纲要》提出支持香港机场第三跑道建设和澳门机场改扩建,实施广州、深圳等城市机场改扩建。目前耗资1 500亿港元的香港机场第三跑道已开始建设,预计2023年完工,深圳机场第三跑道预计2025年建成,广州第二机场也已选址开建。大规模扩建有望解决大湾区地面设施资源不足的问题,但与此同时也对空域资源的优化利用和统筹协调提出了更高要求,尤其是深圳和香港机场第三跑道所面临的空域冲突问题。

粤港澳大湾区有独特的经济开放优势。纵观粤港澳大湾区,其高端制造基础扎实,经济支柱产业电子信息集群优势明显;城市产业梯度分明,具有协同升级的基础。大湾区各市的规模以上工业增加值呈现梯度差异,有利于城市间的产业转移。深圳工业增加值独占鳌头,在高新技术制造业拉动下,规模以上工业增加值保持大体量及较高增速;广州、佛山、东莞则处于第二梯队;惠州领跑第三梯队。深圳、东莞、惠州产业链的融合共建,是第一、二、三梯队城市的衔接转移。

粤港澳大湾区有世界领先的创新资源。在广东省产业起步阶段,最具有代表性的发展模式就是"三来一补"模式,凭借本地充足的土地资源、廉价的劳动力成本,广东省积极承接了大量来自港澳地区的劳动密集型企业。在政策的大力推动下,21世纪以来广东省产业结构趋于高级化。首先是第三产业规模迅速扩张,2000—2018年广东省第三产业产值占GDP总量的比重由44%提升至54%。其次是重工业化提速,重工业产值占工业总产值的比重由47%大幅提升至68%。再次,2009—2018年广东省高技术制造业增加值占规模以上工业增加值的比重由21%提升至31%,先进制造业增加值占比由44%提升至

56%。最后,以国际专利数量为例,据2018年数据统计,全国十强城市中大湾区占4席,集中在头部企业,如华为、中兴、大疆等。在中国发明专利授权量排名前10位的国内企业中,来自大湾区的企业占据4席,其中华为、OPPO、格力、腾讯分别位列第一、第三、第六和第八位。

  党的十八大以来,中国科技创新能力体系建设迈上新台阶。**中国建设创新型国家的战略目标是,到2020年进入创新型国家行列,到2030年跻身创新型国家前列,到2050年建成世界科技创新强国。**而粤港澳大湾区作为中国经济最有活力的地区之一,也将坚持建设创新城市。截至2019年,粤港澳大湾区拥有5所全球百强高校、10多家国家重点实验室、120多个院士工作站,以及近2万家国家高新技术企业,汇聚着丰富的创新资源与活力。从研发主体来看,广州、深圳多是企业驱动型创新,深圳工业企业自主创新投入占总创新投入的比重接近9成,广州企业类研发投入占总创新投入的比重为64%。

  据《国家创新型城市创新能力评价报告》,深圳和广州是中国创新力最强的两个城市。从创新市场的建设角度来看,这种"虹吸效应"并非"坏事",正是存在市场的规模经济,才能在核心城市形成特定创新市场的低成本优势和边际收益递增优势。在创新市场构建初期,创新主体的集聚将推动创新市场的中心化。**目前深圳和广州已经成为粤港澳大湾区基础研究创新市场和试验发展创新市场的中心,2018年两城市之间合作的发明专利达292件/年。**但相比世界一流湾区,城市间联合创新成果偏少。粤港澳大湾区创新市场的未来发展将采用多元参与的共建共享的市场构建模式,大湾区的创新战略已不再割裂为创新市场的每个部分,而是系统构建基础研究创新市场、应用研究创新市场和试验发展创新市场的互动关系。

第三节 粤港澳大湾区与世界一流湾区比较

  世界一流湾区的代表主要有旧金山湾区、纽约湾区、东京湾区,它们同时也是世界级的金融中心、创新中心、服务中心、航运中心。旧金山湾区凭借其强大的科技创新能力,成为美国经济最繁荣的地区之一,聚集着苹果、谷歌、英特尔等大量世界顶尖科技企业,深刻引领着全球科技变革。纽约湾区作为历史最为悠久的世界级湾区,早期从港口贸易起步,逐步发展为美国制造业中心、全球金融中心。而如今在纽约湾区知识经济崛起,文化创意产业和科技创新产业正在迅猛发展。东京湾区则是日本的"经济心脏",以3.5%的国土面积创造了超过全国三分之一的经济产值,其电子、机械、汽车等产业高度发达,目前正在通过核心技术的创新巩固其高端制造业领域的竞争地位。

  湾区经济的本质是依托港口和海湾形成的经济高度发达与深度融合的经济区域,既对所在国经济产业发展产生引领性作用,又在世界经济体系中具有广泛的联系与影响力。从三大湾区的实践经验来看,基础设施一体化、要素流动自由化、营商环境包容化是其获得巨大成功的基本要素。表6-1列示了世界主要湾区的基本指标。

表 6-1 世界主要湾区基本指标

	粤港澳大湾区	旧金山湾区	纽约湾区	东京湾区
土地面积(平方千米)	56 094	17 887	21 479	36 899
区域范围	3省/特区 11市	1州9县	3州25县	1都7县
人口(万)	7 116	782	1 998	4 418
GDP(亿美元)	16 419.70	8 375.4[1]	17 177.1[1]	17 742.3[2]
GDP 实质增长(%)	5.9	4.7[1]	1.3[1]	2.1[2]
人均 GDP(美元)	23 075	107 178[1]	85 974[1]	40 163[2]
第三产业产值占 GDP 比重(%)	66.1	72.1[1]	83.5[1]	77.0[2]

资料来源:各地区政府统计、香港贸易发展局。

注:[1]2017 年数据;[2]2015 年数据。

由表 6-1 可见,东京湾区、纽约湾区的 GDP 已超过万亿美元,比肩全球前十大经济体。粤港澳大湾区凭借其雄厚的经济实力,有望成为新的世界级湾区,成为中国全面形成对外开放新格局的重要支点。然而,由于粤港澳大湾区囊括的城市更多,其在人均 GDP 和第三产业产值占 GDP 比重方面与世界三大湾区仍有一定的差距。

一、基础设施一体化

优秀的外向型基础设施是大湾区建设的基础。虽然世界级湾区内城市众多,但是基础设施却高度一体化,城际轨道、高速公路、城市道路等交通设施呈现出无缝对接的网络化布局,能够为各城市间的交通出行提供极为便利化的服务。世界主要湾区交通流量如表 6-2 所示。

表 6-2 世界主要湾区交通流量

	粤港澳大湾区	旧金山湾区	纽约湾区	东京湾区
国际港口(个)	4	4	5	4
世界级港口排名	深圳(3) 香港(5) 广州(7)	奥克兰(60)	新泽西(23)	东京(23) 横滨(48)
货物吞吐量(万吨)	88 642	3 718	7 933	26 017
集装箱吞吐量(万标箱)	5 562	230	637	678
国际机场(个)	4	3	3	2
国际航线数(条)	271	69	166	145
国际机场年旅客(万人)	17 885	7 597	12 894	11 669

资料来源:港口排名来自 American Association of Port Authorities 公布的 2016 年港(标箱吞吐量)前 100 港口;国际航线数来自各个机场主页公开数据(2016 年);其他数据来自各地区统计年鉴和统计数据。

由表6-2可见,在以国际港口与国际机场为代表的外向型基础设施水平上,粤港澳大湾区已经达到世界级湾区的水准,其中在国际机场、国际航线数、国际机场年旅客等指标上更位居全球领先水平,且具有持续增长的空间。在货物吞吐量和集装箱吞吐量上,粤港澳大湾区显著高于其他三大湾区,反映出湾区经济尚处于以贸易航运活动为主的阶段。

二、要素流动自由化

要素流动自由化指的是为人流、物流和资金流在各个城市之间的快速流动。对比世界级湾区,粤港澳三地经济制度、法律体系、行政体系以及社会文化的差异导致协调成本较高,阻碍了要素流动,成为改革的关键。除对基础设施的互通互联进行建设之外,仍需对人才流动减少限制,创新通关模式,推进人员、货物往来便利化等。对大湾区内资金的跨境流动问题,关键是要有序打通粤港澳三地金融体系;在依法合规的前提下,不断完善跨境金融合作机制,保障金融服务的提供和资金流动畅通。

三、营商环境包容化

表6-3列示了世界级湾区核心城市营商环境比较数据。从世界城市营商环境指数排名来看,纽约、伦敦、东京位居前三,得分均为0.6以上。香港的营商环境指数位列全球第八,软环境成为其最突出的优势之一。软环境指数分别采用开办企业、施工许可、获得电力、财产登记、获得信贷、保护少数投资者、纳税、跨境贸易、执行合同、破产等10个指标进行测算,在软环境的构建上中国内地城市与发达国家的城市差距仍很大。在生态环境和基础设施指数上,国内城市虽有差距,但近年来大量的基础设施建设使粤港澳大湾区的进步很大。商务成本指数反映了投资成本高低的情况,又分为房价成本、工资成本和水电气成本,分别反映土地价格、员工成本和资源能源价格,这三个指标正好能说明土地、人力资本和资源成本的特征。从具体指标来看,发达国家的资源价格较低,比如工业用天然气和电价一般低于民用价格;中国则相反,资源的工业用价格高于民用价格。

表6-3 世界级湾区核心城市营商环境比较

城市	世界城市营商环境指数	排名	软环境指数	生态环境指数	基础设施指数	商务成本指数	社会服务指数	市场环境指数
纽约	0.655	1	0.781	0.547	0.588	0.753	0.609	0.660
伦敦	0.636	2	0.832	0.647	0.745	0.463	0.517	0.498
东京	0.626	3	0.695	0.588	0.618	0.501	0.645	0.644
香港	0.487	8	0.841	0.566	0.376	0.331	0.428	0.306
广州	0.417	19	0.553	0.433	0.420	0.478	0.196	0.399
深圳	0.406	21	0.541	0.526	0.295	0.299	0.312	0.425

资料来源:《2017年世界城市营商环境评价报告》。

社会服务指数包括高等教育服务水平、国际专利申请水平、网络数据接入水平,分别采用受高等教育人数比例、国际专利申请数量、网络接入速度等作为衡量指标。国内城市的受高等教育人数比例和国际专利申请数量与世界级城市比较仍处于下风。市场环境指数包括GDP总量指数、人均GDP指数、GDP增速指数、人口指数,权重分别为25%,分别用GDP总量、人均GDP、GDP增速和人口总量来测算。从这一个指数比较中可以看出,国内城市仍需努力发展经济,做大人均GDP和GDP总量。

国际营商环境的差距使得粤港澳大湾区在高层次人才引进、创新发展等方面仍然落后于世界三大湾区,因此粤港澳大湾区在建设过程中,必须坚持开放,拥抱国际化,并且依托制度创新,推动创新创业,打造一个包容开放、创新合作、高度融合的营商环境。

总体来看,湾区经济的发展与全球经济发展和产业演进保持同步,经历了从"临港经济""工业经济""服务经济"到"创新经济"的四阶段演进过程,具体表现为:自由贸易引发航运、物流的兴旺,全球制造业转移带动了临港工业尤其是制造业的崛起;全球资源配置带动产业升级,催生出一批新兴的服务业形态,临港工业开始出现大规模产业转移,工业在湾区城市经济中的比重逐渐下降;新一代信息技术革命引发了创新经济的繁荣,湾区逐渐转向以信息产业为主导,经济活动范围拓展到更广阔的区域。

这一过程中,湾区劳动生产率上升、土地集约度提高,湾区的比较优势产业逐渐从劳动密集型产业向技术、资本密集型产业转移。粤港澳大湾区现仍处于由工业经济向服务经济转型的关键阶段。

湾区作为地理资源的产物,是在工业化、全球化和城市化过程中政府和市场两大关键要素共同作用的结果。其中,工业化推动湾区产业集聚和转型升级,使之符合市场运作的一般规律;全球化将湾区经济从区域市场竞争带入了全球市场竞争,政府角色日益凸显;城市化则提供了政府引导、规范要素集聚、产业集中的承载环境。因此,全面开放、高度发展、市场融合、产业引领是未来粤港澳大湾区发展的关键要素。

专栏:新时代粤港澳大湾区协同发展:一个理论分析框架

粤港澳大湾区是中国改革开放新阶段的重要示范区,大湾区协同发展理论是区域经济学和国际经济学的新发展。协同发展是一种兼顾效率和均衡发展的高质量发展新理念,是一种包容性发展理念,是习近平新时代对外开放思想的理论延伸和实践范本。一方面,它顺应了世界多元包容发展的历史潮流,融入区域协调发展、经济全球化、全球价值链和贸易、投资自由化等现代经济理论,为新时代开放型世界经济理论提供了理念参考;另一方面,它不同于西方国家的发展理念,协同发展的理念摒弃了"利益之争""零和博弈"等西方经济学的传统观念,强调"利益相容"和"共赢发展",可有效回击霸权国家贸易保护主义的理论基础,用创新联动、利益相容、协同发展的新理念构建中国区域与国别合作的理论基础。

粤港澳大湾区建设的关键是解决好粤港澳三地"一国两制""三个关税区""三法域"

"多中心"的多重协同机制等软联通问题。而构建利益共享价值链的现代产业体系、多中心城市协调发展格局、促进要素跨境流动、推动形成内外联动的统一市场则是粤港澳大湾区需要协同的重点内容。协同发展亟须实现"硬对接""软对接"同步,以"四大体系构建"为中心推动"四大协同路径"落实。"四大体系构建"主要包括以下内容:首先是构建要素体系,促使高端要素在大湾区实现大规模集聚,充分发挥知识技术的外溢效应。其次是构建功能体系,推动大湾区高端核心功能的创新升级,完善大湾区内部各城市功能的分工协同体系,以谋求资源效率的最大化。再次是构建组织体系,弱化行政区划格局,致力于实现大湾区经济市场一体化。最后是构建联结体系,加强与全球经济体的联系,促进大湾区成为联结世界各地的贸易中心和枢纽。"四大协同路径"包括以下四个部分:一是交通共联。交通运输等基础设施的完善是构建经济一体化的硬件基础,加快形成"一小时"生活圈。二是产业共兴。大湾区内部城市间产业发展参差不齐,要打造合理的产业布局,根据城市发展特色区别定位,在促进产业互补的同时允许存在产业梯度和产业差异化发展。三是市场共建。减少资本、人才和知识等生产要素流通的壁垒,形成一个统一的要素高度自由流通的市场。四是体制机制互通。大湾区内部亟须突破体制机制束缚,取消城市间的差异化收费和统一行政审批程序。

本章小结

1979年,邓小平在南海边"画了一个圈",从此经济特区带领中国走向世界。2017年,党中央在南海边"画了更大的一个圈",粤港澳大湾区这一国家重大区域发展战略将带领中国阔步前行,走向全球。粤港澳大湾区将是中国经济增长的新动能和接轨世界经济的新支点,它进一步明确了中国以城市群发展协调区域经济的大方向。大湾区的发展切实需要各界共同推进制度创新,推动人才、技术、资金的高效流动,发挥已有创新实力使之更紧密地嵌入全球创新网络,使粤港澳大湾区逐步从愿景转变为现实,成为真正具有世界影响力的顶级湾区。

本章主要概念

粤港澳大湾区、世界一流湾区、前店后厂、营商环境改革

练习与思考

1. 简述《粤港澳大湾区发展规划纲要》的主要内容,并结合思维导图记忆和理解。
2. 简述世界一流湾区的发展特征。
3. 补充你最关心的粤港澳大湾区建设项目,并阐述其为什么重要。

推荐阅读

HUI E C M, LI X, CHEN T, et al. Deciphering the spatial structure of China's megacity region: a new bay area—the Guangdong-Hong Kong-Macao Greater Bay Area in the making[J]. Cities, 2020, 105: 102168.

巴曙松,谌鹏,梁新宁.粤港澳大湾区协同创新机制研究:基于自由贸易组合港模式[M].厦门:厦门大学出版社,2020.

蔡赤萌.粤港澳大湾区城市群建设的战略意义和现实挑战[J].广东社会科学,2017(4):5-14.

陈刚,莫佳雯.粤港澳大湾区产业竞争力[M]//张其仔,等.中国产业竞争力报告(2020).北京:社会科学文献出版社,2020:320-336.

樊纲,许永发.改革开放四十年与粤港澳大湾区发展[M].北京:中国经济出版社,2019.

符淼,张昱.粤港澳大湾区对外货物贸易的多维度细化指数及其特征[J].国际经贸探索,2020,36(10):71-85.

国世平.粤港澳大湾区规划和全球定位[M].广州:广东人民出版社,2017.

郭跃文,袁俊.粤港澳大湾区建设报告(2019)[M].北京:社会科学文献出版社,2019.

刘彦平.四大湾区影响力报告(2018):纽约·旧金山·东京·粤港澳[M].北京:中国社会科学出版社,2019.

刘彦平,王方方,李超.粤港澳大湾区影响力指数报告(2018):基于四大湾区比较的视角[M].北京:中国社会科学出版社,2019.

李小瑛,刘夕洲,李晋灵,等.粤港澳大湾区科技创新研究:宏观比较、微观实证与个案分析[M].北京:中国社会科学出版社,2019.

毛艳华,等.粤港澳合作四十年[M].北京:中国社会科学出版社,2018.

裴广一,黄光于.海南自贸港对接粤港澳大湾区:协调机制创新与实施路径[J].经济体制改革,2020(5):52-58.

彭芳梅.粤港澳大湾区及周边城市经济空间联系与空间结构:基于改进引力模型与社会网络分析的实证分析[J].经济地理,2017,37(12):57-64.

申明浩.粤港澳大湾区发展研究[J].城市观察,2017(6):5-6.

王晓."一带一路"倡议与粤港澳深度合作:粤港澳学术研讨会论文集[M].北京:中国社会科学出版社,2017.

魏达志,张显未,裴茜.未来之路:粤港澳大湾区发展研究[M].北京:中国社会科学出版社,2018.

徐芳燕,陈昭,刘映曼.粤港澳大湾区:集聚与融合[M].北京:人民出版社,2019.

杨道玲,邢玉冠,李祥丽.粤港澳大湾区科技创新的优势与短板:基于多源数据的世界四大湾区对比研究[J].科技管理研究,2020,40(10):105-111.

杨永聪,申明浩.粤港澳大湾区对外开放水平的测度与比较[J].城市观察,2017(6):14-24.

张光南.粤港澳服务贸易自由化"负面清单"升级版:清单方案、政策创新、示范基地[M].北京:中国社会科学出版社,2018.

张光南,周吉梅,方亦茗,等.粤港澳大湾区可持续发展指数报告[M].北京:中国社会科学出版社,2018.

张晓辉.近代粤港澳经济史研究[M].北京:中国社会科学出版社,2018.

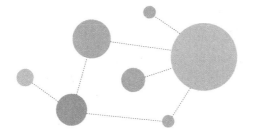

第七章
货物贸易

★ **知识点**

货物贸易、货物贸易方式、中国货物贸易结构

★ **重 点**

了解中国货物贸易发展历程与特点,理解货物贸易政策,掌握分析货物贸易的方法与途径

★ **难 点**

分析货物贸易发展面临的机遇与挑战

第一节 国际货物贸易概述

一、国际货物贸易的定义

国际贸易根据贸易内容的不同,可以分为国际货物贸易、国际服务贸易和国际技术贸易。国际货物贸易包含货物的进口和出口,这是存在时间最长、贸易形式最基础、贸易额占比最高的国际贸易形式。国际货物贸易涵盖不同经济体之间的实物性商品的交易。**判定国际货物贸易的基本特征是商品必须以实物形态存在且交易过程中跨越不同经济体的边境。**相应地,货物贸易也常被称为有形贸易,区别于以无形状态存在的服务贸易和技术贸易。

随着国际货物贸易的蓬勃发展,各国政府、学者、商人等为了进一步了解国际货物贸易市场的发展趋势,根据贸易结构、贸易方向、贸易条件等调整关税、投资等决策,国际贸易的统计需求日益强烈。为了获得可以跨经济体进行对比和可验证的统计数据,联合国贸易统计局制定了国际贸易的概念、定义和统计标准,并定期整合发布国际贸易研究报告。当下应用最广泛的有两种标准,分别是以货物实际办理完结海关进出口手续为认定标准的专门贸易记录制度,以及以国家的地理边界为统计边界,进口货物越过国家边界记录为进口,出口货物越出国家边界记录为出口,并不实际考虑进出口手续的总贸易记录制度。当前中国主要采用的是专门贸易记录制度。

根据联合国经济和社会事务部统计司于2010年发布的《国际商品贸易统计》,所有进出口货物被分为列入贸易统计、不列入贸易统计、不列入贸易统计但可单独记录的商品。其中,建议列入贸易统计的货物有:非货币黄金;非流通中的钞票、证券、硬币;易货贸易货物;政府贸易;人道主义援助;军用货物;各类旅行者(包括非居民企业派遣人员)所获得的、依国家法律界定为重要规模的货物;寄售货物;媒介;供加工货物;跨界货物;退回货物;电、气、油、水;邮递货物;移民财物;缓冲存货组织转出或转入货物;金融性租赁货物;船舶、飞机;离岸发送的货物;鱼货、海底矿物或打捞的财物;在本国港口卸下的燃料、补给品、压舱物和垫仓物;卫星及发射装置;电子商务货物;补给品和赠品;输电线、管道和海底通信电缆;旧货;废碎品;跨国改变所有权的移动设备;国际组织的货物。

二、国际贸易的商品分类标准

根据联合国对国际贸易的统计数据,贸易商品共有三种分类:《国际贸易标准分类》(SITC)、《商品名称及编码协调制度》(HS编码)、广义经济分类(BEC)。

为了提高国际贸易统计的可比性,1950年,联合国经济及社会理事会借鉴1938年国际联盟公布的《国际贸易统计基本商品名称表》,制定了《国际贸易标准分类》。1960年,主要国际组织通过了该分类,并依据其报告国际贸易统计的数据,也有部分国家将其作为关税条目的基础。SITC历经多次修订,最新版本为2006年第四次修订版,将商品分为10部门、67类、262组、1 023个分组和2 970个项目。SITC的主要部门和类的划分如表7-1所示。

由于SITC采用经济分类标准,即按原料、半成品、制成品分类并反映商品的产业部门来源和加工程度,故0—4类是初级产品,5—9类是工业制品,因此SITC也可以用于观测某一个经济体的进出口商品结构,从而判断经济体的发展水平。SITC使用5位数字表示,第1位数字表示部门和类,前2位数字表示具体类别,前3位数字表示组,前4位数字表示分组,完整的5位数则是基本目号。1996年之前中国海关使用SITC编码来对商品进行分类。

表 7-1 SITC 主要部门和类的划分

部门和类的描述	类代码	组号	分组号	基本目号
第 0 部门——食品和活动物	0	36	132	335
活动物，第 03 类动物除外	00	1	6	10
肉及肉制品	01	4	17	36
鲜的、冷藏或冻藏的牛肉			011	
鲜的或冷藏的牛肉				011.1
鲜的或冷藏的带骨牛肉				011.11
鲜的或冷藏的去骨牛肉				011.12
冻藏的牛肉				011.2
冻藏的带骨牛肉				011.21
冻藏的去骨牛肉				011.22
乳制品和禽蛋	02	4	12	22
鱼(非海洋哺乳动物)、甲壳动物、软体动物和水生无脊椎动物及其制品	03	4	14	47
谷物及谷物制品	04	8	21	34
蔬菜及水果	05	5	27	92
糖、糖制品及蜂蜜	06	2	7	17
咖啡、茶、可可、香料及其制品	07	5	16	34
牲畜饲料(不包括未碾磨谷物)	08	1	6	25
杂项食用品及其制品	09	2	6	18
第 1 部门——饮料及烟草	1	4	11	21
第 2 部门——非食用原料(不包括燃料)	2	36	115	239
第 3 部门——矿物燃料、润滑油及有关原料	3	11	22	32
第 4 部门——动植物油、脂和蜡	4	4	21	41
第 5 部门——未另列明的化学品和有关产品	5	34	132	467
第 6 部门——主要按原料分类的制成品	6	52	229	767
第 7 部门——机械及运输设备	7	50	217	642
第 8 部门——杂项制品	8	31	140	420
第 9 部门——《国际贸易标准分类》未另分类的其他商品和交易	9	4	4	6

资料来源：SITC 第四次修订版。

在现实工作中，为了适用于海关监管、海关征税及海关统计，需要按照进出口商品的性质、用途、功能或加工程度等将商品进行准确的分类。由于原有的 SITC（第二次修订版）无法满足这种需求，**1973 年海关合作理事会在《海关合作理事会商品分类目录》（CCCN）和 SITC 的基础上编制了《商品名称及编码协调制度》，用于协调国际上多种主要的税则、统计、运输等商品的分类和记录。**

《商品名称及编码协调制度》的总体结构有三部分：一是归类总规则，共六条，规定了分类原则和方法，以保证对 HS 编码使用和解释的一致性，使某一具体商品能够始终归入一个唯一编码；二是类（Section）、章（Chapter）、目（Heading）和子目（Sub-Heading）注释，严格界定了相应的商品范围，阐述专用术语的定义或区分某些商品的技术标准及界限；三是按顺序编排的目与子目编码及条文，采用六位编码，将所有商品分为 22 类、99 章，章以下再分为目和子目。编码前两位数代表"章"，前四位数代表"目"，第五、第六位数代表"子目"。

HS 编码通常每 4—6 年修订一次，目前最新版为 2022 版。中国于 1992 年正式加入《商品名称及编码协调制度》（以下简称《协调制度》），现行的《海关进出口税则》及《海关统计进出口商品目录》都是以《协调制度》为基础而制定的。《协调制度》是中国最早与国际接轨的公约之一，是我国对外贸易、制造业、环境保护事务等走向世界的基础和桥梁。**中国根据实际进出口现状，增列了 4 位 HS 编码，故当前中国使用的 HS 编码有 10 位，后四位是用于细致分辨中国进出口货物的中国子目。**例如 0101210010 代表第 1 章（活动物和动物产品）第 1 目第 21 子目第 10 中国子目的改良种用濒危野马。具体的 HS 编码中 99 章的商品内容如表 7-2 所示。

表 7-2　HS 编码前两位共 99 章的商品内容

HS-2	HS 编码共 99 章的内容
01—05	活动物；动物产品
06—14	植物产品
15	动、植物油、脂及其分解产品；精制的食用油脂；动、植物蜡
16—24	食品；饮料、酒及醋；烟草、烟草及烟草代用品的制品
25—27	矿产品
28—38	化学工业及其相关工业的产品
39—40	塑料及其制品；橡胶及其制品
41—43	生皮、皮革、毛皮及其制品；鞍具及挽具；旅行用品、手提包及类似容器；动物肠线（蚕胶丝除外）制品
44—46	木及木制品；木炭；软木及软木制品；稻草、秸秆、针茅或其他编结材料制品；篮筐及柳条编结品
47—49	木浆及其他纤维状纤维素浆；回收（废碎）纸或纸板；纸、纸板及其制品

(续表)

50—63	纺织原料及纺织制品
64—67	鞋、帽、伞、杖、鞭及其零件;已加工的羽毛及其制品;人造花;人发制品
68—70	石料、石膏、水泥、石棉、云母及类似材料的制品;陶瓷产品;玻璃及其制品
71	天然或养殖珍珠、宝石或半宝石、贵金属、包贵金属及其制品;仿首饰;硬币
72—83	贱金属及其制品
84—85	机器、机械器具、电气设备及其零件;录音机及放声机、电视图像、声音的录制和重放设备及其零件、附件
86—89	车辆、航空器、船舶及有关运输设备
90—92	光学、照相、电影、计量、检验、医疗或外科用仪器及设备、精密仪器及设备;钟表;乐器;上述物品的零件、附件
93	武器、弹药及其零件、附件
94—96	杂项制品
97	艺术品、收藏品及古物
98	特殊交易品及未分类商品
99	跨境电商 B2B 简化申报商品

资料来源:2022 版《商品名称及编码协调制度》、中国 2022 版《海关进出口税则》及《海关统计进出口商品目录》。

BEC 是 Classification by Broad Economic Categories 的缩写,意为按大类经济类别分类,是由联合国统计委员会审议通过、联合国秘书处出版颁布的国际贸易商品分类体系。BEC 标准按照商品所属经济类别及主要最终用途综合分类汇总国际贸易。参照该标准,国际贸易商品可划分为 8 大类,16 个 2 位数编码小类,40 个基本类。BEC 实际是将 SITC 的基本项目编号重新组合排列编制而成。通过 BEC 标准,可以把按 SITC 编制的贸易数据转换为国民经济核算体系(SNA)框架下按最终用途划分的三个基本货物门类:资本品、中间产品和消费品,以便把贸易统计和国民经济核算及工业统计等其他基本经济统计结合起来用于对国别经济、区域经济或世界经济进行分析。BEC 标准于 1971 年颁布,经历了 1976 年、1986 年、1988 年、2007 年及 2016 年五次修订,目前通用的是 2016 版 BEC 标准,分类的具体内容如表 7-3 所示。

表 7-3 BEC 标准的具体内容

编码	BEC 标准的具体内容
1	农业、林业、渔业、食物、饮料、烟草
11	货物
111	中间产品
1111	初级

(续表)

编码	BEC 标准的具体内容
1112	加工
111210	通用类
111220	特定类
112	固定资本形成总值
112010	通用类
112020	特定类
113	最终消费品
1131	初级
113101	非耐用品
113102	耐用品
1132	加工
113201	非耐用品
113202	耐用品
12	服务
121	中间产品
121010	通用类
121020	特定类
123	最终消费品
2	矿业、采矿、提炼、燃料、化工、电力、水资源、废品处理
3	建筑、木料、玻璃、石料、基础金属、住房、电器、家具
4	纺织、服装、鞋类
5	交通工具及服务、差旅、邮政服务
6	信息与通信、媒体、计算机、商业和金融服务
7	保健、药物、教育、文化、体育
8	政府、军队及其他

资料来源:2016 版 BEC 标准。

三、日益重要的国际中间产品贸易

在国际垂直化分工中,各国依次按照产品的生产工序从事专业化生产,其间伴随着零部件、原材料等中间产品的多重跨境活动。随着国际垂直专业化分工的不断深入,中间产品贸易蓬勃发展,国际贸易的重心逐渐从最终产品贸易转移到中间产品贸易。20世纪80年代,国际贸易总量中约70%是最终产品贸易,而自2010年以来,全球贸易中约有60%是中间产品贸易。

中间产品贸易的发展将产生许多重要影响。第一,中间产品贸易是经济全球化、生产要素重新配置和生产国际化的产物,进口的中间产品将直接进入一国的生产领域而非消费领域,会影响一国的贸易规模、贸易结构及产业结构调整。第二,中间产品贸易将改变一国的进出口能力。在进口方面,进口国可以进口本国不需要的中间产品,经加工后再出口,因此,对中间产品的进口需求不需要同一国的消费能力相一致;在出口方面,中间产品贸易使出口国只需在产品的某一生产阶段具有比较优势,就能够扩大出口。第三,在全球产业链背景下,中间产品贸易壁垒会产生累积效应,极大地提高贸易成本。由于中间产品要经过多次跨境贸易,即使关税与非关税壁垒很低,其贸易保护程度也会被放大。为此,零关税、零补贴、零非关税壁垒"三零"规则凸显。

第二节 中国对外贸易的伟大成就

中华人民共和国成立以来,对外贸易克服重重困难,不断向前发展,在改革开放的热潮中全面振兴,取得了伟大的成就。

一、对外贸易规模不断扩大

改革开放前,由于中国经济总体上处于封闭状态,进出口始终在低水平上徘徊。1950年,中国进出口总额仅为11.35亿美元;1977年,该指标上升至148.04亿美元,这28年间中国对外贸易额增长了12倍,年均增长率为9.9%。

改革开放以后,随着对外开放领域的不断扩大和开放水平的不断提高,中国对外贸易额快速增长。2018年,中国进出口总额从1978年的206.4亿美元猛增到46 224.2亿美元,41年间增长了223倍,年均增长率为14.5%,比改革开放前28年的9.9%提高了4.6个百分点(见表7-4)。受2019年中美贸易争端及2020年新冠肺炎疫情的影响,中国对外贸易的数据出现较大波动,2019年仅出口额增长了0.5%,2020年的进口额继续下降。

表7-4 1978—2020年中国进出口贸易额及比上年增长率

年份	进出口		出口		进口		贸易差额(+,-)
	进出口总额(亿美元)	增长率(%)	出口额(亿美元)	增长率(%)	进口额(亿美元)	增长率(%)	
1978	206.4	39.4	97.5	28.4	108.9	51.0	-11.5
1979	293.3	42.1	136.6	40.2	156.7	43.9	-20.1

(续表)

年份	进出口		出口		进口		贸易差额 (+,-)
	进出口总额（亿美元）	增长率（%）	出口额（亿美元）	增长率（%）	进口额（亿美元）	增长率（%）	
1980	381.4	30.0	181.2	32.6	200.2	27.7	-19.0
1981	440.2	15.4	220.1	21.5	220.2	10.0	-0.1
1982	416.1	-5.5	223.2	1.4	192.9	-12.4	30.4
1983	436.2	4.8	222.3	-0.4	213.9	10.9	8.4
1984	535.5	22.8	261.4	17.6	274.1	28.1	-12.7
1985	696.0	30.0	273.5	4.6	422.5	54.1	-149.0
1986	738.5	6.1	309.4	13.1	429.0	1.5	-119.6
1987	826.5	11.9	394.4	27.5	432.2	0.7	-37.8
1988	1 027.8	24.4	475.2	20.5	552.7	27.9	-77.5
1989	1 116.8	8.7	525.4	10.6	591.4	7.0	-66.0
1990	1 154.4	3.4	620.9	18.2	533.5	-9.8	87.5
1991	1 356.3	17.5	718.4	15.7	637.9	19.6	80.5
1992	1 655.3	22.0	849.4	18.2	805.9	26.3	43.6
1993	1 957.0	18.2	917.4	8.0	1 039.6	29.0	-122.2
1994	2 366.2	20.9	1 210.1	31.9	1 156.2	11.2	53.9
1995	2 808.6	18.7	1 487.8	23.0	1 320.8	14.2	167.0
1996	2 898.8	3.2	1 510.5	1.5	1 388.3	5.1	122.2
1997	3 251.6	12.2	1 827.9	21.0	1 423.7	2.5	404.2
1998	3 239.5	-0.4	1 837.1	0.5	1 402.4	-1.5	434.8
1999	3 606.3	11.3	1 949.3	6.1	1 657.0	18.2	292.3
2000	4 743.0	31.5	2 492.0	27.8	2 250.9	35.8	241.1
2001	5 096.5	7.5	2 661.0	6.8	2 435.5	8.2	225.5
2002	6 207.7	21.8	3 256.0	22.4	2 951.7	21.2	304.3
2003	8 509.9	37.1	4 382.3	34.6	4 127.6	39.8	254.7
2004	11 545.5	35.7	5 933.3	35.4	5 612.3	36.0	321.0
2005	14 219.1	23.2	7 619.5	28.4	6 599.5	17.6	1 020.0
2006	17 604.4	23.8	9 689.8	27.2	7 914.6	19.9	1 775.2

(续表)

年份	进出口		出口		进口		贸易差额 (+,-)
	进出口总额（亿美元）	增长率（%）	出口额（亿美元）	增长率（%）	进口额（亿美元）	增长率（%）	
2007	21 761.8	23.6	12 200.6	25.9	9 561.2	20.8	2 639.5
2008	25 632.6	17.8	14 306.9	17.3	11 325.6	18.5	2 981.3
2009	22 075.4	-13.9	12 016.1	-16.0	10 059.2	-11.2	1 956.9
2010	29 740.0	34.7	15 777.5	31.3	13 962.5	38.8	1 815.1
2011	36 418.6	22.5	18 983.8	20.3	17 434.8	24.9	1 549.0
2012	38 671.2	6.2	20 487.1	7.9	18 184.1	4.3	2 303.1
2013	41 589.9	7.5	22 090.0	7.8	19 499.9	7.2	2 590.2
2014	43 015.3	3.4	23 422.9	6.0	19 592.4	0.5	3 830.6
2015	39 530.3	-8.1	22 734.7	-2.9	16 795.6	-14.3	5 939.0
2016	36 855.6	-6.8	20 976.3	-7.7	15 879.3	-5.5	5 097.0
2017	41 071.4	11.4	22 633.5	7.9	18 437.9	16.1	4 195.5
2018	46 224.2	12.5	24 866.8	9.9	21 357.3	15.8	3 509.5
2019	45 778.9	-1.0	24 994.8	0.5	20 784.1	-2.7	4 210.7
2020	46 559.1	1.7	25 899.5	3.6	20 659.6	-0.6	5 239.9

资料来源：国家统计局。

加入WTO后，中国积极参与经济全球化进程，抓住国际产业转移的历史性机遇，成功应对各种挑战，对外贸易迎来了前所未有的发展时期。 2001年，中国进出口总额为5 096.5亿美元；2004年，该指标首次突破1万亿美元大关；2008年，中国进出口总额达到25 632.6亿美元，比2001年增长了4倍多。2002—2008年，中国进出口总额以年均25.9%的速度增长，7年进出口总额合计约10.5万亿美元。

中国从小额逆差转变为巨额顺差，从外汇极度短缺发展成为外汇储备全球第一。 1950—1977年，中国各年进出口规模较小，贸易差额也较小，其中中华人民共和国成立后头6年全为逆差，平均每年逆差8.5亿美元左右，随后年份为小额顺差或逆差。自1978年改革开放以来，由于进出口规模迅速扩大和出口竞争力显著增强，贸易顺差大幅增加。1995年，贸易顺差首次突破百亿美元大关，达到167亿美元。2005年一举突破1 000亿美元，2007年突破2 000亿美元，2020年为5 239.9亿美元。货物贸易的大额顺差导致中国的国际收支经常项目长期顺差，外汇储备大幅增长，截至2020年5月底达到31 017亿美元，稳居全球外汇储备第一大国地位。

中华人民共和国成立以来，中国对外贸易在世界中的地位不断提升。1950年，中国进出口总额占世界的0.9%,到2018年达到10%以上,位居第一,**再度成为世界第一贸易大国**。其中,1950年,中国出口总额在全球排第27位,经过30年徘徊,1980年上升到第26位,此后排名直线上升,1990年列第15位,2001年列第6位,2004—2006年稳居第3位,2007—2008年上升到第2位,**2009年起至2020年中国连续11年保持全球第一大贸易出口国地位**。

二、进出口商品结构不断优化

中华人民共和国成立初期,出口方面初级产品占80%以上,而进口方面则以机器设备等生产资料为主。直到20世纪70年代,初级产品出口仍占50%以上。改革开放后,中国生产力水平飞速提高,进出口商品结构发生了根本性变化,工业制成品出口比重已超过了90%,从根本上扭转了用大量初级产品来换取工业制成品的被动局面。

分阶段来看,**20世纪50年代,中国主要出口农副产品**,其占出口总额的比重平均为42.2%;主要进口机器设备和原材料,其占比高达92%。60—70年代,中国农副产品出口比重下降到30%左右,轻、重工业产品出口比重则逐年上升,其中轻纺产品的出口占比到70年代末上升至35%以上;同时,**60年代初中国处于困难时期,因而大量进口粮食、棉花等生活资料**,其进口约占40%左右,对保障供给和解决人民生活需要起到了重要补充作用。60年代后期到70年代,生活资料进口比重基本上维持在20%左右。

改革开放促使中国经济腾飞,不断扩大对原材料和机械设备的需求,进口与出口随之增长。**80年代,工业制成品出口与进口比重都有大幅度提高**。1980年,工业制成品出口额接近出口总额的一半,占比达49.7%,1989年升至71.3%;同期,工业制成品进口额也快速增长,1980年其比重为65.2%,1983年提高至72.8%,1984—1989年一直保持在80%以上。**90年代,机电产品成为进出口的主力商品**,特别是它的进口加快了中国企业技术改造步伐,促进了产业结构升级。1990年,中国机电产品出口额为110.9亿美元,占出口总额的17.9%;1998年,机电产品出口额上升到665.4亿美元,占出口总额的比重达36.2%,成为中国出口第一大类商品。同期,机电产品进口规模更大,1990年,机电产品进口额为214.4亿美元,占进口总额的40.2%;1998年,机电产品的进口额上升至638.7亿美元,占进口总额的45.6%。

加入**WTO**以来,中国进出口产品结构进一步发生变化,以**IT**产业为核心的高新技术产品的进出口额高速增长,其出口额占比从2002年的20.8%上升到2018年的30.6%,进口额占比则从2002年的28.1%上升到2018年的32.1%。2011—2020年,中国工业制成品占比稳定(见表7-5和表7-6)。产品结构不断优化的背后是产业结构的持续升级,凸显了制造业的重要性。

表 7-5　2011—2020 年中国进口商品结构

单位：亿美元

年份	2011	2012	2013	2014	2015	2016	2017	2018	2019	2020
总值	17 434.8	18 184.1	19 499.9	19 602.9	16 819.5	15 874.2	18 409.8	21 356.4	20 771	20 556.1
初级产品	6 042.7	6 349.3	6 576.0	6 474.4	4 730.1	4 401.6	5 770.6	7 016.1	7 289.4	6 770.7
初级产品占比	34.66%	34.92%	33.72%	33.03%	28.12%	27.73%	31.35%	32.85%	35.09%	32.94%
食品及活动物	287.7	352.6	417.0	468.2	505.0	491.4	542.9	648.0	807.3	981.9
饮料及烟类	36.8	44.0	45.1	52.2	57.7	60.9	70.3	76.7	76.6	62.1
非食用原料	2 849.2	2 696.6	2 861.4	2 701.1	2 104.6	2 019.1	2 602.3	2 722.1	2 850.6	2 944.8
矿物燃料、润滑油及有关原料	2 757.8	3 130.8	3 149.1	3 167.9	1 988.0	1 762.8	2 478.4	3 491.6	3 461.1	2 675.4
动、植物油脂及蜡	111.1	125.3	103.4	84.9	74.8	67.3	76.8	77.8	93.8	106.5
工业制成品	11 392.1	11 834.7	12 926.9	13 128.5	12 089.4	11 472.6	12 639.2	14 340.2	13 435	13 785.4
工业制成品占比	65.34%	65.08%	66.29%	66.97%	71.88%	72.27%	68.65%	67.15%	64.68%	67.06%
化学品及有关产品	1 811.1	1 792.9	1 903.0	1 933.7	1 713.2	1 640.1	1 937.4	2 236.8	2 187.7	2 133.3
按原料分类的制成品	1 503.0	1 462.6	1 482.9	1 724.2	1 333.2	1 218.5	1 350.7	1 514.5	1 400.4	1 682.8
机械及运输设备	6 305.7	6 529.4	7 103.5	7 244.5	6 834.2	6 579.4	7 348.5	8 395.2	7 865.1	8 285.9
杂项制品	1 277.2	1 362.2	1 390.1	1 398.4	1 347.4	1 260.1	1 341.7	1 437.6	1 442.1	1 460.1
未分类的其他商品	495.1	687.7	1 047.4	827.6	861.3	774.5	660.8	756.1	539.8	223.3

资料来源：中华人民共和国商务部《中国对外贸易形势报告（2021 年春季）》。

表 7-6 2011—2020 年中国出口商品结构

单位：亿美元

年份	2011	2012	2013	2014	2015	2016	2017	2018	2019	2020
总值	18 983.8	20 487.1	22 090	23 427.5	22 749.5	20 981.5	22 635.2	24 874	24 990.3	25 906.5
初级产品	1 005.5	1 005.6	1 072.8	1 127.1	1 039.8	1 050.7	1 177.1	1 350.9	1 339.4	1 154.7
初级产品占比	5.30%	4.91%	4.86%	4.81%	4.57%	5.01%	5.20%	5.43%	5.36%	4.46%
食品及活动物	504.9	520.7	557.3	589.2	581.6	610.5	626.4	654.7	649.9	635.5
饮料及烟类	22.8	25.9	26.1	28.8	33.1	35.4	34.7	37.1	34.8	24.8
非食用原料	149.8	143.4	145.7	158.3	139.2	130.8	154.4	180.2	172.2	159.2
矿物燃料、润滑油及有关原料	322.7	310.1	337.9	344.5	279.4	268.4	353.5	468.1	470.9	321.1
动、植物油脂及蜡	5.3	5.4	5.8	6.2	6.4	5.6	8.1	10.7	11.5	14.0
工业制成品	17 978.4	19 481.6	21 027.4	22 300.4	21 709.7	19 930.8	21 458.1	23 520.2	23 599.9	24 751.7
工业制成品占比	94.70%	95.09%	95.19%	95.19%	95.43%	94.99%	94.80%	94.56%	94.44%	95.54%
化学品及有关产品	1 147.9	1 135.7	1 196.6	1 345.9	1 296	1 218.9	1 413.3	1 675.3	1 617.8	1 691.9
按原料分类的制成品	3 195.6	3 341.5	3 606.5	4 003.8	3 913.1	3 512	3 680.5	4 047.5	4 067.7	4 342.3
机械及运输设备	9 017.7	9 643.6	10 392.5	10 706.3	10 594.5	9 845.1	10 829.1	12 080.6	11 955	12 583.1
杂项制品	4 593.7	5 346.6	5 814.5	6 221.7	5 881.5	5 296.2	5 477.7	5 658.1	5 835.3	5 848.9
未分类的其他商品	23.4	14.2	17.3	22.7	24.6	58.6	57.6	58.7	124.1	285.5

资料来源：中华人民共和国商务部《中国对外贸易形势报告（2021 年春季）》。

三、贸易方式不断创新

中华人民共和国成立至改革开放以前,中国的对外贸易方式相对简单,主要有两种:与苏联、东欧等社会主义国家之间通过政府间签订协定、记账结算的**易货贸易方式**;与少数西方国家和发展中国家之间的进出口贸易,采用国际上通用的**现汇贸易方式**。改革开放后,随着对西方国家和第三世界国家贸易的发展,在大力开展一般贸易的基础上,**中国采用了"三来一补"和进料加工等灵活多样的贸易方式**,在技术进出口中还采取了提供技术许可、技术服务、顾问咨询、合作生产等方式,与发展中国家开展**对销贸易**,与周边国家广泛开展**边境贸易**等,极大地促进了对外贸易发展。

四、贸易伙伴多元化

中华人民共和国成立初期,中国面对的主要国际市场是苏联和东欧等社会主义国家。[①] 1951年,中国与其他社会主义国家的贸易额占总额的52.9%,1952年至20世纪50年代末更是超过了70%,其中同苏联的贸易额约占一半。同时,中国使用苏联政府的贷款,从苏联和东欧国家引进了156项重点建设项目。**贸易与项目带来的先进设备与技术为中国工业化打下了基石。**

20世纪80年代末,中国开始实施市场多元化战略,全方位发展对外贸易。经过多年的努力,市场多元化战略取得明显成效,中国的贸易伙伴不断增加,截至2019年已遍及世界230多个国家和地区。

五、自由贸易区建设取得重大进展

随着经济全球化的深入与区域经济的一体化发展,以自由贸易区为主要形式的区域贸易安排不断涌现。自2003年以来,中国自由贸易区建设从无到有,截至2020年中国已经在国际上签署19个自由贸易协定,涉及26个国家和地区。中国—东盟自由贸易区,中国—新西兰自由贸易区等促进了双边与多边贸易额的大幅度增长。同时,中国与海湾合作委员会、斯里兰卡、以色列、挪威等的谈判也在积极推进之中。

自20世纪50年代以来,中国对外贸易从小到大,由弱变强,历经曲折艰难,创造出辉煌的成绩,如今在世界贸易中占据着举足轻重的地位。然而,中国虽已成为贸易大国,但是距离贸易强国还有很长的路。中国粗放型的贸易增长方式还没有得到根本扭转,脆弱的资源和环境承载能力已无力继续支撑大规模出口。因此,转变经济增长方式,提升对外贸易的可持续发展能力将是一项长期而重要的任务。

[①] 1989年的东欧剧变以苏联解体告终,15个国家从中独立。东欧国家从计划经济逐步转向市场经济,因而现被称为"转型经济体"。

中国对外贸易

第三节 中国的货物贸易特点

一、贸易规模及贸易地位不断提升

从 1978 年改革开放后,中国的货物贸易进出口额从 206.4 亿美元迅速增长到 2019 年的 4 5761.3 亿美元,增长了 221 倍。与此同时,中国的货物出口额从 97.5 亿美元猛增至 24 990.3 亿美元,增长了 255 倍,货物进口额从 108.9 亿美元快速增长至 20 771 亿美元,增长了 190 倍。相比于同一时期的世界货物贸易进出口总额,中国的年均复合增长率为 13.7%,高于世界平均水平(6.2%);货物出口额年均复合增长 14.1%,高于同期世界货物出口额增速(6.1%);货物进口额年均增速 13.3%,高于同期世界货物进口额增速(6.7%)。

中国高于世界平均水平的贸易规模增速,相应的是中国贸易地位的迅速攀升。1978 年中国货物贸易进出口额在世界货物贸易进出口额中的占比仅为 0.77%,世界排名第 29 位;1981 年该占比突破 1%,世界排名第 21 位;1992 年该占比突破 2%,世界排名第 11 位;2001 年该占比突破 4%,世界排名第 6 位;2012 年该占比突破 10%,世界排名第 2 位。2013—2015 年以及 2017—2019 年中国持续成为世界第一大货物贸易国。据 WTO 统计,2019 年中国货物出口额占全球货物出口总额的比重为 13.2%,世界排名由 1978 年的第 31 位升至第 1 位,出口占国际市场份额稳步提升;货物进口额占全球货物进口总额的比重为 10.8%,与上年持平,进口占国际市场份额保持历史最高水平,世界排名由 1978 年的第 29 位升至第 2 位。

二、出口结构及竞争力不断优化

从货物贸易的商品结构看,1995 年以来,纺织品、机电产品、贱金属制品、矿产品、化学工业产品、塑料制品等是中国对外货物贸易的主要内容。其间,纺织品、贱金属制品、化学工业产品、塑料制品等进出口比重不断下降,而机电产品、车辆等运输设备以及光学仪器等的进出口比重均有所上升,反映了中国货物贸易的商品结构不断得到优化。

总体来看,加入 WTO 以来,中国货物贸易顺差主要集中在少数商品类型上。来自纺织品和鞋帽的贸易顺差在总贸易顺差中的比重在 2000 年高达 59.6%,2017 年降至 32.5%;机电产品、贱金属制品、车辆等运输设备三大类在 2005 年由贸易逆差转为贸易顺差,此后贸易顺差在总贸易顺差中的比重快速提高,从 2005 年的 24.9% 提高至 2017 年的 40.8%。2000—2017 年,中国工业制成品出口占比从 89.8% 增至 94.8%,机电产品出口占比从 42.2% 增至 58.4%,高新技术产品出口占比从 14.8% 增至 29.4%。与此同时,高污染、高耗能和低附加值产品出口得到有效限制。高质量、高技术、高附加值产品出口额快速增长。其中,太阳能电池、半导体器件、集成电路、金属加工机床、汽车整车等产品出口额分别增长47.4%、24.2%、26.8%、14.8%和8.2%。纺织品、服装、鞋类、箱包、玩具、家具、塑料制品等七大类劳动密集型产品合计出口额达3.31万亿元,增长6.1%。出口品牌建设成效显著,其中自主品牌商品出口额为2.9万亿元,增长12%,占出口总额的近17%。

三、进口结构及贸易平衡不断改善

改革开放以来,中国经济发展突飞猛进,对外开放水平不断提高,中国对于初级产品的进口额占比逐渐从1980年的34.8%下降至1985年的12.5%,而后由于中国工业化进程、国内产业升级和加工贸易的全球价值链分工对于原材料等初级产品的巨大需求,于2017年回升至31.3%。机电产品进口额在中国货物进口总额中的占比从1980年的28.2%提高至2017年的46.4%,保持长期占比最高的进口商品的地位;高新技术产品进口额的占比从1998年的20.8%提高至2017年的31.7%,直接推动了国内的产业升级,也帮助中国不断提升在全球价值链中的地位。

在贸易平衡方面,中国凭借独特的要素禀赋长期获得较大的货物贸易顺差,自1994年53.9亿美元的贸易顺差以来,便一直保持顺差至2019年的4 219亿美元,年均复合增长率高达18.3%。为了平抑长期的贸易顺差而导致的人民币升值压力,以及应对日益复杂的国际贸易形势,中国主动扩大进口和向世界开放市场,多次下调进口环节增值税税率,取消部分药品进口关税,对于统筹国际国内两种资源,促进国内供给体系质量提升,满足人民美好生活需要发挥了积极作用,也展现了中国致力于共建开放合作、开放创新、开放共享的世界经济的坚定决心。2008—2019年,中国货物贸易顺差额年均增长2.9%,增速较1994—2007年的34.8%大幅下降;货物贸易顺差额占GDP的比重由6.5%降至3.1%。2019年,中国原油、天然气、铁矿砂、大豆等大宗商品进口额同比分别增长9.5%、6.9%、0.5%和0.5%;消费品进口额同比增长14.2%,其中水果、化妆品、水海产品及制品、医药品进口额大幅增长,年增长率分别为39.8%、38.8%、37.6%和25.8%;电动载人汽车进口额同比增长达1.2倍,人用疫苗进口额同比增长近90%。

四、加工贸易规模与结构不断发展

加工贸易是中国改革开放初期尝试创立的一种发展对外贸易的企业经营形式,对于发挥中国的比较优势、推动工业化进程具有重大作用。1981年,加工贸易和一般贸易在中国货物进出口贸易中的占比分别为6%和93.5%;1995—2006年,加工贸易在中国货物出口贸易中的占比始终超过50%。

2010年,国家提出"引导加工贸易向产业链高端发展,促进加工贸易转型升级"的新要求。2006—2017年,中国加工贸易进出口额年均增长3.3%,比一般贸易低约7.5个百分点,加工贸易在中国货物进出口额中的占比由47.3%降至29%。2019年,中西部地区出口额占全国出口总额的比重达到18.3%。在鼓励中西部地区承接加工贸易产业转移的政策背景下,中部和西部地区民营企业进出口额较上年分别增长28.3%和22.4%,分别高于东部地区19.5个和13.6个百分点。

五、贸易伙伴及新兴市场不断拓展

中国的贸易伙伴遍布全球、多点开花,市场多元化战略成效显著。中国的贸易伙伴数量从改革开放初期的40多个大幅增加到2019年的230多个。2019年,中国对前四大贸易伙伴欧盟、东盟、美国、日本进出口额合计占同期中国进出口总额的48.1%。截至2020年,中国已经签署并实施19个自由贸易协定,涉及26个国家和地区,自由贸易伙伴遍及亚洲、拉丁美洲、大洋洲、欧洲等地区。在贸易对象上,虽然中国的主要货物贸易对象是发达经济体,但是与新兴经济体的贸易增长强劲。

1984—2017年,中国内地与欧盟、美国、日本、中国香港的货物贸易合计占比由62.7%降至43.6%,与新兴经济体的货物贸易占比由4.7%升至23.9%。在新兴经济体中,中国与金砖国家的货物进出口额由1991年的70.4亿美元增至2017年的2 952.2亿美元,年均增长15.5%,高于同期货物进出口额14%的增速,占中国货物进出口额的比重由5.2%升至7.2%。中国与"一带一路"沿线国家贸易发展势头良好,合作潜力不断释放,正在成为拉动中国对外贸易发展的新动力。仅2019年,中国对"一带一路"沿线国家货物进出口额就达到9.27万亿元,同比增长10.8%,高于货物进出口总额增速7.4个百分点,占货物进出口总额的29.4%,比上年提升2个百分点。

第四节 不平衡的中美贸易[①]

近年来,中美双边贸易关系稳定发展。对美国而言,2015年,在其贸易伙伴中,中国首次超越加拿大而排名第一,成为其第一大进口来源国和第三大出口目的地。[②] 对中国而言,美国在2008年国际金融危机后对华出口增速高于其他国家,是其第二大贸易伙伴、第一大出口目的地和第四大进口来源国。但是,中美贸易关系摩擦不断,自2016年以来更是不断升级。本节将分析不平衡的中美贸易。

一、美国货物贸易现状

(一)美国货物贸易出口情况

1. 主要出口货物贸易伙伴

2017年,在美国出口货物贸易伙伴中,欧盟、加拿大和墨西哥排名前三,对其出口额

---

① 刘春生,王力.中国对外贸易发展报告(2017~2018)[M].北京:社会科学文献出版社,2018.
② 不包括欧盟等经济组织。

分别占美国货物出口总额的18.4%、18.3%和15.7%(见表7-7)。中国内地是美国的第四大货物出口市场,出口额为1 308亿美元,虽然仅占美国货物出口总额的8.4%,但是远超第五名仅占4.4%的日本。根据美国经济分析局的统计数据,美国对中国内地出口货物的同比增长率为12.8%,远高于美国对其他主要出口货物贸易伙伴的出口增长率。若加上美国对中国香港和台湾地区的货物出口额673亿美元,则美国对中国的货物出口额将达到1 981亿美元,占美国货物出口总额的12.7%。

表7-7 2017年美国对主要贸易伙伴的货物出口额及占比情况

	欧盟	加拿大	墨西哥	中国内地	日本	韩国	中国香港	巴西	新加坡	中国台湾	沙特阿拉伯
美国货物出口额(亿美元)	2 847	2 830	2 435	1 308	687	491	408	369	294	265	163
所占比重(%)	18.4	18.3	15.7	8.4	4.4	3.2	2.6	2.4	1.9	1.7	1.1

资料来源:美国经济分析局。

2. 主要出口货物

按照产品的最终用途进行分类,美国的出口货物主要集中于资本密集型产品、工业制品及消费品(见表7-8和图7-1)。根据美国经济分析局的统计数据,2017年,美国对这三类产品的出口额分别为5 328亿美元、4 629亿美元和1 978亿美元,分别占美国货物出口总额的34.4%、29.9%和12.8%,同比增长分别为2.5%、16.8%和2.1%。其中,工业制品的出口增长率远超其他产品。此外,运输设备(汽车、车辆)和饮食类产品(食品、饲料、饮料)也是美国重要的出口产品,其2017年的出口额分别为1 576亿美元和1 330亿美元,分别占美国货物出口总额的10.2%和8.6%。

表7-8 美国主要货物出口情况

指标	出口额(亿美元)		同比增长(%)
	2016年	2017年	
资本密集型产品	5 196	5 328	2.5
工业制品	3 964	4 629	16.8
消费品	1 938	1 978	2.1
运输设备(汽车、车辆)	1 503	1 576	4.9
饮食类产品(食品、饲料和饮料)	1 306	1 330	1.8
其他	603	628	4.1

资料来源:美国经济分析局。

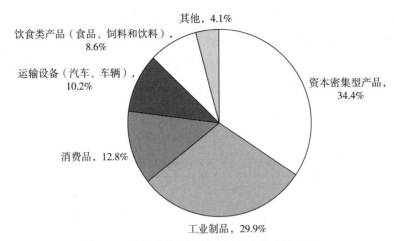

图 7-1　2017 年美国主要出口货物的占比情况

资料来源：美国经济分析局。

（二）美国货物贸易进口情况

1. 主要进口货物贸易伙伴

2017 年，在美国主要进口货物贸易伙伴中，排名前四位的依次是中国内地、欧盟、墨西哥和加拿大，自其进口额分别为 5 065 亿美元、4 377 亿美元、3 197 亿美元和 3 061 亿美元，分别占美国货物进口总额 21.4%、18.5%、13.5% 和 13.0%。并且，根据美国经济分析局的统计数据，美国对中国内地的货物进口额同比增长 9.3%，超过其对欧盟、墨西哥和加拿大的货物进口额的同比增长率（分别是 4.4%、6.4% 和 8.0%）。若加上美国对中国香港和台湾地区的货物进口额 505 亿美元，则美国对中国的货物进口额将高达 5 570 亿美元，占美国货物进口总额的 23.5%。此外，日本、韩国和印度等亚洲国家也是美国的重要货物进口来源国。

表 7-9　2017 年美国对主要贸易伙伴的货物进口额及占比情况

	中国内地	欧盟	墨西哥	加拿大	日本	韩国	印度	中国台湾	巴西	新加坡	中国香港
美国货物进口额（亿美元）	5 065	4 377	3 197	3 061	1 384	716	487	425	278	197	80
所占比重（%）	21.4	18.5	13.5	13.0	5.9	3.0	2.1	1.8	1.2	0.8	0.3

资料来源：美国经济分析局。

2. 主要进口货物

按照产品的最终用途进行分类，美国的进口货物同样主要集中于资本密集型产品、消费品和工业制品（见表 7-10 和图 7-2）。根据美国经济分析局的统计数据，2017 年，美国对这三类产品的进口额分别为 6 407 亿美元、6 022 亿美元和 5 076 亿美元，分别占美国货物进口总额的 27.1%、25.5% 和 21.5%，同比增长率分别为 8.6%、3.2% 和 14.5%。就进口增长率而言,同样是工业制品最高。此外,运输设备(汽车、车辆)和饮食类产品(食品、饲料和饮料)同样是美国重要的进口货物,其进口额在 2017 年分别为 3 590 亿美元和 1 378 亿美元,分别占美国进口货物总额的 15.2% 和 5.8%。

表 7-10 美国主要货物进口情况

指标	进口额(亿美元) 2016 年	进口额(亿美元) 2017 年	同比增长(%)
资本密集型产品	5 900	6 407	8.6
消费品	5 836	6 022	3.2
工业制品	4 433	5 076	14.5
运输设备(汽车、车辆)	3 501	3 590	2.5
饮食类产品(食品、饲料和饮料)	1 301	1 378	5.9
其他	908	956	5.3

资料来源:美国经济分析局。

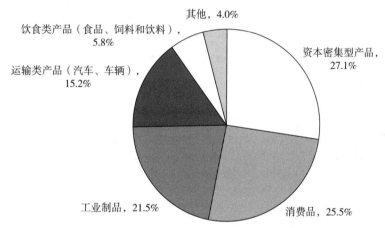

图 7-2 2017 年美国主要进口货物的占比情况

资料来源:美国经济分析局。

(三) 美国货物贸易平衡状况

美国对外货物贸易常年逆差,并且逆差额不断扩大。根据美国经济分析局的统计数据,2007—2016 年,美国货物贸易的逆差额年均为 7 262 亿美元,仅在 2009—2010 年货物贸易逆差有所减缓(见图 7-3)。2017 年,美国货物贸易逆差额高达 8 101 亿美元,同比增长了 7.6%。可以看出,美国对外货物贸易处于非常不平衡的状态。

1. 美国货物贸易的主要逆差来源地

在美国货物贸易的主要逆差来源地中,中国长期位居首位,而且贸易逆差额远超美国的其他贸易伙伴。2017 年,美国对中国的货物贸易逆差额高达 3 757 亿美元,接近美国货物贸易逆差总额的二分之一。此外,美国的第二、第三、第四大货物贸易逆差来源地依次是欧盟、墨西哥和日本,对其货物贸易逆差额分别为 1 530 亿美元、763 亿美元和 697 亿美元,分别占美国货物贸易逆差总额的 18.9%、9.4% 和 8.6%。

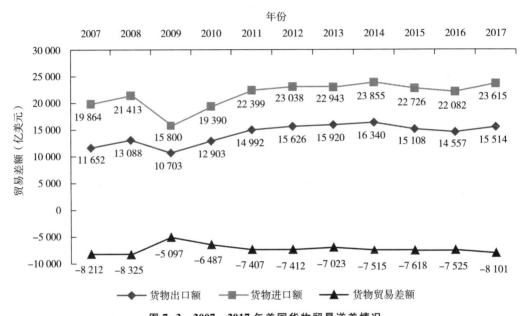

图 7-3　2007—2017 年美国货物贸易逆差情况

资料来源:美国经济分析局。

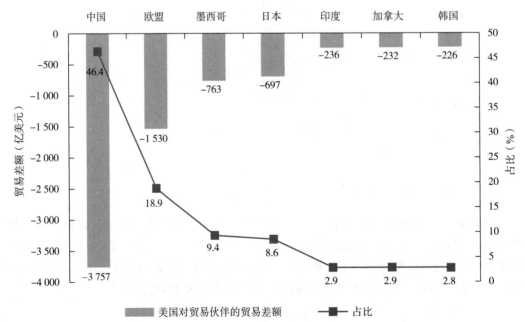

图 7-4　2017 年美国货物贸易的主要逆差来源地的贸易差额及占比情况

资料来源:美国经济分析局。

2. 美国货物贸易的主要逆差产品

按照产品的最终用途进行分类,在美国对外贸易中多类货物产品存在逆差,其中,消费品、运输设备(汽车、车辆)和资本密集型产品的逆差最为突出(见图7-5)。2017年,这三类产品的逆差平均额约为2 379亿美元,接近美国货物贸易逆差总额的90%。其中,消费品是美国逆差规模最大的产品,逆差额高达4 044亿美元,占比接近二分之一。

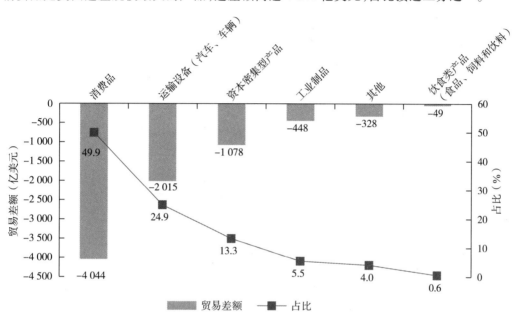

图7-5 2017年美国货物贸易的主要逆差产品的贸易差额及占比情况
资料来源:美国经济分析局。

二、中美货物贸易现状

(一)双边贸易平稳增长

从货物贸易总额来看,中美两国之间的经贸往来不断增强,双边货物贸易额在总体上呈持续稳定增长状态。如图7-6和图7-7所示,2007—2017年,中美双边货物贸易除了2009年受国际金融危机和2016年受全球经济形势与贸易环境的影响分别出现了10.6%和5.9%的下降,在其余年份基本上保持了稳定高速增长,平均贸易额高达4 541亿美元,实现了年均8.1%的增长率。无论是在出口方面还是在进口方面,中国对美国货物贸易均呈现了较为稳定的增长态势。

从货物贸易的平衡状态来看,中国对美国长期存在较大的贸易顺差,2017年贸易顺差高达2 780亿美元。中国对美国货物贸易的高顺差、不平衡状态在短期内难以彻底改变。①

---

① 与此同时,中国对美国的服务贸易长期保持逆差,并且逆差额持续增长。

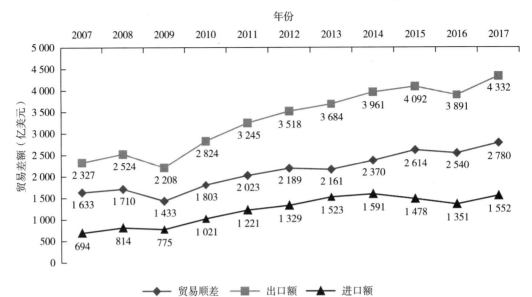

图 7-6　2007—2017 年中国对美国货物贸易进出口情况

资料来源：《中国统计年鉴》、CEIC 数据库。①

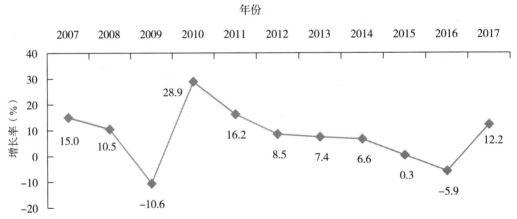

图 7-7　2007—2017 年中美货物贸易总额增长率

资料来源：《中国统计年鉴》、CEIC 数据库。

（二）双边贸易互补性强

中国与美国之间的经贸往来涉及的产品种类繁多，但是仍具有明显的结构性差异。

在中国对美国的出口产品中，初级产品的出口比重有所降低，开始由以劳动密集型产品为主向以资本和技术密集型产品为主的出口方式过渡（见表 7-11）。但是，目前以资本、技术为主导的工业制成品在对美出口额中的占比仍然很低，相比劳动密集型产品

---

① 图 7-6 中的数据与上述美国经济分析局的数据存在较大差异，原因在于中美双方存在一定的统计误差，详见刘春生，王力.中国对外贸易发展报告（2017~2018）[M].北京：社会科学文献出版社，2018：231-232。

仍缺乏比较优势。2014—2017年,中国对美国出口的主要产品是机电产品、杂项制品、纺织品及原料、贱金属及制品和塑料、橡胶制品,这五类产品的出口额占对美出口总额的75%以上。2017年,中国对美国出口机电产品1 985亿美元,占比45.9%,远高于其他四类对美出口主要产品之和(见图7-8)。同年,中国的杂项制品、纺织品及原料、贱金属及制品和塑料、橡胶制品的对美出口额分别为510亿美元、425亿美元、225亿美元和185亿美元,分别占比11.8%、9.8%、5.2%和4.3%。

表7-11 中国对美国进出口商品类章金额表　　　　　　　　单位:百万美元

类章	2014年		2015年		2016年		2017年	
	出口	进口	出口	进口	出口	进口	出口	进口
第1类	2 212	2 919	2 103	2 032	2 007	2 782	2 007	3 056
第2类	1 360	19 423	1 442	16 467	1 580	16 650	1 594	16 962
第3类	94	248	87	68	76	149	84	139
第4类	3 618	3 170	3 586	3 642	3 573	2 624	3 828	1 768
第5类	1 744	4 752	1 336	4 626	1 593	3 841	1 623	9 045
第6类	12 794	12 856	12 555	12 651	11 889	12 530	13 947	14 577
第7类	17 936	8 077	18 016	7 444	16 684	7 153	18 535	8 147
第8类	6 923	1 825	7 942	1 671	6 629	1 285	6 824	1 258
第9类	3 883	2 868	4 104	2 220	4 123	2 516	3 987	3 070
第10类	3 603	5 349	4 575	5 309	3 902	5 064	4 139	5 742
第11类	41 884	2 529	44 788	1 982	42 424	1 277	42 446	1 841
第12类	17 377	92	18 531	114	16 003	126	15 963	116
第13类	6 024	1 539	8 524	1 167	6 965	1 289	7 338	1 254
第14类	4 392	353	4 210	5 995	3 804	2 694	3 587	5 289
第15类	22 177	7 095	23 195	5 770	20 253	4 593	22 511	5 471
第16类	182 860	38 300	179 890	35 673	172 869	30 360	198 539	33 877
第17类	16 986	29 847	16 960	30 945	16 858	27 345	19 684	29 280
第18类	10 389	11 401	10 998	11 345	10 958	11 873	10 640	11 757
第19类	91	0.5	109	0.1	89	1	82	1.4
第20类	39 715	489	47 069	606	46 317	564	51 034	537
第21类	70	35	120	16	179	20	40	11
第22类	14	6 022	6	42	339	367	1 324	745

资料来源:中华人民共和国海关总署。

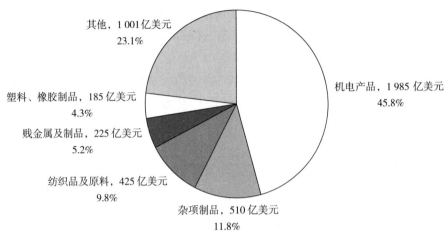

图 7-8　2017 年中国出口美国产品构成

资料来源：中华人民共和国海关总署。

中国对美国的进口产品则以资本和技术密集型产品为主。2014—2017 年，中国从美国主要进口机电产品、运输设备、植物产品和化工产品，这四类产品的进口额占自美进口总额的 60% 以上。2017 年，中国从美国进口机电产品、运输设备、植物产品和化工产品的数额分别为 339 亿美元、293 亿美元、170 亿美元和 146 亿美元，分别占比 21.8%、18.9%、10.9% 和 9.4%（见图 7-9）。此外，精密仪器和矿产品也是中国从美国进口的重要产品。2017 年，中国从美国进口精密仪器和矿产品超过 200 亿美元，占比约 13.4%。综上所述，美国对中国出口的产品具有更高的附加值，资本和技术密集型产品在美国对中国出口产品结构中的主导地位愈发稳固。但是，美国仍较少对中国出口高新技术产品。高新技术产品不是中美贸易的主要产品，这体现了美国在对华开放高新技术产品方面仍存在较多顾虑。

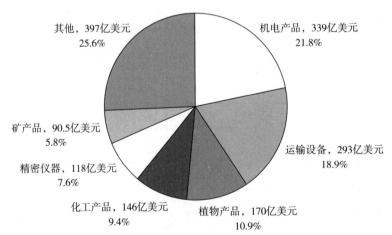

图 7-9　2017 年中国进口美国产品构成

资料来源：中华人民共和国海关总署。

总体而言，中美双边贸易具有极强的互补性特征。随着中国产业转型和贸易结构的升级，中美双方在进出口产品结构上的差异将逐渐缩小。

(三)贸易依存度反差大

2017年,中国对美国的货物贸易顺差额达2 780亿美元,占中国对外货物贸易顺差总额的65.8%。可以看出,中国的对外贸易发展更依赖于美国。虽然美国对中国货物贸易的依存度有所上升,但是过程缓慢且整体依存度相对较低。由于中国不断推进对外贸易多元化的进程,中国货物贸易对美国的高度依赖状态将被打破,对美贸易依存度将逐步降低。相反,美国对中国货物贸易依存度,尤其是出口依存度会有一定上升。因此,双方贸易的不对称程度将降低。但是,从数值的绝对意义上看,中国对美的出口依存度明显高于美国对中国的出口依存度。

第五节　中国现行的货物贸易政策

中国现行的货物贸易政策与中国的经济发展水平总体相当,开放程度再创新高。2018年7月,WTO对中国第七次贸易政策进行审议,对中国的对外贸易政策及各项义务的履行给予了充分肯定,并高度赞赏了中国促进开放的举措。

一、积极参与双边自由贸易协定的建设

截至2020年底,中国已经签署并实施19个自由贸易协定,涉及26个国家和地区,这些协定分别是中国与智利、巴基斯坦、新西兰、新加坡、东盟、秘鲁、哥斯达黎加、冰岛、瑞士、韩国、澳大利亚、格鲁吉亚、马尔代夫、毛里求斯和柬埔寨的自由贸易协定,以及RCEP、CEPA、ECFA等。中国也正在推进多个自由贸易区谈判,包括中日韩、中国—海合会、中国—挪威、中国—以色列等。总体来看,自由贸易区建设促进了中国与有关国家和地区的经贸合作,取得了互利共赢的成果。

二、积极促进对外贸易便利化

2017年2月,WTO的《贸易便利化协定》正式生效,中国切实从商品通关、检验检疫、外汇管理和出口退税四个方面促进对外贸易便利化。

(一)商品通关

2018年3月,中国海关出台18条政策措施,以提高中国跨境贸易便利化水平。在优化通关流程方面,中国取消海运提单换单环节、加快实现报检报关和担保制度推广、深化国际贸易"单一窗口"建设、推进跨部门一次性联合检查。在简化手续方面,主要采取实现海运集装箱货物设备交接单及港口提箱作业信息电子化流转、推进口岸物流信息电子

化、简化自动进口许可证申请办理、完善随附单证无纸化格式标准、应用电子委托代理取代纸质报关报检委托协议书、简化进口免于强制性产品认证(3C)证明工作流程、简化出口原产地证办理流程七项措施。在降低口岸收费方面,主要采取规范和降低口岸检查检验服务性收费、治理口岸经营服务企业不合理收费、继续开展落实免除查验没有问题外贸企业(失信企业除外)三项措施。在建立完善管理机制方面,主要采取建立口岸通关时效评估公开制度、建立口岸收费公示制度、建立口岸通关意见投诉反馈机制三项措施。

(二)检验检疫

2012年以来,中国大力整治对外贸易检验违规收费,大幅降低检验费用,累计减免约250亿元。在验放方面,推进"单一窗口"建设,采用电子系统管理,一次申报即可同时向检疫部门和海关提交。在查验服务方面,通过创新监管模式,逐渐降低出入境商品的查验比例至2018年的2.5%。

(三)外汇管理

根据国家简政放权的要求,2010年起超过10项外汇审批获得下放或取消。其中,有两项原来需要审批的业务已经不再需要审批,即外资参股非银行金融机构外方利润购付汇的核准,由外汇指定银行办理。外资参股非银行金融机构应在汇出利润之日起5个工作日内,持银行购付汇单据到国家外汇管理局各分支局备案。境外上市外资股公司从境内支付境外上市费用汇出的核准,由外汇指定银行办理。境外上市外资股公司应在汇出上述费用之日起5个工作日内将有关数据报备所在地的国家外汇管理局分支局。

(四)出口退税

2015年8月起,国家税务总局要求推进加快出口退税进度,首先,所有的发函、复函及结果处理,必须通过出口货物税收函调系统网上处理,不允许"机外运行"。其次,积极开展财税库银横向联网电子退库、更正、免抵调业务推广上线工作,进一步提高退库效率。同时,进一步推进出口退税政策及管理规定的落实,如落实好企业申报出口退(免)税时免于提供纸质出口货物报关单、逾期未申报的出口退(免)税可延期申报等便民措施。

三、自由贸易港和试验区的建设

(一)自由贸易试验区

2013年,中国政府意识到建设自由贸易试验区是顺应全球经贸发展新趋势,于是积极主动地实施这项对外开放的重大举措。建设自由贸易试验区有利于培育中国面向全球的竞争新优势,构建与各国合作发展的新平台,拓展经济增长的新空间,打造中国经济"升级版"。自2013年设立上海自由贸易试验区至2021年,中国已设立了21个自由贸易试验区。

虽然每一个自由贸易试验区均有不同的定位和侧重点,但在具体措施上都涵盖以负面清单管理为核心的投资管理制度、以贸易便利化为重点的贸易流程改造与高效率的监管制度、以资本项目可兑换和金融服务业开放为目标的金融创新制度、以政府职能转变为核心的事中事后监管制度。自由贸易试验区是未来全国对外开放的模范。

(二) 自由贸易港

2020年6月,《海南自由贸易港建设总体方案》出台,方案明确支持海南逐步探索、稳步推进中国特色自由贸易港建设,分步骤、分阶段建立自由贸易港政策和制度体系。其建设重点是贸易和投资自由化、便利化,以各类生产要素跨境自由有序安全便捷流动和现代产业体系为支撑。这些均需要以制度设计确立各类市场主体的运行规则,因而制度创新是海南自由贸易港的最重大使命。

根据规划,到2025年,海南自由贸易港初步建立以贸易和投资自由化、便利化为重点的自由贸易港政策制度体系;到2035年,自由贸易港制度体系和运作模式更加成熟,成为中国开放型经济新高地;到21世纪中叶,全面建成具有较强国际影响力的高水平自由贸易港。作为中国首个自由贸易港,海南自由贸易港致力于打造成为中国全面深化改革开放试验区、国家生态文明试验区、国际旅游消费中心、国家重大战略服务保障区。海南将在城乡融合发展、人才、财税金融、收入分配、国有企业等方面加快体制机制改革;设立国际能源、航运、大宗商品、产权、股权、碳排放权等交易场所;积极发展新一代信息技术产业和数字经济,推动互联网、物联网、大数据、卫星导航、人工智能等同实体经济深度融合。

四、"一带一路"合作框架的构建和完善

"一带一路"是丝绸之路经济带和21世纪海上丝绸之路合作倡议的简称。2017年第一届"一带一路"国际合作高峰论坛达成了如下五点重要共识:第一,致力于推动"一带一路"建设合作,携手应对世界经济面临的挑战。第二,支持加强经济政策协调和发展战略对接,努力实现协同联动发展。第三,推动各领域务实合作不断取得新成果。第四,架设各国民间交往的桥梁。第五,坚信"一带一路"建设是开放包容的发展平台,各国都是平等的参与者、贡献者、受益者。

贸易畅通是"一带一路"合作的主要目标。第一,在投资贸易合作方面,着力研究解决投资和贸易便利化问题,消除投资和贸易壁垒,构建区域内和各国良好的营商环境,同沿线国家和地区共同商建自由贸易区,激发释放合作潜力,做大做好合作"蛋糕"。第二,加快投资便利化进程,消除投资壁垒。加强双边投资保护协定、磋商避免双重征税协定,保护投资者的合法权益。第三,拓展相互投资领域,开展农、林、牧、渔业和农机及农产品生产加工等领域深度合作,积极推进海水养殖、远洋渔业、水产品加工、海水淡化、海洋生

物制药、海洋工程技术、环保产业和海上旅游等领域合作。加大煤炭、油气、金属矿产等传统能源资源勘探开发合作,积极推动水电、核电、风电、太阳能等清洁、可再生能源合作,推进能源资源就地就近加工转化合作,形成能源资源合作上下游一体化产业链,加强能源资源深加工技术、装备与工程服务合作。第四,推动新兴产业合作,按照优势互补、互利共赢的原则,促进沿线国家加强在新一代信息技术、生物、新能源、新材料等新兴产业领域的深入合作,推动建立创业投资合作机制。

五、中美贸易争端后的政策走向

中美贸易争端自2018年3月美国发起知识产权调查并征收关税开始,其间经过13轮磋商谈判,中美双方于2020年1月达成第一阶段协议。近两年的贸易争端期间,中国并未极端化地采用反制措施,也没有采用保守退却的贸易政策,对其他国家提高贸易保护门槛,而是多次释放继续深化改革和加大开放的信号。

中国政府的立场充分体现在2019年6月2日发表的《关于中美经贸磋商的中方立场》白皮书中。白皮书清楚阐明:中国希望与美国达成一个平等、公平、合理,不破坏双方发展核心利益的贸易协议,中国的主权和尊严必须得到尊重,不接受协议单方面向美方倾斜,也不接受继续保留贸易摩擦后的关税税率水平,即必须全部取消贸易摩擦后征收的关税。

国家主席习近平在第二届"一带一路"国际合作高峰论坛开幕式主旨演讲中宣布:"中国将采取一系列重大改革开放举措,加强制度性、结构性安排,促进更高水平对外开放",包括"更广领域扩大外资市场准入""更大力度加强知识产权保护国际合作""更大规模增加商品和服务进口""更加有效实施国际宏观经济政策协调""更加重视对外开放政策贯彻落实"。"一个更加开放的中国,将同世界形成更加良性的互动,带来更加进步和繁荣的中国和世界"。

2019年10月,党的十九届四中全会提出,建设更高水平开放型经济新体制,实施更大范围、更宽领域、更深层次的全面开放。这是完善社会主义市场经济体制的题中之义,对于坚持和完善中国特色社会主义制度,推进国家治理体系和治理能力现代化,推动构建人类命运共同体具有重大意义。2020年,《中华人民共和国外商投资法》正式生效。投资管理负面清单中的保险、证券、评级等多个领域也加快了开放进程。

第六节 贸易自由化与减贫:中国的经验

1978年以来,中国的农村减贫事业受益于农业及其他经济领域的改革。中国制造业的贸易改革为大量的农民工创造了就业机会,极大改善了中国农民的生计。与此相比,目前农产品贸易自由化并不被认为能够有效促进农村的发展。

一、农产品贸易自由化与减贫

（一）中国的农产品贸易改革

改革开放前，中国农业的发展受到了抑制。为了保证充足的粮食供应，中国农业部门特别重视粮食生产。在国际上，20世纪50年代，以美国为首的联合国对中国新兴的社会主义政权实施禁运；在国内，1958—1960年三年困难时期，"粮食自给自足"成为中国农业贸易政策制定中最重要的原则。2001年后，中国履行加入WTO的承诺，成为农产品贸易最开放的国家之一，不仅增加了粮食的关税配额，而且降低了配额内外的关税税率。此外，中国完全开放对棉花和大豆的进口，以满足国内不断增长的需求。

中国农产品贸易自由化释放了劳动密集型农产品的生产潜力。果蔬、家禽、奶制品和畜牧业部门的发展有效促进了农民收入的增加和贫困的减少。但是，"粮食自给自足"仍是中国农业贸易政策中最重要的原则，农产品贸易自由化仅将粮食自给率从100%稍稍放宽至95%。停滞不前的WTO谈判和进展缓慢的自由贸易协定谈判不太可能进一步开放中国农产品贸易。在WTO多哈回合谈判中，农业市场准入是最具争议的议题，而中国拒绝在该议题上做出更多的让步。中国在与东盟、澳大利亚的自由贸易协定谈判中都有重要的农业组成部分。但是，大米被排除在中国—东盟自由贸易协定之外；在旷日持久的中国—澳大利亚自由贸易协定谈判中，澳大利亚要求中国开放粮食贸易，但是中国同样不愿在该议题上让步。

上述情况使得中国难以维持足够高的国内粮食价格。虽然WTO协定允许中国通过农业补贴来促进粮食生产，但是粮食部门规模庞大，中国进行农业补贴的财政能力有限，并且农业国内支持存在8.5%的上限。因此，农民难以通过土地密集型的粮食生产来脱贫致富。

中国农业劳动力资源丰富，但耕地资源稀缺。自由贸易下，中国应成为粮食等土地密集型农产品的净进口国和果蔬等劳动密集型农产品的净出口国。但是按照WTO和自由贸易协定谈判的停滞或缓慢进展来看，中国的粮食贸易不会进一步开放。因此，如果中国农产品贸易无法快速转型，那么劳动密集型的果蔬农产品将不会继续增加出口。与此同时，其他国家的农业市场准入改革也无助于中国的果蔬农产品出口。因为各国对果蔬农产品征收的关税已经很低，而且中国农产品出口所面临的主要障碍是高标准的卫生及植物检疫措施（SPS）或以SPS为名义所进行的隐形贸易保护主义。然而，SPS并不在WTO和自由贸易协定谈判的议程上，因此，中国农产品出口的前景并不乐观，除非国内农业资源能够从粮食部门中释放出来，用以提高果蔬部门的产品质量，尤其是克服国内农业生产大量依赖农药和其他化学用品的现象。

（二）中国的农业贸易自由化对减贫的作用有限

中国扩大果蔬部门的出口将创造更多的农民就业机会。果蔬农产品的劳动密集型性质并不意味着其生产和出口只需劳动力,相反,资本也是关键的投入。无论是确保果蔬农产品符合 SPS 质量标准,维持质量认证体系的正常运作,还是为果蔬农产品销售提供高效的物流,都需要充足的资本。针对果蔬部门的资本投入将为该部门的劳动者带来更高的收入。事实上,山东省得到了日韩企业的大量投资,南方多省也以大型农业集团为龙头开始了果蔬产业化的进程。高质量的中国果蔬农产品已在国内外获得了更大的市场份额,果蔬部门劳动者的年收入一般高于其在传统模式下的粮食生产所得。即便如此,中国的果蔬部门仍然没有在国际贸易和减贫事业上充分发挥其潜力,主要原因有以下四点:

1. 融资困难

虽然果蔬农产品是劳动密集型的,但是其生产和销售仍需获得土地、优质良种、市场信息及营销渠道。除了外国投资者与国内大型农业集团不受过度的资金约束,普通农民往往缺乏初始投资资金,而且即便其获得了投资,由于行业特征,农民通常需要经过数年的努力才能开始获得利润。以小型农户与私营企业为主的果蔬部门不具有粮食部门那样的政治地位,因而无法与粮食部门竞争国家注资。

2. 质量低下

与制造业出口不同,果蔬农产品出口面临外国高端市场的严格 SPS 标准。与美国和欧盟相比,中国在每单位农业产出中使用了更多的农药。与粮食生产相比,中国在果蔬生产中使用了更多的农药及其他化学制剂。这不仅造成农村生态环境恶化,而且使得中国果蔬农产品难以进入发达国家市场。考虑到中国果蔬部门的融资约束,要实现提高果蔬农产品质量以达到发达国家 SPS 标准的目标,任重而道远。

3. 执法不严

中国已建立针对有机、绿色、无公害农产品与食品的严格测试与认证制度,但是由于执法不严,人们可以通过不正当渠道购买证书。由此,即使存在相当一部分的消费者群体愿意为有机绿色农产品支付更高的价格,果蔬农产品在国内各大城市中仍无法卖出好价钱。缺乏严格的执法不仅加重了食品安全方面的隐忧,更使得好的、具有潜质的果蔬生产商无法在国内市场获得发展空间,从而无法走向海外。

4. 价格波动大

相比粮食,果蔬农产品是经济作物,所处行业存在高风险。多年来,随着越来越多的农民与企业进入果蔬行业,果蔬农产品的价格一直在下降。此外,果蔬生产极易受到天气条件的影响,价格波动较大。这些都使得成功经营一家果蔬出口企业成本高昂且不易。

总之,根据比较优势原理,果蔬农产品出口将拉动中国农民走出低收入陷阱从而实现脱贫。然而,在国内政策扭曲和国外严格 SPS 标准的条件下,这不太可能实现。

二、中国的制造业贸易自由化为减贫发挥了巨大作用

面临同样政策扭曲的中国劳动密集型制造业却充分利用了国内丰富的劳动力资源，在世界贸易舞台上表现不俗。这源于国际生产分割、OECD国家开放制造业市场准入，以及中国独创的加工贸易海关管理制度。这些原因促成了中国制造业积极参与到全球价值链分工中，为农村剩余劳动力创造了大量的就业机会。

一方面，中国的开放政策为传统上由国有企业主导的行业引入了外国竞争。另一方面，它促进了出口部门的扩张，有助于吸收从国有企业下岗的劳动力，并且为农村剩余劳动力创造了在城市的就业岗位。

中国改革开放时期的发展战略遵循着自身的比较优势。出口导向的外商直接投资带动了中国制造业的出口扩张。这些外资企业主要从事加工贸易，即从国外进口零部件，然后在国内完成组装工序后出口制成品到国外。当国内资本主要流向进口竞争部门的国有企业（大多是资本密集型企业）时，外国投资者来到中国是为了利用劳动密集型制造业出口的机会。国内资本主要流向国有企业，加剧了高回报潜力的劳动密集型行业的资金短缺。因此，各地政府纷纷为外商直接投资提供额外的政策优惠，例如低息贷款、能源补贴、免费的土地使用权以及宽松的环保标准，以吸引出口导向型外资企业。

中国海关贸易管理制度大致分为三类：一般贸易、加工贸易和其他贸易管理体制。一般贸易是不享受特殊海关制度和优惠关税待遇的，这与中国改革开放初期建立的加工贸易体制不同。当时中国急于促进出口以赚取外汇，因而在加工贸易制度下，原材料进口可以免税，但是加工后的产品不能在国内销售，必须出口。

中国贸易增长的一半来源于加工贸易出口。与其他国家类似的加工贸易出口相比，中国的加工贸易出口规模空前庞大。这不仅归因于中国对外商直接投资和出口的一系列优惠政策，还受惠于海关的特殊制度安排，能够有效监督广大地区的加工贸易业务，并为其提供便利。Naughton(1996)清晰地指出了这一点："没有任何优惠措施是中国独有的。事实上，它们在东亚的其他国家甚至全球各地都存在。然而，这些措施在中国实施的规模是不同寻常的。在大多数国家，这类优惠政策只适用于严格监管的加工区。从本质上说，中国创造了一个巨大的出口加工区，这个概念不是地理上的，而是由相关企业的法律地位决定的。尽管经济特区吸引了大量关注，并靠近华南沿海重要的经济中心，但是它们并不能决定加工出口制度的规模。因为凡是出口导向型的外商投资企业均可从事加工出口活动，无论其是否位于经济特区内。"

从这个意义上看，加工贸易制度本身就是中国的一种制度创新。它推动了在全国范围内形成劳动密集型的加工和装配业务，是一项全国性的出口促进安排，为内陆农村地区数以百万计的农民创造了大量的就业机会。这是包容性贸易增长帮助穷人融入全球价值链的一个很好的例子。

专栏：从中国对外贸易发展历程看对外贸易综合服务企业的"前世今生"

一、对外贸易综合服务的"前世"

（一）中华人民共和国成立初期：创汇是项政治任务

中华人民共和国成立初期，整个国家百废待兴，现代工业基础十分薄弱。当时国家决定集中主要力量建立基础工业体系，优先发展军工产业、重工业，需要大量引进国际上的先进设备、关键材料和技术等，这就急需外汇。因此很长一段时间，出口创汇成为中国经济工作的重点，也被当作政治任务来考核。

计划经济时代，中国可供出口的商品非常有限，出口的目的就是"创汇"，哪怕亏本出口，也受到鼓励。然而，改革开放前中国的外汇储备依然是捉襟见肘，比如1978年中国全年出口总额不到百亿美元。

1957年秋中国进出口商品交易会诞生，成为中国对外贸易的重要窗口。但随之而来的对外贸易专业问题却缺乏优秀人才来解决。为此，国家设立了对外经贸部，开办对外经贸大学、外语学院，选派人员赴海外学习。同期，相继成立按行业划分的（国字号）对外贸易公司，如中国电子、机械、纺织、粮油等进出口公司，还有按行政区划分的某省（市）外贸集团等。

（二）进出口经营权："智慧与责任"的产物

2000年前，国家对进出口经营权的审批相当严格：一方面是因为对外贸易代表国家的国际形象和贸易水平，门槛高，配额少；另一方面是为了保护中国企业，不因缺少经验而在海外吃亏。

进出口经营权早期要由原对外经贸部审批，70年代末期下放到省一级政府来审批，2001年加入WTO后逐步开放，直至2004年新《中华人民共和国对外贸易法》的颁布才改为备案制。

早期的进出口经营权制度，就好比是"集中力量办大事"，由专业的对外贸易"经营单位"帮助更多中小企业参与国际贸易。这也为我国实施"进出口业务流程外包"（BPO）模式，奠定了制度基础和培养了外包习惯。

中国的"经营单位"有两种申报方式，俗称"单抬头"与"双抬头"申报。前一方式下，发货人与"经营单位"一致，"经营单位"就是实际贸易的主体，具有商品定价权，属于自主贸易类型；后一方式下，发货人委托"经营单位"代理出口手续，"经营单位"是服务主体，不具有商品定价权，赚取的是"代理服务费"或整合服务的收益，属于综合服务类型。这就是被政府工作报告中鼓励发展的新业态——"外贸综合服务企业"（以下简称"外综服"）的原型。

（三）中国制造惊世崛起，孕外综服新土壤（1978—2001）

40多年前，发达国家开始第三次工业革命，跨国公司将产能向全球转移，恰逢中国对外开放，中国制造崛起，逐渐成为"世界工厂"，出口规模迅速扩大。

20世纪90年代前，中国加工贸易方式出口占据主要份额，最高达85%，虽依靠廉价的土地、人工优势,企业赚取加工组装费,换回稀缺的外汇,不过贸易盈余较少。但同时,产业配套的日趋完善为转型一般贸易出口打下了基础。沿海地区众多民营中小企业如雨后春笋般诞生,与西方不同,这些企业一出生就是接外单做外贸,进出口服务外包的需求骤增,形成了外综服新业态的土壤。

这些特殊的"土壤"加上互联网、IT 技术的发展,促使深圳等中国沿海地区现代服务业崛起,甚至有了"弯道超车",赶上西方的机遇。

二、外综服的"今生"(2001 年至今)

2001 年中国成功加入 WTO。加入 WTO 的重要条件之一,就是 WTO 要求中国必须解除对外贸易管制,不能限制民营企业做外贸。至此,任何法人企业只要到商务部备案即可获得进出口经营权。

(一)外综服典型代表企业"一达通"的初衷

随着进出口经营权的开放,传统进出口代理公司靠特殊资格吃饭、收取货值 1%～5%代理费的模式不再可行。随后出现了一批更加市场化的、依靠专业和效率取胜的民营及部分国有企业成功改制代理服务公司,后演变为各类供应链管理公司。深圳的典型代表如怡亚通、飞马、创捷等。

外综服的典型代表深圳一达通也是在这个时期诞生的,但一达通的主要服务对象是 500 万家中小企业。一达通也是最早利用互联网技术,改造进出口服务流程的 BPO 平台。一达通创始人魏强在传统进出口服务行业多年,他认为尽管已开放进出口经营权,但进出口流程未变,中小企业自营仍绕不开繁杂的流程,外包需求将会来到。

一达通率先打破以进出口商品货值比例收取代理服务费的行规,无论货值多少,固定按 1 000 元/次收费;采用系统化、标准化、数字化手段,"聚沙成塔"通过集约流通服务资源和规模获益。虽然一达通前七年都未实现盈利,但每年的业务量都在增长。2008 年国际金融危机带来转机,一达通新增客户超过前七年的总和,公司登上全国出口榜第 94 位并首度实现盈利。

(二)"新瓶装老酒",量变到质变

前面提到外综服的前身就是用经营单位名义"双抬头"申报的传统进出口代理服务企业,何以称为对外贸易新业态呢?这就是事物发展由量变到质变的过程,就像零售业从"门市部"跨入"超市"时代一样,虽然都是进货卖货,但是"超市"因业务规模变大而发生"质"变。或者,也可比喻为"新瓶装老酒"——进出口业务流程服务是壶"老酒",而"新瓶"则是外综服平台。

外综服的质变是基于互联网/IT 技术的发展和巨大的市场需求,同样是 BPO,有了互联网的三大特性:高效、透明、无界,外综服新业态才得以裂变式增长。以一达通为例,2011 年至 2018 年,其客户数由 1 200 家发展到 12 万家,进出口额由 6.5 亿美元增长至 226 亿美元。

外综服企业改变了传统贸易的"交付方式",由贸易企业自行交付变为委托外综服企业的"平台交付",平台"化零为整"整合了流通服务资源;同时,平台的交付数据产生了

新的信用价值,为客户带来融资和订单。外综服模式就是让存量对外贸易增值、新增对外贸易扩大、小企业享受大服务的创新业态。

中国原创的外综服模式也得到联合国亚太经社会、亚太经济合作组织和世界海关组织等国际组织的关注和肯定,被认为是"市场机构与政府相结合"实现"单一窗口"贸易便利化的有效方案,符合联合国贸易和发展组织倡导的"普惠贸易"和支持欠发达国家发展的理念。

本章小结

中国作为最大的货物贸易出口国,在国际上面临较为不利的贸易环境。而国际货物贸易是最传统的国际贸易形式,了解国际货物贸易的定义和分类标准,有利于政策制定者了解经济体的运行情况,也有助于通过税收、财政倾斜等方式引导产业发展,应对国际贸易环境变化。

本章主要概念

国际货物贸易、《国际贸易标准分类》(SITC)、《商品名称及编码协调制度》(HS 编码)、广义经济分类(BEC)

练习与思考

1. 请查阅文献,了解不同文献如何利用国际货物贸易商品分类进行研究。
2. 通过国际贸易数据库,结合国际贸易发展的趋势,尝试总结中国货物贸易发展的特点。
3. 请搜集中美两国商务部文件,仔细对比了解中美双方公布的货物贸易差额为何相差巨大。

推荐阅读

ERNST D. Industrial upgrading through low-cost and fast innovation-Taiwan's experience[J]. *East-West Center working paper*, 2013.

HENN C, PAPAGEORGIOU C, SPATAFORA M N. Export quality in developing countries[M]. Washington D. C.: International Monetary Fund, 2013.

KO ARIEL HUI-MIN. Five types of trade policy and the Chinese case[J]. *Working paper*, University of Glasgow, 2007.

NAUGHTON B. China's emergence and prospects as a trading nation[C]. Brookings Papers on Economic Activity, 1996, 2: 273-344.

YAO S. Why are Chinese exports not so special? [J]. *China & world economy*, 2009, 17(1): 47-65.

XING Y, DETERT N C. How the iPhone widens the United States trade deficit with the People's Republic of China[J]. 2010, 66(3): 339-350.

符淼,张昱.粤港澳大湾区对外货物贸易的多维度细化指数及其特征[J].国际经贸探索,2020,36(10):71-85.

刘春生,王力.中国对外贸易发展报告(2017~2018)[M].北京:社会科学文献出版社,2018.

马涛,张琳,等.中国对外贸易报告(2017—2018)[M].北京:中国社会科学出版社,2018.

裴长洪,王万山.中国对外贸易体制与实践(1949~2019)[M].北京:社会科学文献出版社,2020.

宋泓,东艳,等.中国对外贸易报告(2015)[M].北京:中国社会科学出版社,2016.

苏庆义,等.中国对外贸易报告(2018—2019)[M].北京:中国社会科学出版社,2019.

石广生.中国对外经济贸易改革和发展史[M].北京:人民出版社,2013.

唐晓彬,崔茂生."一带一路"货物贸易网络结构动态变化及其影响机制[J].财经研究,2020,46(7):138-153.

王平.WTO与中国对外贸易[M].武汉:武汉大学出版社,2011.

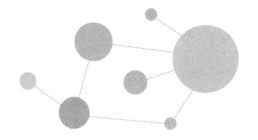

第八章 加工贸易

⭐ **知识点**

加工贸易、贸易政策、保税区

⭐ **重 点**

了解中国加工贸易发展历程与特点,保税区概念,加工贸易基本流程

⭐ **难 点**

分析对比不同贸易方式的发展

出口贸易方式反映了从事出口业务的企业对外贸市场的参与方式,外贸企业对出口贸易方式的选择并不是单一的,除了通常所说的一般贸易出口,另一种常见的贸易方式就是加工贸易。加工贸易的诞生伴随着国际分工的深化以及全球价值链的塑造,这也意味着加工贸易是一个经济体融入经济全球化分工体系、发展工业化的助推器。

第一节 加工贸易方式

一、加工贸易——发展的助推器

出口贸易方式主要有两种:一般贸易和加工贸易,其中一般贸易就是常规的对外贸易。根据《中华人民共和国海关对加工贸易货物监管办法》的规定,"加工贸易"是指经营企业进口全部或者部分原辅材料、零部件、元器件、包装物料,经过加工或者装配后,将制成品复出口的经营活动,包括来料加工和进料加工。因此加工贸易指企业先从国外进口原材料、零部件等,经加工或装配后,将最终品再出口的经营活动。从流程来看,加工贸易的主要业务由进口、加工和出口三个环节构成。加工环节是体现加工贸易价值的关键，也表明一个经济体能否开展加工贸易，主要因素在于能否在加工环节体现比较优势。根据进出口流程和加工业务特点的差异，加工贸易可细分为四种类型：进料加工、来料加工、装配业务和协作生产。

进料加工指的是企业用外汇通过进口购买经济体境外的原辅材料、零部件、元器件、包装物料等，并配以经济体内部的劳动力、土地、技术等生产要素，将原材料加工成半成品或成品后进行外销。在进料加工中，企业的"买"与"卖"是两笔独立的交易，企业自行选择提供原材料的供应商，自行开拓国际市场寻找购买半成品或成品的消费者。由于流程上存在先买原料后卖成品的先后次序，这意味着从事进料加工的企业必须在整个业务流程中独立且完全地承担价格风险和销售风险。

来料加工指的是境外经济体的企业向从事来料加工贸易的企业提供全部或部分原辅材料、零部件、元器件、包装物料等，同时企业按照双边协定的要求进行加工，随后将半成品或成品交予前述外商销售并收取加工费。为了充分利用加工地的低成本土地、劳动力等要素，有的外商也会向加工承接方提供机器、图纸等技术要素。与来料加工业务形式相似，若外商委托方只提供成品的标准、质量等要求，加工承接方能够自选当地的原辅材料、零部件、元器件、包装物料等用于加工，则属于来样加工。值得注意的是，由于原材料直接来自境外企业，来料加工企业并不需要进口付汇。来料加工既能降低委托方加工成本，也能增加加工方就业机会、发掘人力资源和提高工业生产技术水平，同时加工方不必承担所加工产品的价格风险和销售风险。

装配业务指的是一方提供原辅材料、零部件、元器件、包装物料等，另一方负责将原料装配为成品，随后向委托方交货获得劳务报酬。在装配业务中，原材料的提供和装配是同一笔贸易的两个不同流程，参与双方不存在所有权的交割，而是委托与被委托的劳务关系。由于装配业务的委托关系，被委托方不必承担额外的外部交易风险，可以专心地提升技术生产能力，从而比较高效地匹配被委托方的比较优势。

协作生产指的是一方提供原辅材料、零部件、元器件、包装物料等，另一方利用其所在经济体的工业体系生产所需配件，随后将双方的配件进行组装后再将成品出口。在协作生产模式下，对于成品的销售和商标的选用可以由双方自行商定，成品的销售也可以指定第三方进行销售。

以上四种加工贸易业务均利用了进行加工贸易经济体的劳动力、原料或技术等生产要素，尽管外商本意是利用发展中经济体的低廉要素以提升产品竞争力，但客观上加工贸易促进了发展中经济体的人力资源、管理、技术等的发展，为其工业化起到了助推的作用。**加工贸易区别于传统的一般贸易，主要是因为加工贸易所生产的产品都是以出口为目的，不会被用于产地所在的经济体境内流通、消费或生产的中间品。**因此加工贸易如需进入境内市场流通，海关会按照进口商品进行征税。而在传统的一般贸易下，一个经济体所进口的商品会直接或间接地被用于经济体境内的生产或消费

加工贸易属于典型的产业链分工形式,是发展中国家企业融入由大型跨国公司所主导的全球价值链的主要形式。各种业务形式的加工贸易之间的界限也不再硬性不变,从企业决策角度上看,选择加工贸易的原因是为了充分利用产业链上下游及其配套经济环境的比较优势,从事加工装备等相对较低技术含量的环节,从而提升产品的竞争力,使得某一特定企业乃至产业可以专注于从事附加值较高的环节。因此在具有相对较长工序环节的现代工业品贸易中,可能一个成品的多个制造环节中有多个经济体的加工贸易企业参与,各个生产环节的中间品也会多次在经济体间流动,中间品的贸易也是全球价值链、全球生产网络的微观体现。

二、加工贸易——经济全球化的产物

加工贸易的发展是经济全球化日益深入的直接产物,这离不开科学技术的发展、贸易和投资的自由化趋势、跨国公司以及出口导向战略的实施。

加工贸易取得巨大发展的背景是世界经济的高速增长。第二次世界大战以后,世界经济总体上呈现增长的趋势,尽管其间出现过不少的经济衰退和经济危机,但是总体上较为和平的国际环境以及日益发展的世界经济使得国际贸易的发展势头日益迅猛。20世纪50年代中期至70年代前期,发达资本主义国家的年均复合经济增长率达到5%以上。伴随着世界经济的飞速发展,世界各地的经济发展不均衡以及发达国家所遭遇的滞胀使发达资本主义国家的成熟工业体系产生了外包某些低附加值生产环节,以提升产品竞争力的需求。

科学技术的发展使得产品的生产工艺得到了进一步的细分,在降低交易成本的同时进一步激发了消费者对优质产品的需求。第三次工业革命促进了工业体系的细分化和网络化,信息化浪潮的普及使生产的各个环节得以在全球进行更为广泛的分布,同时也能对质量进行更加准确、有效的把控。信息化也使得消费者对于商品的获取渠道得到了极大的丰富,更加智能、高效、低廉的商品激发了世界各地消费者的需求。

贸易和投资的自由化趋势所带来的贸易环境的改善给予了加工贸易发展的空间。随着多轮 WTO 谈判协定的落实,以及双边或多边贸易关系的改善与自由贸易协定的签订,世界各国总体上获得了较为宽松的贸易环境。尤其在削减关税方面,世界各国均达成了缩减关税的共识,发达资本主义国家的平均关税率基本上降到了5%左右。一直以来较为难啃的骨头,比如非关税壁垒以及农产品贸易保护等,各国在透明度方面均有了较大的改善。尤其是乌拉圭回合谈判中所提出的非关税壁垒关税化的措施,给非关税壁垒的透明化和规范化提供了思路。同时负面清单管理模式给予了跨国公司较大的自由度,跨国公司在进行加工贸易方面获得了较大的便利。

跨国公司作为微观决策主体,对于加工贸易的推进起到了关键作用。跨国公司对加工贸易的发展主要通过两种方式进行,一种是直接对生产环节进行外包,以合同的形式直接寻找合适的加工贸易企业对原有的生产环节进行承包,随后通过对中间品或成品的重新进口来获得处于低附加值环节商品的增值。另一种方式则是跨国公司进行垂直的一体化生产,跨国公司通过在不同的经济体中设立子公司或分公司,利用不同经济体的区位优势和生产要素的比较优势,将生产制造的不同环节细分到各个子公司或分公司。两种不同方式的主要区别是所有权的不同。前者参与加工贸易的企业与跨国公司之间并没有所有权的联系,两者之间的经济行为基础是双方的经济合同。所有生产制造环节仍然在跨国公司母公司的控制之中,这样跨国公司可以较为精准地掌控生产环节的各个流程,但也容易造成资源分散、效率不足。总体上看跨国公司基于提升产品竞争力的考虑,在微观上对于加工贸易的促进起到了关键作用。

发展中经济体对于出口导向战略的选择,也促进了加工贸易的发展。第二次世界大战以后,发展中经济体根据自身的人口资源等要素禀赋以及出于政治战略安全等考虑选择了两种不同的发展道路,一种是强调独立自主的内向型发展战略,主要方式是进口替代。另一种是主动融入现有的经济体系的外向型发展战略,主要方式是出口导向。前者主要是由于国际意识形态的影响以及出于自身战略安全的考虑,对于比较优势的把握不够准确,优先发展资本密集型的产业。后者则是充分发挥劳动力丰富、土地价格低廉等要素禀赋,主动嵌入全球价值链,承接来自发达资本主义国家的劳动密集型产业,以出口为导向。"亚洲四小龙"以及中国内地四十多年来的发展道路是后者,它们对于出口导向战略的选择大大推动了加工贸易的发展。

第二节 中国加工贸易的发展概况

一、加工贸易的起步(1978—1987)

20世纪70年代中后期,世界各主要发达国家对产业结构进行大调整,从资本密集型产业转向技术密集型产业,从一般资本和技术密集型产业向高级资本和技术密集型产业转化。相比之下,刚刚走上改革开放道路的中国,国内经济发展水平较低,资金、技术和原材料甚至熟练劳动力都十分短缺,发展外向型经济的条件十分有限。国家在综合考虑以上情况之后,决定先在毗邻港澳台地区的广东和福建两省进行加工贸易试点,依托港澳台地区的资金和侨资开展劳动密集型的生产加工,大力发展不需要多大投资就能进行生产的加工贸易,利用劳动力优势来赚取加工费。

1978年8月,广东省签订第一份毛纺织品的来料加工协议,同年11月在珠海创办了中国第一家加工贸易企业——珠海市香洲毛纺厂,中国加工贸易从此拉开序幕。在总结各地经验的基础上,国务院在1979年3月和9月分别颁布了《以进养出试行办法》和《开展对外加工装配和中小型补偿贸易办法》,从政策和法规上确认了这种新的贸易方式,正式实施"三来一补"的加工贸易政策。加工贸易在中国沿海地区迅速发展和壮大,成为当时利用外资和扩大出口的一种主要方式。

这一阶段加工贸易的特点表现为：①以赚取加工费为目的，加工程序简单，基本是劳动密集型的来料加工贸易业务；②地区分布极不平衡，主要集中在广东和福建两省；③加工贸易稳步发展，但占全国进出口额的比重不大，1987年加工贸易进出口额为191.85亿美元，仅占全国进出口额的23.21%；④加工贸易一直处于贸易逆差地位，且逆差额有不断扩大的趋势。

二、加工贸易的快速发展(1988—1995)

从20世纪80年代中期开始，美元贬值和日元大幅升值使"亚洲四小龙"的出口商品贸易受到了很大的影响，为了摆脱这种困境，"亚洲四小龙"开始了第四次产业结构调整与升级，促进产业结构朝高技术化或高知识化方向发展，向其他发展中国家和地区转移部分劳动密集型产业，以实现产业结构现代化。在这种国际背景下，中国内地制定了沿海地区经济发展战略，并于1988年出台了一系列鼓励外向型经济发展的政策，也称为"两头在外，大进大出"的政策，抓住"亚洲四小龙"转移劳动密集型产业的有利机遇，积极参与国际分工，振兴劳动密集型出口产业。

这一时期，为鼓励企业开展进料加工，国家先后颁布了《中华人民共和国海关对进料加工进出口货物管理办法》《对外经济贸易部关于加强进料加工复出口管理工作的通知》等一系列规定，进一步强化了对进料加工的鼓励和支持。加工贸易政策的完善，为外商投资利用中国劳动力低成本优势发展劳动密集型产业提供了有利条件，由此外商投资企业逐渐成为中国进料加工贸易的主体，同时进料加工逐步成为中国加工贸易的主导方式，来料加工增速趋缓。1989年，进料加工进出口额达192.5亿美元，首次超过来料加工进出口额，进料加工随后迅速发展并在加工贸易中占据主导地位。

1992年初，邓小平同志视察南方的重要谈话发表以后，中国对外开放出现了崭新的局面。同年7月，海关总署颁布《对外商投资企业进出口货物监管和征免税办法》，具体规定以吸收外商直接投资为目的的加工贸易政策，由此，中国的加工贸易发展进入了一个崭新的阶段，掀起了利用外资的新高潮。20世纪90年代以来，加工贸易升级的步伐明显加快，加工贸易产业结构逐步发生质变。一方面，加工贸易产品由原来的劳动密集型产品占绝对主导逐步转向劳动密集型产品与资本和技术密集型产品并重，在很大程度上改善了中国的对外贸易商品结构；另一方面，加工贸易企业间的配套程度和加工贸易企业使用国产料件的比重不断提高，进一步增强了加工贸易对国内相关产业的带动作用。1995年，加工贸易进出口额超过700亿美元，占中国对外贸易总额的比重大幅攀升至47%，加工贸易首次超过一般贸易成为中国的第一大贸易方式。

这一阶段加工贸易的特点表现为：①加工贸易在对外贸易中的分量开始提升；②加工贸易内部结构开始发生变化，来料加工增速减缓，进料加工发展迅速，并在加工贸易中占据主导地位；③加工贸易的链条已经逐步延伸，产业结构也开始升级，地区分布日益分散化。但由于缺乏监管经验、监管方法落后且监管不力，经济活动中利用加工贸易进行走私、逃税和骗汇等现象日益猖獗,给国内相关行业带来了巨大的冲击,严重破坏了中国经济发展的秩序,制约了加工贸易的快速、健康发展。

三、加工贸易的转型发展(1996—2009)

在加入 WTO 之前,中国重点打击与加工贸易活动相关联的走私、逃税和骗汇等活动,规范对加工贸易的管理,为加工贸易的稳步发展提供了良好的内部环境,各种规范加工贸易的政策和措施相继出台,加工贸易监管制度逐步健全。

加入 WTO 以后,中国经济对外开放的速度加快,竞争也随之加剧,从事加工贸易的企业由于仅仅赚取加工费而在国际竞争中处于不利地位。自 21 世纪以来,加工贸易始终占据中国对外贸易的"半壁江山",虽然加工贸易的产品结构开始调整,机电产品和高新技术产品等资本或技术密集型的产品在加工贸易中的比重日益增加,但中国加工贸易出口仍以服装、鞋帽、玩具等劳动密集型产品为主。劳动密集型加工贸易企业发展后劲严重不足,迫切需要转型升级。

1998 年,中国加工贸易额占中国对外贸易总额的比重一度高达 53.4%。根据党的十六届三中全会及中央经济工作会议提出的"继续发展加工贸易,着力吸引跨国公司把更高技术水平、更大增值数量的加工制造环节和研发机构转移至我国,引导加工贸易转型升级"的要求,到 2008 年,共计有 1 816 个十位编码商品列入加工贸易禁止类目录。到 2009 年,中国加工贸易额占比逐步波动下降,虽仍在 40% 以上,但转型升级效果已然显现。

此外,中国加工贸易地区间发展极不平衡,东部沿海地区加工贸易基础好、发展快、规模大,而中西部地区无论是发展规模还是发展速度都与东部沿海地区存在较大差距。尤其是 2008 年国际金融危机之后,由于中国加工贸易对象主要集中于西方发达国家,并积累了大量的贸易顺差,人民币的升值压力进一步加大,使中国和西方国家的贸易摩擦日益增多。因此,这一阶段加工贸易的转型升级已成为政府在制定相关发展政策时关注的焦点问题。

四、加工贸易的高质量发展(2010 年至今)

2010—2020 年,中国连续 11 年保持世界第一大出口国和第二大进口国的地位,并于 2014 年超越美国首次成为世界第一大货物贸易国。不过中国的对外贸易增长速度已有所缓和。在世界经济逐渐从经济危机恢复的过程中,2010—2020 年中国进口总额和出口总额的年均增长率分别为 3.9% 和 5.1%,仍高于世界同期 3.1% 和 3.4% 的增长率,同时加工贸易结构有所优化。

尽管中国贸易规模增速趋缓,但中国一般贸易出口额的占比由 2010 年的 46.9% 提升至 2020 年的 59.3%,其间加工贸易出口额占比则由 46.9% 下降至 26.8%;同时,中国在全球价值链中的上游度指数由 2010 年的 2.260 提升至 2015 年的 2.521,中国出口的国内附

加值率由2013年的79.9%提升至2016年的83.4%,表明中国在全球生产网络中供应中间投入品的能力在增强,在全球价值链分工中的地位继续提升。

截至2020年12月,我国对加工贸易禁止类商品目录进行了第三次调整,加工贸易企业进口纸制品和加工出口纸制品不再列入目录。加之近年来中国经济面临较大下行压力和中美贸易争端的影响,2020年中国加工贸易进出口总额的占比首次下降到23.8%。依托加工贸易的高质量发展,中国加工贸易发展在保持规模优势的同时,结构也得到进一步优化与改善。以技术、品牌、质量、服务为核心的商品综合竞争新优势不断提升,逐步替代了仅仅依托劳动力资源优势从事国际产业分工的加工装配环节,促进了对外贸易向全球价值链的中高端迈进。

此外,中西部地区承接加工贸易产业转移取得积极成效。2020年,中西部进出口额同比增长11%;在出口方面,中西部地区发挥尤为亮眼,安徽、四川、重庆、江西等省的出口增速在10%以上,其中云南和贵州两省的出口增速超过了30%。贸易政策的助力,给中西部地区的出口创造了更多机会。

第三节 中国加工贸易的历史作用和发展方向

一、中国加工贸易助推国民经济的腾飞

从加工贸易的性质来看,加工贸易主要通过以下几个方式助推国民经济的腾飞:

第一,促进国内资源符合比较优势配置。以出口为导向的加工贸易有助于提高劳动力、技术等要素的使用效率。在符合比较优势的国际分工下,经济的增长是必然结果。这是因为加工贸易事实上加深了全球价值链的深度和长度,使得各经济体能够更加充分地发挥自身的比较优势,从而在世界范围内提高资源配置的效率。从国家角度来讲,加工贸易是在自由贸易条件下由于各国要素禀赋的差异而形成的分工方式,也是科学技术发展和经济全球化的一个必然结果。因此,加工贸易促进一国资源进行重新配置:与贸易前相比,原本耗费于具有比较劣势的生产环节上的生产要素得到了释放,并转移到更具比较优势的产品和生产环节上,从而大大提升了产品质量和生产效率。

第二,产生福利效应。在国际贸易市场上,产品相对价格会发生一定的变化。在特定条件下开展加工贸易后与贸易前相比,由于对本国劳动密集型生产环节的需求增加,本国劳动者的工资水平得以提高。进行加工贸易后,加工出口产品的价格有所提高,而本国不具有比较优势的资本密集型产品的相对价格与封闭经济相比有所下降,进口资本密集型产品所需的成本则相应降低,本国居民能够消费更多的产品,并最终通过国际贸易提高社会总体的福利水平。

第三,产生对国内企业的技术溢出和动态效应。一般来说,加工贸易中的间产品大多是资本和技术密集型的产品,而发展中国家技术比较落后、资本相对稀缺,其生产的

中间产品通常在质量上达不到国际标准,所以国内企业必须通过从外国进口获得相应的中间产品。因此,在一定程度上,加工贸易进口有利于本国中间产品生产部门改进技术、提高产品质量。一方面,本国企业可以模仿进口的新产品,促进本国产品的多样化;另一方面,本国企业可以通过对进口产品的逆向工程,学习国外产品的设计工艺,了解国际市场上同类产品的发展动态。这种方式不仅能够促进技术进步、提高产品质量,更能节约用于研发的费用。

第四,促进经济制度创新。加工贸易制度是中国构建全球价值链成功经验的关键内容,加工贸易体系的发展也催生了中国与之相适应的经济制度创新,其中包括中国对外商直接投资和出口的一系列优惠的政策支持,以及海关的特殊制度安排。这种制度使得中国在幅员辽阔的国土上仍然能对加工贸易实施有效监督,并为加工贸易的发展提供便利。在大多数国家,加工贸易体系的配套优惠政策只适用于严格监管的加工,但中国的制度创新事实上创造了一个巨大的出口加工区,在中国境内凡是出口导向型的外商投资企业均可从事出口加工活动。

第五,刺激就业。基于中国庞大的人口基数和适龄劳动力人群,中国的失业问题在经济结构改革阶段从先前的隐藏于国有企业的体制内逐渐转向显性化。相对于改革开放前期的资本丰裕度,中国的劳动力供给近似于无穷。得益于中国承接了以出口为导向的劳动密集型加工制造业,企业对于劳动力有大量的需求,并且对劳动力的受教育程度和劳动技能要求相对较为宽松,使得加工制造业吸纳了中国城市和农村大批闲置劳动力,也间接促进了劳动密集型的组装及加工业务在全国范围内形成,并为内陆农村地区数以百万计的农民创造了大量就业岗位。这是包容性贸易增长帮助穷人融入全球价值链的一个很好例子。

二、中国加工贸易制度的广泛适用性

中国加工贸易制度在"一带一路"建设中具有广泛适用性。一般而言,发展中国家特别是在其农村地区,存在大量贫困人口,迫切需要包容性贸易增长。同时,考虑到保护国内产业与财政收入的需要,"一带一路"沿线的发展中国家贸易保护程度高,在多哈回合谈判关于非农市场准入议题的谈判中采取防守态度,尤其是对与其制造业形成直接竞争的中国心存疑虑。这与中国的工业化进程相似。

中国工业化在早期侧重于资本密集型重工业,并且在改革开放以来继续扶持技术密集型的战略性行业。中国的贸易改革一直在保护进口竞争行业与开放贸易之间寻求平衡。改革开放早期,中国制造业主要通过"进口部件、国内装配、国内销售"的方式参与国际分工。这属于浅层次的价值链分工,甚至在严格意义上不属于价值链贸易,因为该过程没有发生附加值出口。20世纪90年代以来,中国在加工贸易制度下通过"进口部件、国内装配、出口国外"参与了深层次的价值链分工。

加工出口非中国所独有。中国的制度创新在于走出严格封闭的加工贸易区,在全国

范围内大规模地开展加工出口业务。其成功的关键也在于特殊的海关制度：免除零部件的进口关税与附加值税，同时严格禁止制成品在国内销售，确保制成品全部出口。**这种加工贸易制度极大地便利了大规模的零部件跨境流动，避免了关税收入的流失和对国内产业的冲击，并且创造了大量的零部件加工组装的工作岗位。**

相比之下，"一带一路"沿线国家的加工贸易实践尚处于初级发展阶段。一些国家的加工制成品仍在当地销售，例如印度和东盟的机电产业；一些国家仅在特定的工业园区内从事加工出口业务，例如埃塞俄比亚东方工业园中的华坚集团。由于当地的市场规模有限，设立封闭的加工贸易区以出口组装产品在政策试验上是有意义的。然而，要实现大规模的减贫及包容性贸易增长，还需要将从事加工出口业务的机会给予更广泛的低收入人群，拓展至更广泛的地理区域。

中国制造业特别是加工组装业若要成功转移海外，不仅需要投资建设工业园区等基础设施，更需要在当地建立类似于中国的加工贸易制度。在印度，成熟的做法是以深化全球价值链为出发点，投资建设工业园区等硬件设施，推介中国加工贸易制度等政策软件，推动中印制造业整合。在非洲，更现实的做法则是在有限的园区内实施加工贸易制度。虽然这不能大规模地为低收入人群创造就业岗位，但是可以为后续的加工贸易制度发展起示范作用。在"一带一路"建设目前的发展阶段，向沿线国家提供加工贸易海关管理等方面的能力建设援助，输出加工贸易制度，为基础设施硬件配套政策制度软件，不仅是对方的迫切需要，也是中国加工贸易企业向海外转移、优化加工贸易产业结构的需要。

三、中国加工贸易的问题和发展方向

加工贸易导致中国出口企业"生产率悖论"的出现。近年来，学者经过研究发现中国非出口企业的生产率水平反而要高于出口企业的生产率水平。这主要是因为深度嵌入全球分工的加工贸易企业长期从事低附加值的加工生产环节，受到企业主观因素和国内金融等客观环境的影响，长期熟练于加工贸易的企业未能爬升到价值链上层。如果企业要攀升到价值链上层，则需要投入资本、技术，但这对于长期熟练于加工贸易的企业而言，成本较高，加之从事加工贸易的企业大多是民营企业，相较从事出口较少的国有企业，前者更难以获得融资，因而中国出口企业被长期钉死在低附加值生产环节，并且由于产业配套、技术熟练等原因呈现出低附加值生产环节生产率高的现象，也就是"比较优势陷阱"。这种现象有必要通过行政机构或协会，运用产业政策对"生产率悖论"进行调整。在税收、加工贸易禁止类商品目录等方向引导企业攀升至价值链上层，同时推进普惠制金融，完善企业实现价值链攀升所需要素的配置机制。

加工贸易还导致出口产品价格的"倒挂"现象。价格的"倒挂"主要指的是中国大量出口企业的产品在出口市场的销售价格反而要低于其在国内市场的销售价格。这主要是因为中国长期实行的出口退税、出口补贴政策，变相降低了国外消费者采购加工贸易企业的成本。加之中国基于低廉的人力、土地等要素发展起来的出口企业行业门槛较

低,同时越南、印度等发展中国家也在大力鼓励发展加工贸易,这使得国际市场中加工贸易企业之间的竞争日趋激烈,从而降低了加工贸易出口企业的利润率。这意味着明晰出口行业竞争现状以及仔细衡量出口退税、出口补贴政策十分有必要,中国有必要平衡就业、外汇、居民收入等目标并明确中国出口企业竞争定位,尽可能做到在享受贸易福利的同时,不断提升加工贸易企业的技术含量。

快速发展起来的加工贸易会加大中国整体贸易所面临的国际风险。由于加工贸易具有"两头在外"的特点,这使得从事加工贸易的企业不能拥有足够大的议价权,在利润空间本就微薄的情况下,非常容易受到国际市场变化的影响。在2019年中美贸易争端期间,中国在《关于美国在中美经贸合作中获益情况的研究报告》指出,2018年中国对美货物贸易顺差中,54%来自外资企业,53%来自加工贸易。中国从加工贸易中只赚取少量加工费,而美国从设计、零部件供应、营销等环节获利巨大。在中美贸易争端最为严重的2019年,中国加工贸易进出口额占对外贸易总额的比重下降到25.2%,出口额占比则跌至不足30%,较上一年跌幅达10%左右,如果是在2000年左右加工贸易占比超过一半的情况下,国民经济受到的冲击将会更大。由此可见,产业的多元布局、内需的拉动,以及加工贸易的转型升级和高质量发展是中国从容面对贸易争端的有力支撑。

加工贸易区位分布有待进一步完善。凭借丰富的劳动力资源、优越的自然资源、便捷的交通运输,沿海地区是开展加工贸易的主要地区。优惠政策的给予以及对中西部的"虹吸效应",东部地区加工贸易的迅猛发展进一步使得中西部地区的大量劳动力、资金等资源流向东部地区,在长期发展中更不利于中西部地区的经济发展,拉大了两大区域之间的经济差距。自1996年以来,东部地区加工贸易进出口额占全国加工贸易进出口总额的比重都在95%以上,中西部地区的占比则不到5%。2008年,中国加工贸易进出口额超过400亿美元的省份共有5个,分别是广东、江苏、上海、山东和浙江,合计占当年全国加工贸易进出口总额的84.2%,而同期中部、西部地区加工贸易进出口额只分别占当年全国加工贸易进出口总额的1.7%和1.1%。尽管这一现象已得到了巨大的改观,近几年中西部地区的加工贸易进出口额比重逐渐提高,2019年,中西部出口额占全国出口总额的18.3%,中西部地区加工贸易出口额占全国加工贸易出口总额的近23%。但是由于中西部地区还存在交通运输系统不健全、技术开发能力薄弱等问题,尚未形成完善的承接加工贸易转移的条件。这种加工贸易地区分布的不均衡以及布局的不合理将导致中国沿海地区劳动力生活费用不断提高,最终可能使中国逐渐丧失劳动力成本优势。在经济、教育等方面平衡区域发展,提供足够的政策倾斜,以及推动内陆自由贸易区的发展都有助于平衡加工贸易的结构失衡问题。

当前中国经济普遍面临的问题也会对加工贸易的发展产生相应的影响。人民币币值的波动,人口红利、土地红利和环境红利等传统低成本优势逐步丧失,日渐增多的贸易摩擦,贸易保护主义升温,经济逆全球化倾向的抬头,以及与中国技术性脱钩论调的甚嚣尘上都给加工贸易的发展带来了挑战,这也预示着中国应该保持较强的战略定力,苦练内功,专注于高水平开放型经济的建设,借助"一带一路"争取战略空间。

总的来说,中国可以从以下三方面应对在市场经济体制下加工贸易发展所遇到的问题:

第一,规范金融市场,完善融资体系。实现普惠制金融是目前大多数国家面临的共同难题,对金融服务进行普及需要依托于金融科技,将信贷环节模块化,建立和推广开放式信贷服务平台。此外,实现更优惠的金融服务需要提高政策性银行和政策性融资服务机构的经营规模,落实对中小型民营企业,尤其是加工贸易企业的服务功能,缓解民营加工贸易企业所遭遇的"融资难、融资贵"问题。宏观层面上,中国需要在平衡中央政府财政的基础上,开放国内资本市场,放松对利率的管制,最终允许国际资本自由流动,打造资本有效流通的金融市场。

第二,深化国有企业改革,提高市场参与者的效率。党的十九大报告强调要着力加快建设实体经济、科技创新、现代金融、人力资源协同发展的产业体系,构建市场机制有效、微观主体有活力、宏观调控有度的经济体制。因此在经济结构改革的进程中,有必要首先改善大量资金非市场性地流向非出口国有企业的不公平现象,适当地对国有企业进行二次调整,释放原有流向国有企业的低效率沉积资本,结合市场力量同时引导国有企业和非国有企业积极主动地参与产业转型升级、攀升价值链的社会主义建设。

第三,降低生产成本,促进产业升级。为了使中国的开放型经济发展模式顺利向"高质量"转型,有必要持续提升高质量企业的比例,但目前大多数民营加工贸易企业仍存在经营规模较小、管理方式粗放、技术创新不强等诸多问题,在这样的情况下,出口民营企业要主动响应政府降低出口相关成本的福利性政策,扩大现有的生产技术规模,降低生产成本,精简管理,努力跳出"比较优势陷阱"的恶性循环,同时还需投入更多的资金进行科研创新,疏通从投入资本到科研创新的升级路线。

普惠制金融和高质量开放型经济发展是中国解决加工贸易产业升级滞缓相关问题的两大方向。中国最初用低质量、低附加值的加工制品凿开出口市场,借由改革开放契机,国民经济在财政手段的配合下突飞猛进。与此同时,金融等要素市场的扭曲和研发支出的错配所带来的富集效应也使出口企业的转型升级面临诸多困难。因此,中国需要更多地关注并加快结构性改革,加快推进金融市场体系的建设,消除国有企业与民营加工贸易企业之间财务扭曲的根源,让市场释放出更多的指导信号,而非一味地用行政手段规定和指导企业投资和科技创新,从而避免错失创新机会。

专栏:信贷约束、"比较优势陷阱"与中国贸易战略选择

伴随人口红利、土地红利和环境红利等传统低成本优势逐步丧失,以及外需减弱、贸易保护主义升温、经贸摩擦频发等外部环境的变化,中国对外贸易发展亟待转型已成共识。

一、全球价值链分工的视角:加工贸易性质再认识

首先,从国际分工发展新趋势来看,一般贸易和加工贸易的界限已经模糊。在产品

内分工的情况下,跨国公司在全球范围进行生产布局,利用各国的要素优势,构建全球生产网络,把很多生产环节进行外包,或者通过对外投资由自己的子公司来生产,从而形成了比例越来越高的中间产品贸易。其次,从参与国际分工的国民福利来看,在全球价值链分工模式下,国内出口附加值率固然重要,但不应简单地将其等同于参与国际分工的获利能力,更应该注重的是融入全球价值链的能力、掌控全球价值链的能力,以及所专注的某个或某些特定环节和阶段是否拥有持续的盈利能力。再次,加工贸易作为融入全球价值链分工的典型表现和重要形式,对于发展中经济体来说,不仅能够在密切与发达国家跨国公司的关系中通过模仿等获取一般的外溢效应,还通常会因为得到跨国公司的指导、帮助而获取主动的外溢效应,从而促进技术进步。最后,通过发展加工贸易而融入全球价值链以获取发展的机会和利益,不仅是顺应全球分工演进趋势的需要,也是发挥自身比较优势的现实选择。所以,中国对外贸易转型发展的关键在于实现高质量发展,以及促进加工贸易本身的转型升级。

二、"微笑曲线"再讨论:"低端"还是"高端"?

中国对外贸易虽以低端嵌入方式融入全球价值链分工体系,但因此获得了经济发展、就业增加以及城市化进程加快的巨大利益。沿着"微笑曲线"攀升,需要培育高端要素。目前中国在高端要素,尤其是创新型高端要素供给方面与发达国家仍然存在较大差距,中国大量关键和核心技术依然严重依赖进口,高端技术人才还严重不足,技术和创新要素还有待向企业集聚,技术进步和创新投入还有待进一步加大。因此,目前中国本土企业和产业全面沿着"微笑曲线"向两侧高端攀升还不切合实际。即便处于所谓的"微笑曲线"低端,只要能够做实做专,同样也能成为价值链中具有极强竞争力的关键环节。

三、对外贸易发展的产业选择:传统产业还是新兴产业?

总体来看,中国出口产业发展尚未取得足够优势,在全球产业链分工体系中仍然处于中低端。因此,中国产业发展要想实现全面升级,即放弃所谓低端产业而全面向技术密集型产业和战略性新兴产业转型发展,尚不具备现实基础。尤其是战略性新兴产业作为未来产业的可能发展方向,其重要特点之一就是技术路线的不确定性和技术产业化的不成熟性,即便是在发达经济体,大多数核心产业的核心技术尚且不成熟。高技术产业或者说高端产业未必就是高附加值产业,而低技术产业或者说低端产业也未必就是低附加值产业,因为高技术产业中其实也有低端链条,而低技术产业中同样也存在高端环节。例如,服装产业获利能力最强的设计环节仍掌握在发达国家手中。

总之,面临要素成本的不断上升以及外部环境的深刻变化,中国对外贸易需要转型发展。但从贸易方式来看,绝不是"薄"加工贸易而"厚"一般贸易;从价值链升级角度来看,也不是简单放弃"低端"而向所谓"微笑曲线"两侧高端全面升级;从产业角度来看,更不是放弃低端产业而向高端产业的"转产"。中国对外贸易的转型发展,需要耐心和毅力,必须从实际出发,一步一个脚印地扎实推进。

本章小结

加工贸易的蓬勃发展正是经济全球化发展的必然结果,加工贸易发展得越快,说明一个经济体嵌入全球价值链的步伐越快。加工贸易曾是中国经济发展的重要发动机,但同时也让中国较大依赖于外部贸易环境,不利于自身战略稳定和安全。面对加工贸易企业向价值链上层攀升乏力的问题,主观上需要企业克服惰性,但客观上也需要市场环境的支持和政府在产业转型方面的适度引导。

本章主要概念

加工贸易、进料加工、来料加工、装配业务、协作生产

练习与思考

1. 请查阅材料,了解数家大加工贸易企业的发展历史和转型路径。
2. 加工贸易助推了中国现代化进程,请结合国家经济发展现状,尝试说明中国已经成功的加工贸易模式能否在欠发达地区施行。

推荐阅读

BRANDT L, MORROW P M. Tariffs and the organization of trade in China[J]. *Journal of international economics*, 2017, 104(C):85-103.

MANOVA K, YU Z. How firms export:processing vs. ordinary trade with financial frictions[J]. *Journal of international economics*, 2016, 100(100):120-137.

NAUGHTON B. China's emergence and prospects as a trading nation[C]. Brookings Papers on *Economic Activity*, 1996, 2:273-344.

YU M J. Processing trade, tariff reductions and firm productivity:evidence from Chinese firms[J]. *Economic journal*, 2015, 125(585):943-988.

戴觅,余淼杰,Madhura Maitra.中国出口企业生产率之谜:加工贸易的作用[J].经济学(季刊),2014,13(2):675-698.

封小云.加工贸易的演进、转型与升级[M].广州:广东经济出版社,2019.

郭跃文,等.中国经济特区四十年工业化道路:从比较优势到竞争优势[M].北京:社会科学文献出版社,2020.

刘遵义,陈锡康,杨翠红,等.非竞争型投入占用产出模型及其应用:中美贸易顺差透

视[J].中国社会科学,2007(5):91-103.

隆国强,等.加工贸易:工业化的新道路[M].北京:中国发展出版社,2003.

马述忠,张洪胜,王笑笑.融资约束与全球价值链地位提升:来自中国加工贸易企业的理论与证据[J].中国社会科学,2017(1):83-107.

毛其淋.人力资本推动中国加工贸易升级了吗?[J].经济研究,2019,54(1):52-67.

曲建.基于全球价值链角度的中国加工贸易转型升级[M].北京:中国经济出版社,2013.

汤碧,陈莉莉.全球价值链视角下的中国加工贸易转型升级研究[J].国际经贸探索,2012,28(10):44-55.

田巍,余淼杰.企业出口强度与进口中间品贸易自由化:来自中国企业的实证研究[J].管理世界,2013(1):28-44.

田巍,余淼杰.中间品贸易自由化和企业研发:基于中国数据的经验分析[J].世界经济,2014,37(6):90-112.

王洪庆.我国加工贸易的技术溢出效应研究[J].世界经济研究,2006(7):35-39.

王怀民.加工贸易、劳动力成本与农民工就业:兼论新劳动法和次贷危机对我国加工贸易出口的影响[J].世界经济研究,2009(1):15-18.

裴长洪,王万山.中国对外贸易体制与实践(1949～2019)[M].北京:社会科学文献出版社,2020.

许和连,金友森,王海成.银企距离与出口贸易转型升级[J].经济研究,2020,55(11):174-190.

闫国庆,孙琪,仲鸿生,等.我国加工贸易战略转型及政策调整[J].经济研究,2009,44(5):66-78.

姚洋,张晔.中国出口品国内技术含量升级的动态研究:来自全国及江苏省、广东省的证据[J].中国社会科学,2008(2):67-82.

余淼杰.加工贸易、企业生产率和关税减免:来自中国产品面的证据[J].经济学(季刊),2011,10(4):1 251-1 280.

岳文.异质性出口特征与企业技术升级[M].北京:社会科学文献出版社,2017.

张二震.中国外贸转型:加工贸易、"微笑曲线"及产业选择[J].当代经济研究,2014(7):14-18.

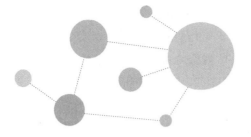

第九章 服务贸易

★ 知识点

服务、服务贸易、服务贸易壁垒

★ 重点

了解中国服务贸易发展趋势,学习新兴服务贸易形式

★ 难点

讨论世界各国为实现服务贸易自由化所做的努力

第一节 服务贸易概述

经济学把满足人类欲望的物品分为自由物品和经济物品。前者为阳光、空气等自然存在,且人类无须通过努力便能自由获取的物品。后者则表示人类需要付出代价才能获得的物品,即有形的商品和无形的服务。在经济社会中,无形的服务和有形的商品一样无处不在,对各种服务质和量上的需求与对商品的需求并无二致。为了清晰准确地阐述服务贸易这一概念,我们需要先学习服务的定义与特征,然后再了解由此衍生出来的服务贸易的定义与特征。

一、服务

(一) 服务的定义

《马克思恩格斯全集》中对服务作了精辟的定义:"服务这个名词,一般来说,不过是指这种劳动所提供的特殊价值,就像其他一切商品也提供自己的特殊使用价值一样;但是,这种劳动的特殊使用价值在这里取得了'服务'这个特殊名称,是因为劳动不是作为物,而是作为活动提供服务的。"① 这个定义首先肯定服务是使用价值,是劳动产品,是社会财富,可以投入市场进行交换;还指出服务同其他货品的差别只是形式上的,货品具有实物的形式,而服务则体现为一种活动形式。

总的来说,**服务是个人或社会组织为消费者直接或凭借某种工具、设备、设施、媒介等所做的工作或进行的一种经济活动,是向消费者个人或企业提供的,旨在满足对方某种特定需求的一种活动**,其生产可能与物质产品有关,也可能与之无关,是为其他经济单位的个人、商品或服务增加价值,并主要以活动形式表现的使用价值或效用。②

(二)服务的基本特征

1. 无形性(Intangibility)

服务与商品的本质区别在于存在形态的差异,商品的形态是固定的、有形的,人们通常能通过货品的形态去直接判断其使用价值或价格;而**服务的形态是不固定、不可直视和无形的**。一方面,服务提供者通常无法向顾客介绍空间形态确定的服务样品;另一方面,服务消费者在购买服务后,并不能如购买商品般瞬间感知到其带来的使用价值和效果,通常要经过一段时间后才能感知到服务所带来的收益,比如教育服务。

2. 即时性(Immediacy)

服务的即时性指服务产品的生产与消费的不可分离性和服务产品的不可存储性,具体表现为**服务提供者或(和)服务购买者不能与服务在时间或(和)空间上分割**开来。例如,理发师及其顾客必须在同一时间处于同一地点,理发这项服务才能产生;同理,观光的游客也必须游览旅游景点才会产生服务。当然,在现代科技的帮助下也诞生了许多物化服务的手段,例如按摩椅、流媒体服务、远程教育等,这意味着服务的不可分离性正在被逐渐弱化,服务的形式越来越趋于多元化。

3. 异质性(Heterogeneity)

同一种商品的消费效果和品质通常都是均等的。例如,同一品牌在同一时期生产的面包所提供的消费效果和品质基本上没有差异。但服务不同于商品,服务的主体和对象均是人,人具有不同的个性,因而**同一种服务的消费效果和品质往往存在显著的区别**。这种差异主要来自两个方面:第一,服务提供者的技术水平和服务态度会因人、因时、因地而异。第二,服务消费者对服务也时常提出特殊要求。旅游服务就是很好的例子:同一时间同一个旅游景区面向旅客开放,不同的旅客会有不同的评价,有的可能说好,而有的可能说不好,这是基于服务接受者的差异;同一时间不同旅游景区,同一个旅客会有不同的评价,这则是基于服务提供者的差异。

---

① 马克思恩格斯全集(第26卷,第1册)[M].北京:人民出版社,1979:435.
② 陈双喜,魏巍,冯琳.国际服务贸易[M].大连:东北财经大学出版社,2008:3.

4. 定价通常不与获得的实际产出相联系

服务具有的无形性和异质性导致其实际产出难以衡量,现实中的服务定价常常不与其产出相联系。例如律师服务,服务的结果部分取决于顾客案件的特点,但收费并不是基于成功的结果,而是基于中间提供的服务。

二、服务贸易

(一) 服务贸易的定义

《服务贸易总协定》将服务贸易定义为:一国的法人或自然人在其境内或进入他国境内向服务消费者提供服务的贸易行为。符合该定义的服务贸易方式有四种:

(1) 从一成员的境内向其他成员的境内提供服务,简称"**过境交付**"(Cross-border Supply)。服务提供者通过电话、邮件、网络等手段向他国境内的服务消费者提供服务,网络函授课程、远距离诊断和支付宝海外支付等都是相关实例。

(2) 在一成员领土内向任何其他成员的服务消费者提供服务,简称"**境外消费**"(Consumption Abroad),该项服务是通过服务消费者的过境移动实现的。常见的例子有旅游、医疗服务等。

(3) 一成员揲供的服务实体在其他成员境内以商业存在提供服务,简称"**商业存在**"(Commercial Presence),即在一缔约方境内设立机构并提供服务,从而形成贸易。常见的例子有在境外设立金融服务分支机构、律师事务所、会计师事务所等。

(4) 一成员的服务提供者在其他成员境内提供服务,简称"**自然人流动**"(Movement of Natural Persons),例如当你的理发师是一名外籍成员时,他(她)在境内帮你理发这个行为便属于服务贸易。

(二) 服务贸易的特征

服务包含服务贸易,因此服务贸易的基本特点与服务无异,都存在无形性、即时性、异质性以及定价不与实际产出相联系等特性。另外,服务贸易还衍生出以下特征:

1. 国际性

国际服务贸易的生产、交易、消费过程是同步进行且不可分割的,也即服务价值的形成和使用价值的创造过程,与服务价值的实现和使用价值的让渡过程,以及服务使用价值的消费过程往往是在同一时间和地点完成的。服务贸易要求服务贸易提供者向消费者提供消费者境内无法提供的服务,因此服务贸易具有国际性。

2. 服务贸易市场的高度垄断性

服务贸易市场垄断的形成不仅是因为发达国家和发展中国家的服务贸易发展水平非常不平衡,还因为服务市场的开放涉及一些诸如跨国银行、通信工程、航空运输、教育、自然人跨境流动等直接关系到输入国(地区)主权、安全、伦理道德等极其敏感的领域和问题,因此服务贸易市场的垄断性很高。这一方面体现在少数发达国家在国际服务贸易占比中的垄断优势上,根据 WTO 发布的《世界服务贸易报告》可知,2019 年美国、日本、韩国及欧盟各国的服务贸易出口额占全球服务贸易出口总额的 86% 左右;另一方面表现在全球服务贸易壁垒森严,障碍林立,服务贸易限制措施的种类及程度都大大超过货物贸易。

3. 服务贸易保护的隐蔽性

服务贸易的特性导致各国(地区)政府往往无法使用传统的关税手段来保护本国(地区)服务业,因此其通常采用在市场准入方面予以限制或进入市场后不给予国民待遇等非关税壁垒的形式,这种保护常以国(地区)内立法的形式加以施加。相较而言,服务贸易遭受的壁垒比货物贸易遭受的关税壁垒更加难以量化,也往往缺乏透明度,使得其更具有隐蔽性。

第二节 服务贸易的发展

"服务贸易"一词最早出现在 1971 年一份对即将进行的 GATT 东京回合谈判所涉及问题的报告中。作为国际贸易的重要组成部分,服务贸易在一国的经济活动中占据着越来越重要的地位,为国家调整产业结构、解决就业问题、提高国际地位等提供了思路。

一、国际服务贸易的发展现状

(一)服务贸易发展势头迅猛,进一步向技术、资本密集型转型

自 20 世纪 60 年代以来,国际服务贸易开始加速发展。1979 年,全球服务贸易以 24% 的年增长速度首次超过了同比增幅为 21.7% 的货物贸易。2005—2017 年,服务贸易的年增长速度一直领先货物贸易 5% 左右,服务贸易成交额更是在 2017 年达到 133 000 亿美元。服务贸易在份额增长的同时,其结构和竞争格局也发生了很大变化。全球市场的蓬勃发展和消费者对服务贸易的新需求促使国际服务贸易公司不断调整自身的经营策略,按照成本和收益原则对公司资源进行整理,再加上新兴技术如 5G、人工智能的应用,**世界服务贸易正逐渐由传统的以自然资源或劳动密集型为基础的服务贸易,转向以技术、知识和资本密集型为基础的现代服务贸易**。在世界服务贸易的构成中,1970 年,国际运输服务贸易占 38.5%,国际旅游占 28.2%,其他服务占 30.8%。[①] 经过近五十年的发展,2019 年国际运输服务贸易占 18.9%,国际旅游占 24%,与货物相关的服务占 3.3%,其

---

① 陈双喜,魏巍,冯琳.国际服务贸易[M].大连:东北财经大学出版社,2008:150-151.

他服务的比重则上升至53.7%。这充分说明了国际服务贸易结构已经向通信、建筑、计算机和信息服务、数字技术、金融、专利权使用费和特许费、文化休闲服务等知识、资本密集型部门转型,并在一国经济中扮演着越来越重要的角色。

(二)发达国家在服务贸易中占有主导地位,发展中国家地位不断上升

从服务贸易的地区构成来看,呈现出明显的不平衡性。目前,国际服务贸易主要集中于北美、欧洲、亚洲三个地区,从WTO公布的数据来看,欧洲从2010年到2019年都占据着全球服务贸易总额的一半,其中欧盟的服务贸易总额为世界第一。从国别构成来看,如表9-1所示,美国、英国、德国、法国等发达国家的服务贸易出口额合计占国际服务贸易出口总额的30%左右,可以说**发达国家占据国际服务贸易的绝对主导地位**。近年来,发展中国家的服务贸易也出现了较大幅度的增长,中国、印度等发展中国家参与国际服务贸易的程度越来越高,但其规模与发达国家相比仍有较大差距。而从部门分布来看,发达国家的旅游、金融、专利许可、运输业、法律等服务行业的贸易额占比较高,而发展中国家的通信、计算机和信息服务、建筑等部门发展较快。

表9-1 2019年国际服务贸易主要出口国家交易额及占比情况

世界排名	国家	交易额(亿美元)	占国际服务贸易出口总额比重(%)	年度变化率(%)
1	美国	8 530	14.1	2
2	英国	4 120	6.8	2
3	德国	3 350	5.5	-1
4	法国	2 870	4.7	-2
5	中国	2 820	4.6	4
6	荷兰	2 620	4.3	6
7	爱尔兰	2 390	3.9	12
8	印度	2 140	3.5	5
9	新加坡	2 050	3.4	1
10	日本	2 010	3.3	6
11	西班牙	1 570	2.6	1
12	意大利	1 210	2.0	-1
13	瑞士	1 200	2.0	-4
14	比利时	1 180	1.9	-2
15	卢森堡	1 130	1.9	-2

资料来源:World Trade Statistical Review 2020,WTO。

(三) 国际服务贸易自由化

服务贸易自由化不仅会给各国服务贸易业带来巨大的发展空间和盈利空间,而且会促进相关货物贸易的发展。近年来,无论是具有较强垄断竞争力的发达国家还是发展势头迅猛的发展中国家,都在积极推动服务贸易的自由化和全球化。从乌拉圭回合多边贸易谈判到《服务贸易总协定》的签订和WTO的建立,再到后来一系列《服务贸易总协定》框架下的多边贸易谈判、中国"一带一路"倡议等行动都可以看到国际服务贸易在世界各国的努力下,正迈着稳健的步伐走向自由化。

二、中国服务贸易的发展现状

(一) 服务贸易额增速快,全球占比上升

中国服务贸易进出口额从1982年的43.4亿美元增长到2019年的7 790亿美元,在37年间增长将近180倍,其中服务贸易出口额为2 820亿美元,较之1982年的24.8亿美元,增长近110倍。从占比来看,1982年,中国服务贸易出口额占全球服务贸易出口总额的比重仅为0.7%;而到2019年,这一比重已上升至4.6%,提高了3.9个百分点。2015—2019年,中国服务贸易出口额年平均增速为5.6%,相比于发达国家如美国的2%、英国的0.8%、德国的2.6%和其他发展中国家来说都十分出色。同时,中国服务贸易额占全球服务贸易总额的比重也在逐渐上升。

(二) 服务贸易长期逆差

中国服务贸易长期存在逆差。1982—1991年,中国服务贸易进出口基本处于平衡状态,保持小额顺差。在1992年服务贸易进口额首次超过出口额后,往后的十几年间中国服务贸易一直处于逆差状态。根据WTO的统计数据,中国出现服务贸易逆差的部门主要是运输服务、旅游服务,其中2019年旅游服务逆差额高达2 162亿美元,是当年中国逆差额最大的部门。2020年因受到新冠肺炎疫情的冲击,前8个月服务贸易逆差额减少了50.6%,但整体逆差状态仍未改变。服务贸易的长期逆差严重阻碍了中国服务贸易结构的优化。

2020年1—8月中国服务贸易发展情况

(三) 服务贸易区域发展不平衡

区域的服务贸易发展很大程度上是由该区域服务业的发展程度和贸易的便利程度决定的。中国区域服务贸易发展差异较大,沿海区域如海南、上海、广东、香港、台湾等凭借优越的地理条件和发达的现代服务业,在运输、旅游、金融等领域较内陆地区具有明显的优势。而北京、浙江等地区则凭借其强大的科技研发能力,也成为中国服务贸易的重

心。目前,中国服务贸易出口地区主要集中在沿海发达地区,服务贸易类型以知识、资本密集型为主,而内陆地区则主要以劳动密集型服务贸易为主,区域结构失衡问题愈发明显。

(四)服务贸易行业结构趋向优化

从行业结构来看,中国服务贸易行业结构正趋向优化。根据WTO公布的数据,2019年,中国运输服务贸易进出口额为1 507亿美元,其中出口额同比增长9%;旅游服务贸易进出口额为2 852亿美元;其他服务贸易进出口额为3 090亿美元,其中出口额同比增长8%,其他服务贸易已经成为中国服务贸易的主体。而从中国服务贸易行业结构可以发现,传统服务贸易行业如旅游业、运输业等的占比正在下降,而其他服务贸易行业如计算机和信息服务业等的占比正在上升。电信、计算机和信息服务业占比由1997年的0.3%上升至2009年的18.8%,知识产权服务业占比由1997年的0.2%增加至2009年的2.4%,保险服务业和金融服务业的占比也有所上升。中国服务贸易正经历由传统向新兴、由劳动密集型向知识、资本密集型转型的过程。

(五)服务贸易高质量发展是迈向贸易强国的必然要求

党的十九届五中全会指出,以推动高质量发展为主题,要把质量问题摆在更突出的位置。服务贸易高质量发展是经济高质量发展的重要内容,是对外经济贸易发展转型的关键。目前,高质量发展是中国现阶段经济发展的主题,与贸易强国建设的目标相呼应。服务贸易高质量发展要求既重视数量的增长,也在乎质量的提高,以对外贸易结构优化作为核心内容,涵盖制造业、服务业等多个产业。随着新兴信息技术的普及,产业信息化、信息产业化趋势明显,跨产业的融合升级已经成为常态化发展模式,服务贸易高质量发展方向与思路越来越清晰。建设贸易强国,要求货物贸易和服务贸易齐头并进,缺一不可。货物贸易是对外经济贸易发展的基础和重心,服务贸易是对外经济贸易发展的拓展和关键,服务贸易高质量发展是迈向贸易强国的必然要求。

三、新兴服务贸易形式

(一)计算机和信息服务

计算机和信息服务是指为满足使用计算机或使用计算机对信息进行生产、搜集、加工、传输等有关需要而提供软件和服务的行为。中国把信息服务业划分为五个大类,即信息提供业、信息处理业、软件开放和服务业、系统集成服务业、咨询业及其他。日常生活中经常使用的通信软件如微信、QQ、微博、知乎等都属于信息提供服务,其背后的运营公司则相应地划分到信息提供业。

中国计算机和信息服务产业规模在全球信息化进程的推动下不断扩大。从需求端来看,截至2019年6月,中国网民规模达8.54亿,国内互联网普及率达61.2%,网民规模占全球互联网用户的21%,互联网用户数居全球第一;手机网民规模达8.47亿,使用手机上网的比例高达99.1%。从供给端来看,中国计算机和信息服务产业不仅满足了国内需求,在国际市场上的贸易额和地位也在不断提升。据《中国互联网络发展状况统计报告》,2019年中国计算机和信息服务贸易出口额为537.85亿美元,占全球该服务贸易项目出口总额的8.6%,较上一年增长12%,全球排名第三;进口额为268.61亿美元,占全球该服务贸易项目进口总额的7.7%,较上一年增长13%。在全球互联网企业市值领导者排名上,中国企业阿里巴巴、腾讯、美团点评、京东、百度等都名列全球前二十,而排名前五的企业均来自美国。整体而言,中国计算机和信息服务产业规模和贸易额都在不断扩大,但是与美国、印度等国家相比,无论是从头部企业表现还是总量来看都不占优势。未来国家需要把握5G、人工智能、机器学习等高新技术的崛起之势,通过政府引导、政策支持、服务贸易市场优化、人才培养等多方面的努力,使中国成为计算机和信息服务贸易大国。

（二）技术服务贸易

技术服务贸易指的是技术需求国出于节约技术研发时间、成本和带动国内高新技术发展的考虑,向技术提供国寻求有偿的技术转让行为。一般而言,技术服务业可以分为科技咨询业、科技信息业和专门的技术服务业。科技咨询业主要包括法律、财务、工程咨询和企业管理咨询等服务,如埃森哲(Accenture)等。服务信息业主要是利用计算机和现代通信技术等手段,提供科技情报、图书、档案、专利、数据收集和处理等服务。而专门的技术服务业主要是为科技创新、技术转让、技术成果转化、技术推广等提供相关配套服务。

目前,中国在技术服务贸易方面虽起步较晚且存在贸易逆差,但整体发展势头良好。2019年,中国技术服务贸易出口额为66.44亿美元,占全球技术服务贸易出口总额的1.4%;进口额为343.28亿美元,占全球技术服务贸易进口总额的8.9%。

（三）金融服务中心

经济全球化、自由化促进了国际货物贸易和服务贸易的发展,使得对商品生产的人力、资金、技术支持和商品流通的运输支持需求不断上升,由金融及相关服务业聚集而成的金融服务中心应运而生。**金融服务中心指的是在宏观地理区域内发挥金融服务活动中枢作用的大城市,其中聚集着许多跨国银行、证券公司、证券交易所、基金、保险公司和大量的会计、法务、信息和出版等支持性服务商,而金融服务中心主要从事的服务贸易活动是借贷、证券发行和交易、资金管理和保险等**。金融服务中心作为金融离岸外包服务和商贸运输服务的中介,是服务贸易的新兴形式,其发展为拥有不同经济发展水平的国

家间开展服务贸易提供了绝好的机遇。

现阶段的世界金融中心为纽约、伦敦、香港、新加坡。以新加坡为例,根据 WTO 和新加坡统计局公布的数据,2019 年,新加坡关于保险和个人服务的贸易进出口额为 114.77 亿美元,其中出口额占全球服务贸易出口总额的 5.1%;金融服务进出口额为 370.06 亿美元,其中出口额占全球服务贸易出口总额的 5.9%,且金融服务出口额在近十年来保持近 10% 的增速。2019 年,新加坡的 GDP 为 5 075 亿美元,其中服务贸易行业的生产总值占比在 70% 以上。新加坡融合并重点发展金融业和商贸物流服务业的新兴贸易策略不仅发挥了其在金融、网络信息基础设施、高新技术和商贸服务等方面的优势,促进了国家经济的发展,还提升了其国际地位,成为其国际服务贸易发展中不可缺失的一环。

(四)生活性服务贸易

根据国务院办公厅公布的文件,**生活性服务指的是满足居民最终消费需求的服务活动,可分为居民和家庭服务、健康服务、养老服务、文化服务等**。传统的生活性服务通常局限于一国境内,由本国服务提供者向消费者提供。近年来,贸易全球化和自由化促使外国资本以"商业存在"的形式在中国境内进行服务贸易,如提供居民零售服务的"7-11"便利店、山姆会员商店等,提供住宿服务的喜来登、希尔顿等,提供餐饮服务的百胜餐饮集团等,**贸易全球化和自由化打破了生活性服务贸易的传统范围。而计算机和信息技术则赋予了传统生活性服务贸易更加广阔的范围和更加繁多的种类**。体育竞赛表演活动服务便是一个很好的例子,传统的体育竞赛表演活动由于具有即时性的特性,其服务的辐射范围往往只局限于现场观众及获取信息较为方便的本国(地区)居民,境外居民通常难以获取该项服务。计算机和信息技术的发展延展了信息传递的范围,不仅扩大了体育竞赛表演活动的服务范围,让境外居民能享受到与现场观众几乎相同的视觉体验;还扩展了贸易的种类,让许多原本存在于"幕后"的项目,如训练、辅导、管理、运动员交流、运动员的日常生活等,也能以服务贸易的形式展现到观众眼前。另外,除了体育竞赛表演活动,文化艺术服务、数字文化服务、教育培训服务等也具有了新的服务范围和种类。在贸易全球化和自由化的背景下,在计算机和信息技术的帮助下,生活性服务贸易正成为一种不可忽视的新兴服务贸易形式。

第三节 服务贸易壁垒

各国政府为保护本国服务贸易业常常会采取在市场准入方面予以限制或进入市场后不给予国民待遇等非关税壁垒的形式,这种保护常以国内法规的形式加以施行,难以体现为数量形式,也往往缺乏透明度。本节将主要介绍服务贸易壁垒的形式以及世界各国为了实现服务贸易自由化所做的努力和尝试。

一、服务贸易壁垒的定义

服务贸易壁垒一般是指一国政府对外国服务生产者（提供者）的服务提供或销售所设置的有阻碍作用的政策措施，即凡直接或间接地使外国服务生产者（提供者）增加生产或销售成本的政策措施，都有可能被外国服务厂商认定为服务贸易壁垒。

二、服务贸易壁垒的形式

（一）产品移动壁垒

产品移动壁垒包括数量限制、当地成分或本地要求、补贴、政府采购、歧视性技术标准和落后的知识产权保护体系等。具体来看，在数量限制方面，如规定限量的服务进口份额；在当地成分或本地要求方面，政府可能会优先选择本地设备数量占比较高的厂商进入市场或禁止本国数据在他国流通；通过政府补贴、组织采购能扶持本国服务厂商，提升其竞争力并减少外国竞争者的进入；政府还能使用歧视性技术标准对外国服务厂商使用设备的型号、大小和各类专业证书做出限制。

（二）人员移动壁垒

"自然人流动"作为服务贸易的主要途径之一，也自然构成各国政府限制服务提供者进入本国或进入本国后从事经营的主要手段之一。移民限制、增加出入境手续或等待时间、提高签证要求及遣返外国籍移民等，都构成人员移动壁垒。近年来美国政府发布的一系列移民改革提案，如暂停部分免签证优惠、调整绿卡分配比例等手段无形中强化了美国的人员流动壁垒。

（三）资本移动壁垒

资本移动壁垒主要有外汇管制、浮动汇率和投资收益汇出的限制等。外汇限制指一国政府为平衡国际收支和维持本国货币汇率而对外汇进出实行的限制性措施。此外，一国政府能通过调整汇率从而影响厂商及消费者，不利的汇率不仅会增加厂商的经营成本，还会削弱消费者的购买力。在对投资者投资收益汇回母国壁垒方面，政府可以使用限制外国服务厂商将利润、版税、管理费汇回母国，或限制外国资本抽调回国等手段深化壁垒。此类限制多存在于各国建筑业、计算机和信息服务业及娱乐业。

（四）商业存在壁垒

商业存在壁垒又称开业权壁垒和生产者创业壁垒，即限制市场准入。一国政府能通过市场准入限制或市场准入谈判来为自身服务业的发展谋取福利。历史上，美国曾多次

利用商业存在壁垒为本国谋利,例如派出高级贸易团出访,通过大使、贸易代表甚至总统进行经济外交谈判,更为恶劣的做法是通过市场准入限制向发展中国家施加压力,以迫使该国政府消除服务贸易壁垒,并扩大美国进入该国服务市场的机会。美国此前对中国企业华为的一系列不合理的市场准入禁令体现了商业存在壁垒对服务贸易的阻碍。

三、服务贸易自由化

随着国际服务贸易占国际贸易比重的逐渐提升以及影响的日益增大,相关的服务贸易壁垒日渐加重。**为了削减服务贸易壁垒,实现服务贸易自由化,1986 年开始的乌拉圭回合谈判首次将服务贸易列入谈判议程。历时 8 年的乌拉圭回合谈判产生了《服务贸易总协定》和 WTO 等重要成果。**本小节将主要介绍国际服务贸易的谈判历程、WTO 成员对服务贸易自由化的贡献、《服务贸易总协定》的产生过程及总体框架和主要内容等。

(一)乌拉圭回合谈判服务贸易议题

相比于 GATT 前七轮的多边贸易谈判,乌拉圭回合谈判首次将服务贸易列为三大新议题之一,并展开谈判。由于服务贸易涉及面广、情况复杂,各方的态度与要求殊异,所以谈判并非一帆风顺。概括起来,乌拉圭回合谈判有关服务贸易议题的讨论经历了以下四个阶段:

1. 第一阶段(1986 年 10 月 27 日—1988 年 12 月中旬)

该阶段的主要谈判内容包括服务贸易的定义、适用范围、现行国际规则、协定的规定、服务贸易的发展和壁垒等。在这一阶段,各国的分歧很大,问题集中于对国际服务贸易的界定上,其中发展中成员主张对国际服务贸易做比较狭窄的定义,将跨国公司内部交易和诸如金融、保险、咨询、法律服务等不必跨境的交易排除在外,而美国等发达成员则坚持采用较为广泛的定义,将所有涉及不同国民或国土的服务活动纳入国际服务贸易范畴。当时欧共体提出了折中的意见,即不预先确定谈判的范围,根据谈判需要对国际服务贸易采取不同的定义。最终结果是各成员基本采纳欧共体的意见。

2. 第二阶段(1988 年 12 月下旬—1990 年 6 月)

该阶段的谈判重点集中在透明度、逐步自由化、国民待遇、最惠国待遇、市场准入、发展中成员的更多参与、保障条款以及国内规章等原则在服务部门的运用等方面。1989 年4 月,服务贸易工作组开始对电信、建筑、运输、旅游、金融和专业服务部门进行审查,以消除服务贸易谈判中的诸多障碍。许多发展中成员如中国、印度、喀麦隆、埃及、肯尼亚、尼日利亚等也积极参与多边谈判,阐述了各自的立场和观点。后来 GATS 文本结构采纳了"亚非提案"的主张,并承认成员发展水平的差异,对发展中成员做了很多保留和例外,这在很大程度上反映了发展中成员的利益和要求。

3. 第三阶段(1990 年 7 月—1993 年 12 月)

这一阶段,《服务贸易总协定》实现了从框架内容的基本明朗到最终达成。在 1990

年12月布鲁塞尔部长级会议上,服务贸易谈判组修订了"服务贸易总协定多边框架协议草案"文本,其中包含海运、内陆水运、公路运输、空运、基础电信、通信、劳动力流动、视听、广播、录音、出版等部门的草案附件,但由于美国与欧共体在农产品补贴问题上存在重大分歧而未能结束谈判。次年年底形成了《服务贸易总协定》草案,规定了最惠国待遇、透明度、发展中成员的更多参与、市场准入、国民待遇、争端解决等重要条款,基本上确定了协定的结构框架。1993年12月5日,服务贸易谈判委员会最终通过了《服务贸易总协定》。

4. 第四阶段(1994年1月—1995年1月)

1994年4月15日,各成员在马拉喀什正式签署《服务贸易总协定》,该协定作为乌拉圭回合一揽子协议的组成部分和WTO对国际服务贸易秩序的管辖依据之一,于1995年1月1日生效。至此,长达8年的乌拉圭回合谈判终于宣告结束,虽然有几个具体服务部门的协议尚待进一步的磋商谈判,但《服务贸易总协定》作为多边贸易体制下规范国际服务贸易的框架性法律文件,它的出现是服务贸易自由化进程中的一个里程碑。

(二)《服务贸易总协定》的内容和意义

1. 主要内容

《服务贸易总协定》包括概述、使用范围和定义、一般义务和纪律、承担特定义务、逐步自由化、制度条款、最后条款七个部分。使用范围和定义部分在上文已有阐述,故此不再赘述。而一般义务和纪律部分是该协定的核心内容,是成员各项权利和义务的基础,主要包括最惠国待遇、透明度原则、发展中成员的更多参与、经济一体化、国内法规、承认、垄断和专营服务提供者、商业惯例、紧急保障措施、支付和转移、保障收支平衡的限制、政府采购、一般例外以及补贴等条款,**全面、细致且公正地规定了成员之间的行为准则和标准,削减了国与国之间的服务贸易壁垒,极大程度上促进了服务贸易的自由化。此外,该协定对发展中成员额外说明部分不仅降低了发展中成员参与世界贸易的门槛,还为最不发达成员提供特殊帮助,在很大程度上反映了对发展中成员的利益和要求的尊重。**

《服务贸易总协定》全文

另外,承担特定义务部分规定了成员需要承担市场准入、国民待遇、附加承诺等义务。逐步自由化部分要求成员不应迟于《服务贸易总协定》生效日起5年开始并在此后定期进行连续回合的谈判,以期逐步实现更高的自由化水平。

2. 意义

《服务贸易总协定》是自GATT诞生以来在推动世界贸易自由化发展问题上的一个重大突破,其对全球服务贸易发展的促进作用是毋庸置疑的。

首先,它是国际服务贸易迈向自由化的重要里程碑。在《服务贸易总协定》签订之前,GATT对于国际贸易自由化的推进主要集中在货物贸易上,对服务贸易鲜有提及。《服务贸易总协定》的诞生为服务贸易的逐步自由化提供了体制上的安排与保障,为各成员的多边谈判及发展中成员的服务贸易增长提供了强有力的制度支持,有利于建立更为稳定的贸易往来关系。这对于国际服务贸易的进一步增长具有不可低估的作用。

其次,协定给予了发展中成员适当的照顾和尊重。鉴于发展中成员在世界服务贸易中处于劣势地位,《服务贸易总协定》在国民待遇、最惠国待遇、透明度、市场准入、逐步自由化以及经济技术援助等方面,对发展中成员都给予了照顾性的特别说明。相比于GATT,其对发展中成员的优惠条件更好。这体现了发展中成员在通过长期斗争和不懈努力后,谈判地位的上升。

最后,《服务贸易总协定》不仅促进了国际服务贸易的自由化,促进了国际服务交流与合作,也推动与服务贸易相关的有形商品贸易的发展。知识、资本密集型服务的贸易往往伴随着相应的硬件设备贸易和设施建设资本的流入,如数据处理服务、远距离通信服务等都需要基站、光纤、中继站等硬件设备支持;运输服务的繁荣也会促进相关制造业的发展;银行金融服务的发展,也必将使银行系统的传真通信及资金调拨网络的硬件贸易增长。另外,服务业的蓬勃将创造更多的就业机会,缓解国内的就业压力。

专栏一:中国服务贸易需求越来越大

2020年9月9日,中国国际服务贸易交易会(以下简称"服贸会")在北京落下帷幕。

据国际多家媒体报道,2020年服贸会共有1.8万家境内外企业及机构线上线下注册参展参会。展会充分发挥平台优势和创新引领的作用,围绕服务贸易十二大领域,特别是冬季运动、文化服务、金融服务、5G通信服务、教育服务、体育服务、服务机器人、公共卫生防疫、中医服务等前沿话题,聚焦全球疫情防控、数字贸易等热点问题,举办了116场行业大会和专业论坛。在新冠肺炎疫情仍旧肆虐全球的当下,中国举办这场服贸会,展现了其推动经济复苏的决心。

服贸会的前身是"京交会",自2012年开始举办,2019年更名为中国国际服务贸易交易会,2020年简称由"京交会"改为"服贸会"。名称的变化反映着中国经济的蜕变。在货物贸易全球化收缩倒退的大背景下,服务贸易全球化发展趋势仍方兴未艾,以数字贸易、人工智能、5G通信、工业互联网等为代表的新科技和产业革命加速演进,中国推动科技创新及其他各方面创新,成为发展新动力源。据《2019年世界贸易报告》显示,2005—2017年,全球服务贸易进出口额的增长速度超过了货物贸易,平均每年增长5.4%。在当前经济全球化遭遇逆流的大背景下,传统制造业的全球化受阻,服务贸易的全球化趋势反而逆势上升。WTO预测到2040年,全球服务贸易占全球贸易比重或将增长50%,服务贸易的发展无疑将成为未来世界经济发展的重要引擎。

在全球新科技和产业革命加速演进的过程中,发展中国家也迎来了新机遇。自2005年以来,发展中国家在世界服务贸易中的份额上升了10个百分点,2017年合计出口额达到全球服务贸易出口总额的25%,合计进口额占全球服务贸易进口总额的34.4%。这一变化与新一代信息通信技术的发展密不可分。信息展示、贸易洽谈、支付结算、税收申报等国际贸易环节正在逐步数字化、智能化、自动化,以数据形式存在的商品也逐渐成为各国生产和生活领域不可或缺的一部分。根据WTO全球贸易模型测算,如果发展中国家能够运用数字技术,在全球服务贸易中的份额可增加约15%。在以数字贸易为核心的全球化数字化转型浪潮中,中国努力推动跨境电商发展,完善跨境电子支付体系,拓展数字服务贸易市场等,积极参与智能时代的国际服务贸易分工。

在此过程中,中国经济新业态飞速发展,产生了巨大的全球化服务贸易需求。自2012年开始,中国经济出现了一系列新特点、新趋势、新机遇。

首先,近年来居民消费中食物所占比例越来越小,中国居民恩格尔系数明显下降,代表满足人民日益增长的对美好生活需要水平的提高。根据商务部公布的数据,2019年全国居民恩格尔系数为28.2%,连续八年持续下降。

其次,服务业和最终消费对中国经济增长的贡献率明显上升。2019年,品质化、个性化、多样化、讲究主观体验的新型消费十分活跃,可穿戴智能设备、智能家用电器等商品快速增长,通信器材、化妆品类商品分别增长8.5%、12.6%,高于社会消费品零售总额的整体增速。

最后,随着中国制造业高质量发展转型的需要,中国对研发服务、技术服务、资讯服务、人才服务、专业服务、设计服务等各方面需求明显上升,激发了国内外新业态、新产业、新模式、新经济的亮点不断涌现。

2020年9月4日,习近平总书记在服贸会全球服务贸易峰会上致辞时强调,这次疫情全球大流行期间,远程医疗、在线教育、共享平台、协同办公、跨境电商等服务贸易形式广泛应用,对促进各国经济稳定、推动国际抗疫合作发挥了重要作用。放眼未来,服务业开放合作正日益成为推动发展的重要力量。当前,在新冠肺炎疫情对全球经济的冲击下,世界很多经济体面临需求锐减、企业无法获得新订单、产业链供应链服务中断等新问题,中国在此时选择举办以"全球服务、互惠共享"为主题的服贸会,本身体现了中国合作、互惠、共享的开放精神,对形成以国内大循环为主体、国内国际双循环相互促进的新发展格局有重要意义。

资料来源:丁宁.中国服务贸易需求越来越大(专家解读)[EB/OL].(2020-09-14)[2020-10-27].http://world.people.com.cn/n1/2020/0914/c1002-31859788.html.

专栏二:"数字经济"成中拉服务贸易发展"新风口"

2020年以来,从红外热成像无接触测温到新冠肺炎人工智能辅助诊断技术,从远程办公和在线上课到更快捷的网上交易,中国和拉丁美洲国家(以下简称"中拉")合作下的数字化技术支持和服务日益深入拉美民众生活。

在配送方面,"闪送"业务解决了很多经营实体店的中小企业因"封城"而无法完成配送服务的问题。滴滴司机费尔南多便是万千配送员中的一位,在接到配送服务后,他驱车来到手工家具装饰品牌店"木鱼"门口,在指定地点自行提货后,25分钟内顺利将包裹送达客户手中。"闪送服务不仅帮我完成了所有订单,甚至让交货时间从几天变为当天交付,快速的配送服务提高了店铺的口碑,销售额大大增加了!""木鱼"创立人安德烈娅表示已离不开这种快捷的物流服务。

在购物方面,巴西作为阿里巴巴集团旗下跨境零售电商平台速卖通在全球200多个销售国家和地区中的头部市场,在新冠肺炎疫情暴发初期,受到国际物流干线运力大幅下降及汇率波动影响,速卖通在这个南美国家受到的冲击较大。为此,速卖通推出了包机策略和"集运"物流服务。这项新服务在巴西实现了跨店铺订单集中运送,节省了用户的物流开支。速卖通巴西公司的数据显示,半年内"集运"服务已成为巴西最受欢迎的物流方案之一。在2020年8月速卖通大幅降低包邮门槛后,"集运"订单量进一步显著增加。凭借跨境电商,拉美民众在海淘"中国制造"的同时,更多拉美优质农产品也进入了中国的千家万户,给中国消费者带来幸福味道的同时,也让拉美众多中小企业获得了实在收益。

除了在物流、交通、通信、购物等领域将服务不断数字化,2020年中拉在公共卫生领域的合作也因新技术加持而加深。疫情期间,由华为联合华中科技大学与蓝网科技共同开发、整合了云计算与人工智能技术的新冠肺炎辅助诊疗系统漂洋过海,陆续进驻厄瓜多尔、墨西哥、哥伦比亚、智利、巴拿马等拉美国家的多家医院。而借助互联网和数字化服务,不仅智利小企业主保住了饭碗,墨西哥跳水冠军也得以在家继续"追梦"。2020年,15岁的墨西哥国家跳水队运动员玛丽亚·何塞·桑切斯按惯例打开电脑,在教练在线视频指导下,和队友们完成了一个半小时的"云训练"。

展望未来,中国商务部国际贸易经济合作研究院美大所副所长周密说,中拉均认同自由贸易,加强服务贸易领域合作将起到良好示范效应,也有利于吸引更多经济体参与合作,谋求协同发展。他认为,有了通信、物流、大数据和云计算领域的合作及支持,中拉在电子商务领域有着可观的合作前景。数字经济正在成为中拉服务贸易发展中一个非常有潜力的领域。

资料来源:陈瑶.财经观察:"数字经济"成中拉服务贸易发展"新风口"[EB/OL].(2020-9-3)[2020-10-28].http://www.xinhuanet.com/world/2020-09-03/c_1126448985.htm.

本章小结

本章首先分析了服务的定义及基本特性,而由其衍生出来的服务贸易不仅继承了服务的无形性、即时性、异质性等基本特征,还具有国际性、服务贸易市场的高度垄断性、服务贸易保护的隐蔽性等新的特征;接着介绍了国际服务贸易的发展状况以及中国服务贸易的现状及特点,总体而言,中国服务贸易额增速快,全球份额上升,但存在长期逆差以及地区发展不平衡等问题;然后讨论了几种新兴服务贸易形式,包括计算机和信息服务、技术服务贸易和金融服务中心;最后阐述了服务贸易壁垒的含义、形式以及国际社会为实现服务贸易自由化所做的努力。

第九章 服务贸易

本章主要概念

服务的无形性、服务的即时性、服务的异质性、服务的定价通常不与获得的实际产出相联系、服务贸易的国际性、服务贸易的垄断性、服务贸易保护的隐蔽性、计算机和信息服务、技术服务贸易、金融服务中心、生活性服务贸易、产品移动壁垒、人员移动壁垒、资本移动壁垒、商业存在壁垒、乌拉圭回合谈判、《服务贸易总协定》

练习与思考

1. 国际服务贸易有几种形式?
2. 简述国际服务贸易的特征。
3. 简述服务贸易壁垒存在的原因。
4. 服务贸易壁垒有哪些类型?
5. 迄今为止,为解决服务贸易壁垒,各国都做过哪些尝试?
6. 讨论中国应该如何进行服务贸易结构转型。

推荐阅读

ARNOLD J, JAVORCIK B S, MATTOO A. Does services liberalization benefit manufacturing Firms? evidence from the Czech Republic[M]. The World Bank, 2007.

BRYSON J R, DANIELS P W. Service worlds: the 'services duality' and the rise of the 'manuservice' economy[M]. Handbook of Service Science. 2010.

FUCHS V R. The service economy[M]. New York & London: Colombia University Press, 1968.

HOEKMAN B. Liberalizing trade In services: a survey[M]. World Bank, 2006.

MCKEE D L. Growth, development, and the service economy in the third world[M]. New York : Praeger Publisher, 1988.

OCHEL W, WEGNER M. Service economies in Europe: opportunities for growth[M]. London: Pinter Publishers, 1987.

REISKIN E D, WHITE A L, JOHNSON J K, et al. Servicizing the chemical supply chain[J]. *Journal of industrial ecology*, 1999, 3(2-3): 19-31.

RIDDLE D I. Service-led growth: the role of the service sector in world development[M]. New York : Praeger Publisher, 1986.

World Trade Organization. World trade report 2019: the future of services trade[R]. Geneva, WTO, 2019.

World Trade Organization. World trade statistical review 2020[EB/OL]. https://www.wto.org/english/res_e/statis_e/wts2020_e/wts20_toc_e.htm.

西川润.世界经济入门[M].王广涛,译.南昌:江西人民出版社,2017.

陈宪,程大中.黏合剂:全球产业与市场整合中的服务贸易[M].北京:高等教育出版社,2001.

程大中,程卓.中国出口贸易中的服务含量分析[J].统计研究,2015,32(3):46-53.

程大中,虞丽,汪宁.服务业对外开放与自由化:基本趋势、国际比较与中国对策[J].学术月刊,2019,51(11):40-59.

刘斌,魏倩,吕越,等.制造业服务化与价值链升级[J].经济研究,2016,51(3):151-162.

苗翠芬,崔凡,吴伟华.移民网络与离岸服务外包[J].世界经济,2020,43(1):97-121.

盛斌,马盈盈.中国服务贸易出口结构和国际竞争力分析:基于贸易增加值的视角[J].东南大学学报(哲学社会科学版),2018,20(1):39-48.

王晓红,费娇艳.中国信息通信技术服务贸易发展及创新思路[J/OL].开放导报:1-16[2020-10-28].https://doi.org/10.19625/j.cnki.cn44-1338/f.20201023.001.

张艳,唐宜,周默涵.服务贸易自由化是否提高了制造业企业生产效率[J].世界经济,2013,36(11):51-71.

朱廷珺,班元浩.生产性服务贸易自由化与制造业全球价值链的攀升[J].经济经纬,2020,37(6):57-65.

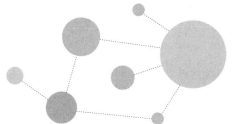

第十章 全球价值链贸易

知识点
全球价值链、价值链管理

重点
了解全球价值链概念,理解全球价值链对中国贸易发展的影响

难点
分析中国全球价值链贸易现状

第一节 全球价值链贸易概述

一、全球价值链贸易的定义与内涵

一个产品从构思到最终消费者使用及后续整个过程中所涉及的所有企业活动,就是**价值链**。它包括设计、生产、营销、分销和向最终消费者提供支持服务等多种活动。价值链中的活动可以由一个公司独自完成,也可以由几个供应商公司共同完成。任何商品和服务都拥有自己的价值链,可以集中在一个地点完成,也可以分散在不同地点实现。创造"全球价值链"一词,主要是为了体现价值链活动日益分散在世界各地的强烈趋势。许多公司已经不再局限于所在国的价值链,而将不同生产阶段的活动分散在许多不同的国家,同时把价值链中的一些活动外包给合作伙伴。

不同行业不同企业的商品和服务的全球价值链活动众多而复杂。其中大部分的价值链活动遵循传统的装配线安排,即对一种产品按顺序进行组装。其他价值链活动在此之上则包括生产最终产品或服务的中间产品的环节。

经济全球化或国际经济一体化进程可追溯到19世纪中叶,国际贸易、跨境金融资本和劳动力流动出现显著增长。① 第一次世界大战后,由于各国实施贸易保护主义,全球化进程处于停滞或回落状态,但是在第二次世界大战后,经济全球化再次腾飞,全球价值链体系持续深化。

经济全球化的显著特点是随着贸易壁垒的弱化,国际贸易出现强劲增长;技术创新、运输成本下降,以及市场环境的宽松使得国际投资逐渐成为国际贸易的一种补充;而世界各国对外国直接投资限制的减少客观上推动了资本流动的自由化,进而促进了经济全球化,这直接表现为跨国公司大量在国外市场设立分支机构;同时在大量直接投资流入的国家中,货物贸易通常保持强劲增长。

生产和消费活动的分离是全球价值链发展的第一步,这主要源于运输成本和关税的下降所带来的便捷的国际航运。由于规模和范围的经济效应,工厂最初在一个地方通过大规模制造开展全部所需的经济生产活动是符合成本效益原则的,而且地理集中的产业也间接反映了各国的比较优势差异。因此,一开始大多数公司都会独自完成生产过程中的所有经济活动,因为统筹不同地理位置的活动非常困难且成本高昂。但是随着20世纪90年代通信成本的大幅下降,情况发生了改变,企业开始选择分拆生产和消费活动以提升企业利润水平。企业针对低利润生产工序或中间产品的外包行为,使得中间产品的进口与出口促进了下一阶段的经济分拆和全球价值链的发展。**生产和消费活动的分离在企业行为层面表现在中间产品的进口与出口在国际贸易中日益重要。**

生产、贸易和投资活动日益融入全球价值链体系。通过独立供应商及其分支机构,企业逐渐将不同的生产阶段分布于不同的国家和地区,生产工艺的地域分布也变得更为分散。2009年美国麻省理工学院的调查表明,全球300家年销售额超过10亿美元的公司,平均51%的零部件制造、47%的总装、46%的仓储、43%的客户服务以及39%的产品开发都是在境外完成的。

随着资本、人才流动及技术转移日益频繁,商品和服务的增加值贯穿于世界各国和地区的整个生产过程中。一个简化的全球价值链中,零部件的生产、组装及最终产品的销售由多个经济体共同完成。全球价值链中的每一个阶段由最适合该阶段的经济体完成。这样的贸易格局表明,一个经济体生产的产品将通过出口进入其最终消费市场,而这一流程又包括其他经济体内供应商(一级供应商)的投入,而这些投入则可能来自第三经济体(二级供应商)。

尽管在过去的两三年内,包括美国在内的部分主要经济体在经济全球化方面呈现保守态度,但普遍的看法是,经过前20年的大范围扩张,以及经济活动的细致分拆,经济全球化已进入一个新的发展阶段。全球价值链已经是现代全球化的一个典型特征,而且其对经济全球化进程的速度、规模和复杂性的影响极其深远。全球价值链扩大了全球化进

---

① 全球化的表现之一是国际贸易和外商直接投资的增长快于全球产出的增长。

程的地域范围(包括更多的国家和新兴经济体)、部门范围(影响制造业及越来越多的服务业部门)和功能范围(生产、分销、研发和创新)。

21世纪前两个十年经济全球化的扩张与全球价值链的崛起紧密相关。

第一,全球价值链深化所带来的中间产品贸易的蓬勃发展。中间产品贸易增长速度和贸易规模空前,而这也促使全球化的速度和规模史无前例地增长,同时这也是全球贸易的增长速度超过GDP增长的一个主要原因。另外,外商直接投资的强势崛起进一步推动了全球化的发展,就生产总值而言,一些跨国公司已经超过了某些国家。不过由于2008年国际金融危机对全球化造成了显著影响,各种形式的贸易保护主义有所增加。

第二,中国、印度和巴西等新兴经济体逐渐成为全球经济活动的主要参与者。新兴经济体越来越多地参与到全球价值链中,这带动了经济全球化规模的迅速扩大。在这些新兴经济体的背后,越来越多的小型经济体也正在努力寻求在全球经济中获得立足之地。在持续的技术变革及广泛的政策改革的推动下,新兴经济体吸引了大量的制造业和服务业活动,从而深深嵌入了全球价值链体系。

第三,服务贸易逐渐占据更大的份额。经济全球化日渐从制成品货物贸易扩展到外商直接投资和服务贸易领域。由于信息和通信技术的跃进以及世界经济和贸易环境的宽松,企业进行对外直接投资和从国外采购服务变得便利,许多投资和服务活动也构成了全球价值链的一部分。较为宽松的市场经济倾向和快速发展的信息和通信技术降低了许多投资和服务活动的交易成本,相应提高了投资和服务活动的可交易性,并创造了新的流通服务。

全球价值链正在显著改变全球经济的性质和互联性。各经济体逐渐开始了"垂直分工",即经济体仅专注于垂直分工中价值链的特定阶段和任务。但对于特定的商品或行业而言,这可能背离了长久以来形成的观念——比较优势,同时伴随着全球化产生的全球资源再分配问题饱受争议,包括"逆全球化""中美脱钩论"等话题已经多次在国际社会引发讨论,这也意味着全球价值链已经吸引越来越多政策制定者的关注,对于全球价值链体系的理解直接或间接影响着未来经济全球化的走势。

二、全球价值链贸易的驱动力

商业和监管环境的变化、企业思路和组织的转变促进了全球价值链和国际分段式生产的产生。"冷战"结束后,世界各国安全局势趋向缓和,全球市场倾向自由主义,放松监管、鼓励创新是市场环境的主基调,随之带来的是贸易成本的下降,进而商品和服务的跨境移动的成本下降,以及通信、信息成本的暴跌降低了中间产品的国际采购成本,跨国公司逐渐接受专注于高附加值经济活动的思路,逐步把外包,尤其是离岸外包作为其全球策略的一部分。

提高效率是最重要的驱动因素。由于国内和国际市场的竞争日益激烈,外包生产和

销售活动的产生主要就是为了提高效率和降低成本。无论是在国内市场还是在国际市场,无论是在企业内部还是在企业外部,从低成本或高效率的生产商处采购原料或中间产品都有助于降低生产成本。此外,规模经济和范围经济会在特定零部件、组件和服务的专业供应商处存在,而这能体现成本优势和效率优势,从而降低跨国公司做出直接采购而非自主研发生产的决策的可能性。

国外市场的准入门槛降低促进了全球价值链贸易。设立于国外市场的办公机构往往可以帮助企业更好地了解和探索外国市场。由于西方发达经济体人口结构的老龄化和经济增长的乏力,现今越来越多的全球化经济活动发生在新兴经济体。如果企业想从这些新的经济增长中心中充分受益,那么它们必须在这些地区设置机构以便迅速获取市场行情,因为市场规模和增速将会在未来重新定义这些新兴经济体在全球化分销、销售和生产活动中的位置。此外,在国外市场上设立分支机构有助于保护公司的知识产权,也有助于公司更加容易地寻找机会充分利用知识产权,并避免因授权给第三方公司后遭遇滥用知识产权的情形。

第四个驱动力是获取知识的能力。在知识等要素密集型产业中,人力资源,尤其是学习能力的重要性日益提升。公司可能会转移一些包括创新在内的活动以获得某些战略资产,如技术熟练的工人、专业技术,一方面用于争夺竞争对手和供应商,另一方面为了从战略资产中换取技术、经验等隐性知识。因此,吸收利用先进的国外知识成为研发活动国际化的一个重要因素,而跨国公司在世界各地设立研发中心以拓展价值链是最直接的表现。

三、全球价值链贸易的主要参与者

为了有效分析全球价值链的治理和发展,学者普遍将全球价值链中的主要参与者分为跨国公司、海外分支机构和国内外市场上的独立供应商。全球价值链中的经济交易包括公司总部与分支机构的公司内部交易以及公司与独立供应商之间的交易。权利分配和知识流动的方向也会根据全球价值链的不同类型而有所不同,可能会密集于龙头企业、跨国公司或由龙头企业与上层供应商共享。交易的复杂性、开展交易的能力和供应基地的性能等都是影响全球价值链参与地位的因素。因此,在全球价值链中不同参与者所开展的不同交易、权利分配、知识流动等因素都将重塑利润和风险的分布。

根据参与者驱动力的差异,全球价值链可以分为"生产者驱动(卖方驱动)"和"消费者驱动(买方驱动)"两种不同的类型,两种驱动方式的差异反映了跨国公司及独立供应商的不同角色。买方驱动型全球价值链主要围绕大型零售商(如沃尔玛、耐克)和成功的品牌推销。通常而言,它们的产品比较简单,如服装、家居用品和玩具,生产这些产品所需的资本及技术工人也相对较少。全球价值链中的领军企业几乎集中于市场营销和销售,自身拥有的工厂很少,多是从独立供应商组成的大型网络中采购产品。

相比之下，卖方驱动型的全球价值链通常存在于高科技行业，如半导体、电子、汽车和医药行业。因为这些行业依赖于技术和研发活动，大型生产制造商如索尼和苹果控制了产品设计以及大部分组装，这些活动在很多国家进行。技术、设计和生产是这些企业的核心竞争力，该核心竞争力主要由龙头企业或其分支机构和专业供应商内部开发，以避免与竞争对手共享技术。跨国公司在这些网络中的重要性也体现在与不同经济体内分支机构之间的联系。

几十年来，外商直接投资的加速推动了全球价值链的快速发展，跨国公司不断通过开展外包活动，寻找最优的地理位置以降低成本、提高效率。传统理论中将跨国公司分为水平（寻求市场）和垂直（寻求效率）两类。水平的跨国公司主要寻求生产更贴近客户以降低贸易成本，同时实现规模经济。它们的海外工厂与本国工厂一样，生产类似的产品，从而节约了出口成本。垂直的跨国公司则通常将不同的生产阶段分布在不同的国家或地区内实现，根据所需生产要素的密集度及其成本确定不同生产阶段的地理分布。一个国家或地区的生产产出可以作为其他国家或地区的生产投入，因此这种类型的跨国公司被认为是促进了国际分段式生产。在现实中，大多数跨国公司的分支机构兼具水平分布和垂直分布的特点。例如在中国设立分支机构的跨国公司，往往既能利用迅速发展的中国市场，又能受益于较低的劳动力成本。

跨国公司的分支机构是全球价值链中的关键环节。其设立不仅间接促进了分支机构所在地市场的发展，也为其他邻近市场服务，而其生产的产品也可作为跨国公司网络中其他分支机构的投入品。通过关联公司与其他供应商的外包，跨国公司也可以组织、协调不同地理位置的生产活动。事实上，跨国公司及其关联公司之间的跨境贸易这一类的公司内部贸易，已在国际货物贸易中占据了很大的份额。

随着企业活动的扩展及价值链地位的强化，全球价值链中的参与者及其联系也发生了变化。通常而言中小企业很难进入国际市场，但现今它们会抓住新的发展机会，拓展其海外业务。例如，汽车业的供应基地获得全球化发展后，其主要供应商里的中小企业也将迅速实现国际化。汽车装配商在新的地点成立最终组装厂时，会帮助或敦促它们的供应商一起移居海外。分段式生产与信息通信技术的进步也为中小企业提供了新的创业机会，帮助其进入国外市场，从而产生了一种新的微型跨国公司。这类微型跨国公司一开始就由从事全球活动的小企业组成，而互联网和新型商业模式使这些规模较小的公司以最低的成本进入国外市场成为可能。

与此同时，中小企业在管理及财务资源和内部技术的升级与保护方面也面临严峻挑战。而规模不足以支持在研发活动、人员培训以及产品标准和质量方面充分严格履行要求等产生的开支，也成为中小企业整合全球价值链的障碍。此外，提升中小企业在价值链中的地位，通常意味着它们要承担更广泛和更复杂的任务。它们必须促进产品开发、组织和管理子供应商网络，以确保其产品符合更广泛的标准，并能以富有竞争力的价格保证产品的质量与运输。

第二节 衡量全球价值链贸易发展的指标

一、贸易增加值

(一) 贸易增加值的定义

近几十年日益增多的国际分段式生产,挑战了对传统贸易的感知和理解。传统的贸易交易统计仅仅记录了商品和服务每次跨境的总量。在以全球价值链为特征的世界中,这将导致"重复"的贸易统计,继而可能误导政策措施。**对贸易增加值的核算可以测量一个国家(地区)在生产任意出口商品或服务的过程中所增加的价值(劳动报酬、生产税和经营盈余或利润),更好地解释全球价值链中的世界贸易**。WTO 和 OECD 联合发布的全球贸易增加值数据库也可以促进国家(地区)统计数据的生成,更好地反映全球各国(地区)之间的相互依存。

例如,国家 A 生产了 100 美元的商品,这些商品完全由 A 国出口到 B 国,在 B 国经过进一步的加工处理后,再出口到 C 国被最终消费。B 国的加工为这些商品增加了 10 美元的价值,以 110 美元的价值出口到 C 国。传统的贸易统计方式下,该商品全球出口和进口总额为 210 美元,但是只有 110 美元的贸易增加值是在生产过程中产生的。传统的贸易统计方式表明 C 国对 B 国有 110 美元的贸易赤字,而与 A 国没有任何贸易,但事实上 A 国是 C 国消费的主要受益者。

通过跟踪增加值流量,我们可以依据 C 国从 B 国以最终需求的方式"购买"的增加值,重新计算 C 国对 B 国的贸易赤字。这样 C 国对 B 国的贸易赤字就会降至 10 美元。如果以同样的方法计算 C 国从 A 国以最终需求的方式"购买"的增加值,C 国将会对 A 国产生 100 美元的贸易赤字。C 国对世界的整体贸易赤字依然会保持在 110 美元,所改变的仅仅是其双边贸易值。这个例子揭示了,一个国家消费者是如何影响另一个国家的产出以及影响的程度(例如 C 国的消费者驱动了 A 国的产出),因此贸易增加值为我们理解全球价值链提供了新的重要视角。它表明 B 国的出口显著依赖于从 A 国进口的中间产品,也揭示了 A 国的进口保护主义措施可能损害出口商,进而损害竞争力。

(二) 贸易增加值核算的重要性

1. 获得更好的政策依据

政策制定者往往想要寻求更好的政策依据,从而确定政策需要根据全球价值链做何种程度的改变。了解出口商品或服务创造了多少国内增加值,对于理解贸易如何促进经济增长和国家竞争力至关重要。一些经济体通过发展全球价值链特定环节的比较优势,在价值链中占据了一定位置。例如,目前中国出口的许多商品涉及高水平的海外装配,故 2005—2009 年的国内增加值产出比出现了显著下降,表明中国开始沿着价值链向上转移。然而,国际分段式生产的这种模式并不局限于一个经济体中,因为在这个分段式生产的世界中,获得高效的进口与获得市场准入一样重要。在大多数经济体中,出口市场的进口中间产品所占份额非常显著。例如,欧洲进口中间产品所占份额达50%左右;在匈牙利,近2/3的进口中间产品经进一步加工后运往出口市场,电子中间产品进口市场份额已达85%。

此外,国内增加值不仅体现在出口商品中,也包含在进口商品中:国内生产的商品和服务作为中间产品被运往国外,并以其他进口商品的方式再次返回到国内市场。因此,关税、非关税壁垒和其他贸易措施也会影响国外生产商及国内上下游生产商的竞争力。

将贸易增加值纳入政策考虑范围之后,对贸易问题的讨论就会改变。虽然一个国家与世界其他各国的贸易平衡总值没有改变,但是其双边贸易顺差或逆差会被重新分配。在传统的总量统计方面,因为合并了外资投入的价值,最终产品生产商的贸易逆差或顺差就会被夸大,但事实上,这种被夸大的顺差或逆差体现了向最终生产商提供投入的国家的潜在不平衡。由于平衡持续逆差和重视贸易顺差增长的压力,全球价值链末端的各国面临直接保护主义的风险,而这些都直接源于对贸易不平衡存在错误的理解。

例如,从增加值角度衡量,2009年中国对美国的双边贸易顺差比总量统计的数值减少600多亿美元(约占1/3),一定程度上反映了中国的最终需求中来自美国进口增加值的份额较多和中国"世界工厂"的现象,即1/3的中国出口中含有美国增加值。长期以来,中国由于处于全球价值链上的低端,所谓的"世界工厂"实际获利有限,但账面数字却大大增加。中美贸易争端期间,中国科学院的报告显示,2017年,中国货物贸易顺差的61%来自加工贸易。以增加值口径统计的中美贸易顺差,比以总值口径统计的中美贸易顺差低44.4%。此外,由于韩国和日本销往最终消费者国家的出口产品中有很大一部分经过中国加工,中国与这些国家的贸易逆差明显较小,但日本和韩国与这些国家存在较高的贸易顺差。同样,从增加值角度衡量,韩国对日本的贸易逆差也显著下降。

贸易增加值为政策制定者提供了更优的借鉴角度,可以更好地了解宏观经济冲击对贸易的影响。2008年国际金融危机发生时,几乎所有经济体中的贸易跌至冰点,对因信贷短缺造成的市场需求冲击的影响,从贸易增加值的角度可以更好地理解,从而有助于政策制定者预期宏观经济冲击的影响,并采取适当的应对政策。如果贸易对短期需求影响的相关分析仅仅基于贸易总额,则很可能存在强烈的偏见。

金融危机后,世界各国出口商品或服务中的国内增加值含量逐渐提高,一定程度上证实了这次全球贸易放缓对全球价值链的影响。显然,商品或服务的生产过程被分割得越多,就越有可能受到贸易和需求的影响,而此次金融危机正是以贸易和需求的同步放缓为主要特点。

贸易增加值的统计也有助于从更细节的角度,澄清贸易和就业之间的联系,并显示贸易过程中创造就业机会的地理位置,划分各经济体对出口增加值的贡献。传统对贸易总额的认识,通常认为进口就意味着就业机会向商品产出国转移,但是基于增加值的统计将显示因增加值增大而新创造的就业机会(研发、设计、营销等领域)。当将比较优势应用于"营销、设计、研发等任务"而不是"最终产品"时,那么产品出口国的劳动技能水平反映了参与国家的相对发展水平。因此,这解释了为什么发达国家倾向于专注高技能型任务,如研发、设计和营销等,因为这些活动获得的收益较高,在总增加值中所占的份额也较大。

以增加值方式核算贸易流量有助于评估贸易对环境的影响。对温室气体排放和工业化对气候变化的潜在影响的担忧,引起了人们对贸易开放如何影响二氧化碳排放量的研究。生产和消费的分拆以及国际分段式生产,要求我们从贸易增加值的角度了解贸易中温室气体是在哪里产生的。OECD的各种研究发现,工业活动的重新定位对二氧化碳排放量基于消费和基于生产的核算方式有显著的影响。

2. 获得妥当的统计数据

1953年、1968年、1993年和2008年的国民经济核算制度等国际标准以及《国际收支手册》自1948年出版至2009年的五次修订体现了国际统计系统的不断发展和取得的显著改善。和其他标准一样,这些国际标准对于提高国家统计数据的国际可比性起到了非常重要的作用,但它们基本上只能衡量一个经济体及其直接贸易伙伴的活动。然而跨国公司参与全球价值链的趋势越来越强,准确衡量跨国公司的需求尤为迫切。对政策制定者而言,GDP无疑是最为重要的经济总量指标,当商品和服务完全是在一个国家内生产,而进口和出口的只是典型的最终产品时,传统的统计就足以反映政策需求。但在今天的商业环境中,全球价值链的深化极大地丰富了国际贸易的多样性,这使得国际统计变得更加复杂,并在企业最终产品或活动的基础上挑战了企业的分类。同时,跨国公司完全不同于纯粹的国内生产者,特别是在投入方式上,跨国公司很清晰地组织着活动,它们从国外的分支机构进口重要的中间产品。

此外,由于参与全球价值链的企业的生产过程通常具有较高的国外价值含量,也就有了不同的国内价值含量,故企业生产的商品和服务对国内市场和就业的影响也会不同。而传统的统计数据并不能够反映这点,因此需要新的统计指标来提升国家统计数据的分析能力,同时改善国际统计数据。而贸易增加值利用平衡程序和一些假设解决了对全球价值链的衡量问题,比如通过贸易收入和对跨国公司的统计改善的相关扩展,更好地考虑企业在所有权等方面的差异,特别是融入全球价值链和未融入全球价值链企业的差异。

二、微笑曲线

(一) 微笑曲线的提出

20世纪70年代石油危机的爆发,导致美国等发达经济体出现高滞胀率、高失业率并存的经济危机,凯恩斯主义饱受争议,新自由主义由此登上西方经济学主流舞台。此后,伴随着以信息技术、电子计算机高速发展为标志的第三次科技革命,经济全球化得到全面发展,世界经济高速增长。新兴经济体为了迎合经济全球化大潮而实行的经济转轨,

第十章　全球价值链贸易

为发达经济体跨国公司跨国投资提供了现实基础和保障,生产要素在全球范围内得以有效配置,跨国公司通过输出技术、资本在新兴经济体换取低廉的劳动力、土地等具有比较成本优势的要素资源。"亚洲四小龙"成功把握全球化机会,发挥比较优势,抓住世界制造业转移的历史机遇,重点发展劳动密集型加工业,为发达经济体电子计算机、通信类企业提供代工业务,获得了大量资本投资和技术外溢及积累。由此,经济全球化与新自由主义产生联动效应,新自由主义经济思想成为经济、企业全球化的理论基础和依据,企业全球化则为新自由主义经济思想的传播提供了现实载体。

迈克尔·波特(Michael Porter)于1985年在《竞争优势》(*Competitive Advantage*)一书中提出了价值链理论,指出每个企业都是用来进行设计、生产、营销、交货以及对产品起辅助作用的各种活动的集合,在此基础上全球价值链、产业链、产业价值链等概念得以不断演化。产业链是各个产业部门之间基于一定的技术经济关联,依据特定的逻辑和时空布局关系客观形成的链条式关联关系形态,是企业价值链在产业层面的形态表达;而产业价值链是产业链背后所蕴藏的价值组织及创造的结构形式,是价值链和产业链的融合。产业价值链由众多价值环节组成,但并不是每个环节都创造等量价值,高附加值的环节一般是全球价值链上的高端环节。

基于全球价值链,微笑曲线最早是由宏碁集团董事长施振荣在1992年提出的。**他将个人电脑(PC)从研发到销售的各个区段的附加值绘制到一条曲线上,该曲线正好呈现一条开口向上的抛物线形态,故将其称为微笑曲线(见图10-1)**。具体而言,微笑曲线的前端是以研发环节为主,属于全球性竞争;中端是以生产、组装环节为主,而后端则以营销、售后服务环节为主,主要是当地性竞争。在产业链中,附加值更多地体现在两端——设计和营销,处于中间环节的生产附加值最低。当前全球制造产生的利润偏低,全球产能也已供过于求,但是研发与营销的附加值高,因此产业未来应朝微笑曲线的两端发展,也就是在左边加强研发与设计,在右边加强客户导向的营销与售后服务。

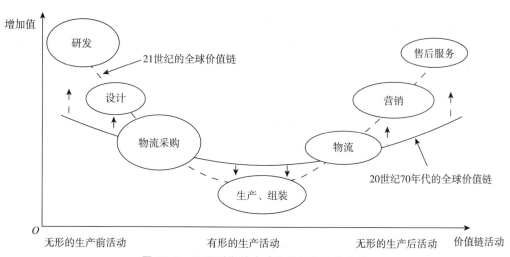

图 10-1　不同时期的全球价值链的微笑曲线

资料来源:杜大伟等.全球价值链发展报告(2017)[M].北京:社会科学文献出版社,2018。

(二)微笑曲线的内涵

微笑曲线源于国际分工模式由产品分工向要素分工的转变,也就是参与国际分工合作的世界各国企业,由生产最终产品转变为依据各自的要素禀赋,只完成最终产品形成过程中某个环节的工作。最终产品的生产,需要经过市场调研、创意形成、技术研发、模块制造与组装加工、市场营销、售后服务等环节,而这诸多环节形成了一个完整链条。这就是全球产业链,它一般由实力雄厚的跨国公司主导。以制造加工环节为分界点,全球产业链可以分为产品研发、制造加工、流通三个环节。从中间产品到最终产品再到最终产品销售,产业链上各环节创造的价值随各种要素密集度的变化而变化。发展中国家的企业由于缺少核心技术,主要从事制造加工环节的生产。然而,无论是加工贸易还是贴牌生产,制造加工环节付出的只是土地、厂房、设备、水、电等物化要素成本和简单的活劳动成本,虽然投入也很大,但在不同国家间具有可替代性,企业为争取订单,常常被压低价格。而跨国公司掌握的研发环节和流通环节,其所投入的信息、技术、品牌、管理、人才等属于知识密集型要素,比制造加工环节更复杂,往往具有不可替代性。同时,面对复杂多变的国际市场形势,研发和流通环节要承担更大的市场风险,按照合同完成订单生产即可分享利润的制造加工环节并不负责产品销售,市场风险极低。按照成本与收益、风险与收益正比匹配原则,跨国公司作为生产过程的最大投资者和最终产品销售的风险承担者,自然成为最大的受益者。对于企业来说,应该加快产业升级和转型,尽量在全球产业链分工的"微笑曲线"中占据有利位置。

通过微笑曲线,市场参与者可以直观地以动态视角突破经验瓶颈,分析全球价值链中企业的生存和发展问题,加速转化隐性知识为显性知识,从而更好地将研发、生产、营销相结合,加快产业升级和转型,尽量在全球产业链分工的"微笑曲线"中占据有利位置。根据微笑曲线,在全球价值链攀升的大致方向包括:①产品升级或产品下移。产品升级指的是产品从原来低端往中端、中端往高端升级的办法,而产品下移追求的不是提高附加价值,而是创造不同的市场,让营销固定成本下降,创造规模经济;②垂直整合,包括向供应链上游和下游的整合;③缩短销售渠道,建立直接供销关系,渠道缩得越短,附加价值就越高;④水平延伸,一种是产品的水平延伸,另一种是产品线的水平延伸;⑤产业多元化,一种是相关产业的多元化,另一种是非相关产业的多元化,其中后者的风险较高,在实施时要具备充足的资金和现金流量,要做好亏几年的心理准备;⑥生产技术升级,通过研发和自主创新,提高企业生产技术的科技含量。

第三节 全球价值链贸易与"中等收入陷阱"

一、"中等收入陷阱"的定义及内涵

自2008年国际金融危机爆发以来,新兴发展中国家成为全球经济增长的主要动力。

但与2008年以后的头几年相比,这些国家近年来都面临明显的经济下滑。2010—2014年,发展中国家经济的年均增长率超过4%,2015年这一数字下滑至3.4%。目前,包括阿根廷、巴西、中国、印度尼西亚、尼日利亚和俄罗斯在内的许多中等收入大国都面临明显的经济增长放缓问题。在这种经济形势下,更好地理解不同国家的经济增长模式以及中等收入国家在保持高速增长方面所面临的困难是有必要的。

"中等收入陷阱",即人均GDP达到中等收入水平(约10 000美元)后,经济体不仅难以保持持续的快速增长,还伴有持续的经济滞胀。常用的观察条件为:①在经济增长速度放缓前,人均GDP的年均增长率连续7年保持在3.5%甚至更高;②与前7年人均GDP的年均增长率相比,人均GDP增长率下降至少2个百分点;③在给定的收入水平上,中等收入国家的经济增长速度要比一般国家慢。不过中等收入国家特有的"陷阱"是否存在仍有争议。全球经济在2000—2015年呈明显的上升趋势,尤其是对中等收入国家而言,在133个于2000年被列为中等及中等偏下收入国家和地区中,79个国家的收入水平呈现增长态势,其他国家和地区维持了与2000年相近的收入水平。表10-1展示了2000年和2015年特定收入等级国家和地区的比例。例如第一行,2000年的低收入国家中,有47.6%的国家在2015年仍为低收入国家,有47.6%变为中等偏下收入国家,有4.8%变为中等偏上收入国家。最后一行是2015年的收入等级分布。

表10-1 2000年和2015年特定收入等级国家和地区的比例   单位:%

		2015年收入等级			
		低收入	中等偏下收入	中等偏上收入	高收入
2000年收入等级	低收入	47.6	47.6	4.8	0
	中等偏下收入	0	37.7	58.5	3.8
	中等偏上收入	0	0	51.4	48.6
	高收入	0	0	0	100.0
	总计	14.6	24.4	25.8	35.1

资料来源:世界银行国家和贷款团体分类。

与成功跨越"中等收入陷阱"或发展过程中并未遭遇"中等收入陷阱"的国家相比,陷入"中等收入陷阱"的国家有以下几个方面的特征:

(1)经济发展波动较大。成功跨越"中等收入陷阱"的国家的经济往往能保持长期稳定增长,而陷入"中等收入陷阱"的国家的经济增长一般起伏很大。

(2)创新能力差别明显。成功跨越"中等收入陷阱"的国家在资本支出和高素质劳动力数量的增长方面都要优于陷入"中等收入陷阱"的国家。

(3)收入分配的公平情况差异大。成功跨越"中等收入陷阱"的国家的基尼系数维持在约0.3,而陷入"中等收入陷阱"的国家的基尼系数一般高于0.5,贫富差距严重。

(4)对外部经济的依赖程度不同。相较于成功跨越"中等收入陷阱"的国家,陷入"中等收入陷阱"的国家不仅对外商投资的依赖性很高,而且外债在GDP中所占的比例也比较高。

(5) 社会发展的各项指标差别明显。成功跨越"中等收入陷阱"的国家在预期寿命、婴儿死亡率和成人平均受教育年限等方面都优于陷入"中等收入陷阱"的国家。

全球价值链贸易的一个重要特点是比较优势的去国别化,这使国家有可能通过加入全球价值链,而不是创造自己的价值链来进行工业化。因此,发展中国家可以将加入全球价值链作为核心战略,借此提升自身竞争力,提高劳动力的技能和人力资本积累,从而获取实现工业化和进入高附加值产业的技术,跨越"中等收入陷阱"。然而,关于这一"经济升级"的过程是否真的发生以及如何发生,学界对此仍然存在一定的争议。

二、造成"中等收入陷阱"的原因

当工资不断增长的发展中国家试图通过劳动密集型产业和出口型经济维持经济增长时,随着这些国家的竞争优势下降,它们无法找到能够取代出口的替代需求,"中等收入陷阱"就会产生。近年来,贸易对于经济增长的弹性不断减小,加之国际竞争日益激烈和全球金融流动加剧,货币和资产负债表风险增大,此外有些国家缺乏必要的基础设施,仍然试图发展知识经济,这些结构转型因素加剧了"中等收入陷阱"风险的积累。

从地域上看,拉丁美洲无法通过发展制造业来补偿农业部门不断减少的劳动力份额,而亚洲的新兴工业化国家拥有发达的现代部门,其生产率不仅高于传统部门,而且具有劳动密集型特征,能够将获得的收益分享给相当大一部分的劳动力。

具体到国家上,智利之所以会在一定程度上陷入"中等收入陷阱",很大程度上是因为它不能推动创新,并研发出更加复杂的出口产品。在全球激烈竞争的压力下,本国公司学习的进程以及国家实施能力提升政策的进程非常缓慢。泰国结构转型失败主要有三个层次的原因:一是政府无法促进国家人力资本发展;二是公司无法促进人力资本发展或没有充分利用现有的人力资本;三是个人不愿意提高自身人力资本或者不愿意离开家乡去寻找工作机会。

三、避免陷入"中等收入陷阱"的举措

导致经济体陷入"中等收入陷阱"的原因包括宏观层面和微观层面的因素,这些因素与产业结构、贸易结构、人口状况和收入分配、宏观经济管理以及体制是否健全相关。表10-2展示了不同学者关于避免"中等收入陷阱"的表现的观点。

通过分析已经成功避免"中等收入陷阱"的国家和地区情况,可以获得一系列集中于结构、产业、贸易及社会政策方面的建议。第一,在宏观政策方面限制过度资本流入的累积,缓冲潜在的资本流入突然停顿的影响。同时注重推进区域一体化,促进基础设施投资,放松对私有部门活动和发展低迷领域的管制。第二,教育对培养产业所需人才具有重要作用,必须对产业工人进行技能再培训,加大教育投资,尤其是对中等教育和高等教

育的投资。必须对人才采用正确的激励措施以获得最佳实践技术和组织程序,并将其应用到高尖端技术中去。技术熟练的工人是价值链从低附加值产业转移到高附加值产业并开发高附加值活动所必需的。第三,通过发展高技术水平的新兴产业来进行产业结构升级。通过生产并出口更加复杂的产品,新产品得以从钢铁、机械和电子等产业中开发出来,而这些产业内工人的技能很容易从现存的产业转移出来。第四,在社会政策方面,应该解决城乡差距问题,保障低收入群体利益,进行财政再分配改革和转移支付,以保证教育机会均等。

表 10-2 成功避免"中等收入陷阱"的国家和地区

参考来源	避免"中等收入陷阱"的表现	避免"中等收入陷阱"的国家和地区
Agenor and Canuto (2015)	20 世纪 60 年代曾经是中等收入经济体,2008 年成为高收入经济体	赤道几内亚、希腊、中国香港、爱尔兰、以色列、日本、毛里求斯、葡萄牙、波多黎各、韩国、新加坡、西班牙、中国台湾
Bulman et al. (2014)	20 世纪 60 年代曾经是中等收入经济体,2009 年成为高收入经济体	希腊、中国香港、爱尔兰、日本、波多黎各、韩国、塞舌尔、新加坡、西班牙、中国台湾
Felipe et al. (2012)	最多 28 年位于中等偏下收入阶段,最多 14 年位于中等偏上收入阶段	中国、泰国、保加利亚和波兰如果能够保持现在的人均收入增长率,就能够避免中等偏上收入陷阱
Im and Rosenblatt (2013)	1950 年是中等收入经济体,此后成为高收入经济体	奥地利、爱沙尼亚、芬兰、德国、希腊、中国香港、爱尔兰、以色列、意大利、日本、新加坡、斯洛文尼亚、韩国、西班牙、中国台湾
Jankowska et al. (2012)	正在向高收入经济体靠近的国家和地区	中国香港、韩国、新加坡、中国台湾

四、中国与"中等收入陷阱"

根据世界银行统计资料,中国自 1998 年起迈入了中等偏下收入国家行列,2010 年则跨过了中等偏上收入国家门槛,开启了从中等收入国家向高收入国家迈进的新时代。然而令人担忧的是,自 2008 年国际金融危机以来,在世界经济下行、国内要素成本上升等多种因素影响下,中国经济增长速度整体呈现下滑趋势,从 2007 年的 14.2%下降至 2016 年的 6.7%。虽然近几年来中国经济增长速度大体已企稳,并于 2017 年实现近七年以来的首次提速,且 2019 年中国人均 GDP 突破 1 万美元,但是经济运行并未根本摆脱减速下行压力。因此,中国是否会落入"中等收入陷阱"以及如何跨越此陷阱,仍然是近些年来学界热议和争论的焦点问题之一。

有观点认为,中国虽然通过改革开放取得了较长时期的经济高速增长,但是因要素禀赋结构变化、经济发展方式转型、社会结构转变以及经济政治体制改革等方面面临诸多挑战,未来经济增长的可持续性将受到很大影响,从而可能落入"中等收入陷阱"。也有观点认为,以中国目前保持的经济增长速度以及遵循的市场发育和产业升级战略,中国基本上不会落入"中等收入陷阱",而且通过改革创新完全可以绕开或跨越"中等收入陷阱"。

结合全球价值链贸易及中国的经济结构,跨越"中等收入陷阱"可从以下三方面着手:

第一,加大研发投入和自主创新力度。中等收入阶段是全要素生产率提升的转型阶段,也是全球价值链地位攀升的突破阶段,因此必须实现由外界驱动向自主创新驱动的转型。这需要协调各类支持创新的科技计划,加强政府部门之间的有效协调,避免低水平重复,促进研发和生产部门合作,通过政府引导,组织企业间合作开发。同时有必要以市场为导向,培养具有创新活力的企业,因为企业的创新活力直接决定着一个国家经济发展水平的高低,科技创新只有与企业结合起来,才能实现真正的效益。

第二,加大教育投入力度,重视人力资本积累。中等收入国家的发展处于由要素驱动向效率和创新驱动转型的阶段,而这主要依靠的是人力资本的积累。全社会人力资本的提高是中等收入国家跨越"中等收入陷阱"的关键,而人力资本的提高和优化关键在于教育的发展。国家应继续加大对教育的财政投入,全面提升人力资本水平,努力使国民受教育的水准匹配乃至领先于所处的经济发展阶段。此外,也需要提高高等教育质量,调整高等教育办学方向,使其更加贴近市场需求,破解大学生就业难的问题。

第三,转变经济发展方式,不断优化产业结构。现阶段中国经济增长已进入"新常态","新常态"环境下经济发展方式的转变要求经济增长必须由速度型向质量型转变,不断提高效率,降低成本,从而不断往全球价值链上游攀升,走可持续发展之路。因此有必要推动服务业与制造业的融合发展,建设服务业与制造业一体化的生产体系,通过高端服务业引领高新技术产业和先进制造业,形成分工配套的产业链;也需要充分调集社会力量,集中优势科技资源,积极推进节能环保、新一代信息技术、生物、高端装备制造、新能源、新材料、新能源汽车等新兴产业的发展;还要推进"一带一路"建设,增强中国企业的投资能力,学习发达国家先进的技术和管理经验,促进中国产业链由低端向高端转化,突破产业链低端封锁,构建中国主导的全球价值链。

◆ 专栏:全球价值链的发展趋势

(一)强化全球价值链弹性成为各国发展的新要求

自 2008 年国际金融危机以来,由于全球需求的萎缩,以及新科技革命带来的物流成本下降等因素,全球价值链的发展有以下明显特征:一是产品不同生产环节的收缩与地理迁移,二是全球价值链模式的调整。具体表现为,跨国公司在布局全球价值链时,从原有的以母国市场为中心的"中心—外围"式离岸生产为主,逐渐转为以贴近母国市场或者消费市场的近岸生产为主。生产也不再遵循成本最低原则或者贴近原材料产地原则,而是出现了两种趋势:第一种趋势是将生产与装配放在离母国市场较近的地点,试图缩短供应链,加大对生产的控制力度,减少外部冲击的影响;第二种趋势则是使生产与服务环节更贴近客户,从而跨国公司能够以更敏捷的供应速度与更强的定制能力响应客户需求,强化价值链和供应链的弹性。

(二)全球价值链的发展加速第四次产业转移

当前,全球面临由于全球价值链发展而带来的第四次产业转移浪潮。前几次的产业转移都是单向转移,发达经济体把整体产业链或者产业链中的低附加值部分转移给发展中地区。而第四次产业转移发生了明显转变,最大的特点就是,产业转移呈现双向转移趋势。

方向一:东南亚与南亚地区成为劳动密集型产业重点转入地。国际直接投资是接收国际产业转移的最主要方式。根据联合国公布的《2019年世界投资报告》,2018年亚洲地区吸引的外商直接投资占据第一。作为全球外资流入最多的地区,绿地投资项目的金额翻了一番。在亚洲,东亚依旧是吸收外资最多的地区,但随着中美贸易摩擦加速产业转移,中国、日本、韩国也逐渐加强了对东南亚等地区的投资力度。

方向二:发达国家实施"再工业化"战略,高端制造业未来将呈现回归趋势。自2008年国际金融危机后,发达国家就不断推出"再工业化"战略,如美国的"先进制造业计划"、日本的"制造业白皮书"、英国的"工业2050战略"、德国的"工业4.0"。而近几年,随着特朗普政府"美国优先"战略的全面转向而推出的税收改革法案、进攻性贸易政策,德国"国家工业2030战略"等,发达经济体"再工业化"进程大大加速。因此,全球第四次产业转移更多地体现为劳动密集型、技术密集型和资本密集型产业转移交错融合,低端与高端并存的特点。

(三)保护主义对全球价值链的破坏

在经过长期由经济全球化和全球贸易推动的持续增长之后,各国政府倾向于越来越多地保护本土产业,全球贸易投资保护主义趋势增强。全球贸易预警组织显示,2008年11月以来,全球实施贸易保护措施数量激增,达到13 780项。全球主要经济体贸易保护主义也趋于上升,全球贸易面临的政策环境出现不利变化,保持全球价值链稳定增长的难度较大。特别是全球多边贸易规则框架停滞不前,全球贸易投资规则谈判的平台从WTO多边贸易体系转向区域性的区域贸易协定。截至2019年6月,总有效区域贸易协定数量达474个,其中双边自由贸易协定性质的有257个。两国或多国交叉连接,各种条款规则又不尽相同,这种现象增加了商品跨国流通的复杂性。更严重的是,区域贸易协定的发展导致"竞争性区域集团"形成,不仅导致贸易转移效应,也割裂了全球价值链的分工与合作。

资料来源:张茉楠.博弈:全球价值链变革下的中国机遇与挑战[M].杭州:浙江大学出版社,2020.

本章小结

经济全球化的推进与全球价值链的发展相辅相成,世界各国深深嵌入全球价值链,在享受着不同比较优势分工协作和规模效应的低成本、高效率产出的同时,也面临分配不均、逆全球化倾向和贸易保护主义抬头的挑战。尝试从全球价值链视角思考双边贸易差额的问题,从贸易增加值的角度思考一个经济体的价值链定位,有助于发达国家专注于从事高附加值产业,有助于发展中国家努力借助全球价值链实现工业化并避免陷入"中等收入陷阱"。中国是经济全球化的受益者和重要参与者,面对国际贸易环境的不利情况,稳住自身发展,走可持续发展和创新强国道路是正道。

本章主要概念

全球价值链、贸易增加值、"中等收入陷阱"、微笑曲线

练习与思考

1. 请查阅资料了解关于全球价值链对发展中国家影响的不同看法。
2. 了解"中等收入陷阱"与"荷兰病"的异同点。
3. 通过本章的学习,结合中国当今发展现状,尝试对中国实现全球价值链的攀升提出建议。

推荐阅读

AGÉNOR P-R, CANUTO O. Middle-income growthtraps[J]. Research in economics, 2015, 69(4): 641-660.

ALESSANDRO A, ILARIA F, LUCA S. GTAP-VA: an integrated tool for global value chain analysis[J]. Journal of global economic analysis, 2018, 3(2): 69-105.

ANTRÀS P, CHOR D, FALLY T, et al. Measuring the upstreamness of production and trade flows[J]. American economics review, 2012, 102(3): 412-416.

ANTRÀS P, CHOR D. On the measurement of upstreamness and downstreamness in global value chains[R]. NBER Working Paper, 2018.

ANTRÀS P, CHOR D. Organizing the global value chain[R]. NBER Working Paper, 2012.

ANTRÀS P. Conceptual aspects of global value chains[M]. Washington D.C.: World Bank, 2020.

BALDWIN R, LOPEZ-GONZALEZ J. Supply-chain trade: a portrait of global patterns and several testable hypotheses[J]. *World economy*, 2015, 38(11): 1 682-1 721.

BALDWIN R, TAGLIONI D. Gravity chains: estimating bilateral trade flows when parts and components trade is important[M]. Cambridge, MA: National Bureau of Economic Research, 2011.

BULMAN D, EDEN M, NGUYEN H. Transitioning from low-income growth to high-income growth: is there a middle-income trap? [J]. Policy research working paper, World Bank, 2014, No. 7104.

CONSTANTINESCU C, MATTOO A, RUTA M. The global trade slowdown: cyclical or structural? [J]. *World bank economic review*, 2020, 34(1): 121-142.

COSTINOT A, VOGEL J, WANG S. An elementary theory of global supply chains[J]. *Review of economic studies*, 2013, 80(1): 109-144.

ERIC N, THOMAS P. Robustness tests for quantitative research[M]. Cambridge, UK: Cambridge University Press, 2017.

FELIPE J, ABDON A, KUMAR U. Tracking the middle-income trap: what is it, who is in it, and why? [J]. Working paper, Levy Economics Institute, 2012, No. 715.

GROSSMAN G M, ROSSI-HANSBERG E. Task trade between similar countries[R]. World Bank Policy Research Working Papers, 2013.

GROSSMAN G M, ROSSI-HANSBERG E. Trading tasks: a simple theory of offshoring[J]. *American economic review*, 2008, 98(5): 1 978-1 997.

HERTEL T, HUMMELS D, WALMSLEY T L. The vulnerability of the Asian supply chain to localized disasters[M]. Asia and Global Production Networks. Edward Elgar Publishing, 2014.

HUMMELS D, ISHII J, YI K M. The nature and growth of vertical specialization in world trade[J]. *Journal of international economics*, 2001, 54(1): 75-96.

HUMMELS D L, RAPOPORT D, YI K M. Vertical specialization and the changing nature of world trade[J]. *Economic policy review*, 1998, 4(2): 79-99.

IM F G, ROSENBLATT D. Middle-income traps: a conceptual and empirical survey[J]. Policy research working paper, World Bank, 2013, No. 6594.

JANKOWSKA A, NAGENGAST A, PEREA J. The middle-income trap: comparing asian and latin american experiences[J]. Policy insights, OECD Development Centre, 2012, No. 96.

JONES R W, DOMEIJ D. Globalization and the theory of input trade[M]. Cambridge: MIT Press, 2000.

KOOPMAN R, POWERS W M, WANG Z, et al. Give credit where credit is due: tracing value added in global production chains[J]. *NBER Working Papers*, 2010.

KOOPMAN R, WANG Z, WEI S J. Tracing value-added and double counting in gross exports？[J]. *American economic review*, 2014, 104(2): 459-94.

KRUGMAN P. Scale economies, product differentiation, and the pattern of trade[J]. *American economic review*, 1980, 70(5): 950-959.

PARK A, NAYYAR G, LOW P. Supply chain perspectives and issues: a literature review[M]. Geneva: World Trade Organization, 2013.

PORTER M E. Competitive advantage of nations: creating and sustaining superior performance[M]. New York: Free Press, 1985.

WANG Z, WEI S J, YU X, et al. Characterizing global value chains: production length and upstreamness[J]. *NBER Working Papers*, 2017.

WANG Z, WEI S J, YU X, et al. Measures of participation in global value chains and global business cycles[J]. *NBER Working Papers*, 2017.

YI, KEI-MU. Can vertical specialization explain the growth of world trade？[J]. *Journal of political economy*, 2003, 111(1): 52-102.

诺伊迈耶,普吕佩尔.定量研究中的稳健性检验[M].韩永辉,谭锐,译.上海:格致出版社,2020.

杜大伟,莱斯,王直.全球价值链发展报告(2017)[M].北京:社会科学文献出版社,2018.

金钰莹,叶广宇,彭说龙.中国制造业与服务业全球价值链地位GVC指数测算[J].统计与决策,2020,36(18):95-98.

张辉.全球价值链理论与我国产业发展研究[J].中国工业经济,2004(5):38-46.

李跟强,潘文卿.国内价值链如何嵌入全球价值链:增加值的视角[J].管理世界,2016(7):10-22.

林桂军,崔鑫生.以全球价值链比较优势推动再开放:对改革开放40年外经贸重大里程碑事件的回顾与展望[J].国际贸易问题,2019(01):1-13.

李善同,何建武,刘云中.全球价值链视角下中国国内价值链分工测算研究[J].管理评论,2018,30(5):9-18.

王岚.融入全球价值链对中国制造业国际分工地位的影响[J].统计研究,2014,31(5):17-23.

王直,魏尚进,祝坤福.总贸易核算法:官方贸易统计与全球价值链的度量[J].中国社会科学,2015(9):108-127.

唐宜红,张鹏杨.全球价值链嵌入对贸易保护的抑制效应:基于经济波动视角的研究[J].中国社会科学,2020(7):61-80.

夏锦文.跨越现代化进程中的陷阱[M].南京:江苏人民出版社,2018.

郑丹青.中国制造业出口增加值核算及影响机制研究[M].北京:社会科学文献出版社,2019.

第十一章
数字贸易与跨境电子商务

知识点

数字经济、数字贸易、跨境电子商务

重　点

了解数字技术发展对国际贸易的影响

难　点

理解数字技术如何重塑国际贸易

第一节　数字经济概述

当前,以信息网络技术加速创新与渗透融合为突出特征的新一轮技术革命和产业变革方兴未艾,数字经济正开启一次重大的时代转型,云计算、大数据、物联网、人工智能等数字技术取得了长足进步,带动人类社会生产方式的变革、生产关系的再造、经济结构的重组和生活方式的巨变,对贸易模式、贸易主体和贸易对象产生了深刻的影响。发展数字经济已经成为全球共识,是各国的共同机遇。

一、数字经济的定义和作用

(一) 数字经济的定义

数字经济对全球商业格局产生了深远影响,促进了新的国际公司和行业的诞生,成为支撑全球价值链发展的关键因素。

近年来,各大机构均对数字经济做出定义。2016年德勤(Deloitte)在其报告《数字经济是什么》(What Is Digital Economy)中指出,数字经济是来自人、企业、设备、流程之间每天发生的数十亿个线上联系的经济活动。2016年中国G20杭州峰会发布的《G20数字经济发展与合作倡议》指出,数字经济是以使用数字化的知识和信息为关键生产要素、以现代信息网络为重要载体、以信息通信技术的有效使用为效率提升和经济结构优化的重要推动力的一系列经济活动。2018年亚洲开发银行在其报告《理解数字经济:数字经济如何转变亚洲》中将数字经济定义为以数字化的信息和知识为关键生产要素的广泛的经济活动。

综上可以给出数字经济的定义,**数字经济是以数据为核心生产要素,以云端为基础设施,在信息技术主导的技术经济范式下,形成以数据生产和数据服务为核心的价值创造和价值增值过程。**同时,数字经济也是复杂经济系统中的一种层次,主要体现为数据在价值创造过程中发挥了作用,这部分经济就是数字经济。随着信息技术在经济社会各个领域的广泛渗透和融合,数字经济的内涵和外延也将不断延伸,其范畴也将随之扩大。

(二)数字经济的作用

数字经济能够降低经济成本、提升经济运行效率、促进供需精准匹配、提高全要素生产率,降低经济活动费用,培育新市场、新动能和产业新增长点,并激发新业态、新模式,使在传统经济条件下不可能发生的经济活动成为可能,推动实现包容和可持续增长,推动经济形态向分工更准确、结构更合理、空间更广阔的阶段演进。同时,数字经济也渗透到社会生活的各个方面,促进生活方式转变、提升社会运行效率、降低社会运行成本。

二、数字贸易的概念、特点和分类

(一)数字贸易概念的演进

目前,学界仍未就数字贸易的概念达成共识。2013年,美国国际贸易委员会在《美国与全球经济中的数字贸易》的第一篇第1部分中提出,数字贸易是指在国际和国内贸易中,通过互联网交付的产品和服务;2014年,《美国与全球经济中的数字贸易》对数字贸易的定义进行了修正,将其定义为"任何产业内公司通过互联网提交的产品和服务";2017年,《市场机会与外国主要的贸易限制》中将数字贸易定义为"通过固定网络或无线数字网络传输的产品和服务,包括通过电子商务平台销售的数字产品和服务,还包括实现全球价值链的数据流与众多的应用和平台"。

为了便于接下来的讨论,本书引用《中国数字贸易发展报告2020》中的定义。**数字贸易是指依托信息网络和数字技术,在跨境研发、生产、交易、消费活动中产生的,能够以数字订购或数字交付方式实现的货物贸易、服务贸易和跨境数据流动贸易的总和。数字贸易的技术基础是数字技术,尤其是新型数字技术,包括线上交付和线下订购及交付两部分内容,按照内容类型划分为传统数字贸易业态和新型数字贸易。

(二) 数字贸易的特点

从数字贸易概念演进的过程中,可以发现数字贸易具有两个特点:第一,数字贸易建立在数字技术基础上。数字技术的发展是数字贸易概念演进的根本原因。数字贸易的定义从"通过互联网交付的产品和服务"到"通过固定网络或无线数字网络传输的产品和服务",可以发现数字贸易发生的基本条件更加清晰。第二,数字贸易发生的方式不同导致数字贸易的内容类型存在差异。

(三) 数字贸易的分类

根据数字贸易的概念,可将数字贸易分为数字货物贸易、数字服务贸易和数据贸易三类。数字货物贸易包括交易对象为数字货物的贸易和以数字方式交易的货物贸易。数字服务贸易包括数字内容服务贸易和以数字方式提供的服务贸易,前者包括数字媒体和软件贸易等,后者包括数字旅游、数字教育、数字医疗及数字金融等。数据贸易是由数字技术发展产生的新兴贸易方式,包括搜索引擎和数据的跨境流动等。表 11-1 展示了数字贸易分类。

表 11-1 数字贸易分类

传统贸易方式的改变		新兴贸易方式的出现
数字货物贸易	数字服务贸易	数据贸易
• 交易对象为数字货物的贸易 • 以数字方式交易的货物贸易	数字内容服务贸易: • 数字媒体(数字音乐、数字电影、数字动漫影视、电子出版等) • 软件贸易等 服务贸易数字化内容: • 数字旅游 • 数字教育 • 数字医疗 • 数字金融 • 其他	• 搜索引擎 • 数据的跨境流动

资料来源:作者归纳整理。

三、数字经济发展现状

(一) 全球数字经济发展情况

数字技术创造了新的市场、产品和商业模式,进一步增加了商品和服务的复杂性,并

可能改变服务的提供方式。因此,不断变化的数字技术使得数字贸易的价值和数量统计变得极为复杂。许多国家的数据收集工作,特别是发展中国家仍处于起步阶段。即使在最先进的经济体中,不断创新和不断发展的商业模式也不可避免地导致数据收集存在差异。尽管存在诸多挑战,但仍有各类统计数据可以说明数字贸易的发展现状。

(二) 中国数字经济发展情况

根据《中国互联网发展报告(2020)》,2019 年中国数字经济规模达 35.8 万亿元,占 GDP 比重达 36.2%,中国数字经济总量规模和增长速度位居世界前列。此外,2019 年,中国电子商务交易额达 34.81 万亿元,同比增长 6.7%,直播电商等新业态呈爆发式发展,农村电商迅速崛起。与此同时,网上购物、在线购物、在线娱乐、远程办公等线上需求迅速增长,服务业数字化水平加速提升。最后,在数字基础设施建设上,截至 2020 年 5 月底,中国光纤网络全面覆盖城乡,光纤用户占比达 93.1%,位居世界第一。2019 年中国 4G 基站总数为 544 万个,移动互联网接入数据消费量达 1 220 亿吉字节(GB),位居世界第一。5G 基站建成数量截至 2020 年 9 月已超过 48 万个。

第二节 中国跨境电子商务发展

跨境电子商务是数字货物贸易的典型形式,也是目前中国数字经济中发展规模最大、增长最快的领域。跨境电子商务让中国的中小企业和个人能够更好地参与国际贸易,也能够享受来自世界各地的优质商品和服务。通过跨境电子商务将真正实现买全球、卖全球,普惠贸易将成为未来发展的新趋势。

一、跨境电子商务整体发展情况

中国跨境电子商务保持蓬勃发展态势。通过海关跨境电商管理平台的进出口总额从 2015 年的 360.2 亿元增长到 2019 年的 1 862.1 亿元,年均增速达 50.8%。跨境电子商务依托互联网发展壮大,是中国实现"互联网+对外贸易"的主要途径,"十三五"规划建议提出"建立便利跨境电子商务等新型贸易方式的体制机制"。各地借助"一带一路"倡议以及"互联网+"、创新驱动、自由贸易区建设等重要国家战略,都相应地出台了许多扶持跨境电子商务发展的政策,各地政府也积极响应号召,着力发展跨境电子商务。跨境电子商务已成为推动全球电子商务发展的引擎,电子商务平台的成功模式被不断放大,移动互联网爆发式发展使移动购物越来越普及,成为影响中国电子商务增长的重要因素。此外,跨境电子商务为中小企业提供了对外贸易的便捷通道,也为发展中国家公平参与国际贸易提供了机会。

二、跨境电子商务平台发展现状

跨境电子商务的发展依赖于电子商务平台的发展,越来越多的传统企业通过跨境电子商务平台实现商品和服务"走出去",目前中国跨境电子商务平台呈现出成熟化、多样化和生态化等特点。

首先,随着跨境电子商务市场日趋成熟,跨境电子商务平台也逐渐成熟,出现两类主要的电子商务平台:综合类第三方服务平台和自营型平台。综合类第三方服务平台主要由国内大型电子商务平台发展而来,如网易考拉、天猫国际等,其优势主要在于拥有绝对数量的买家和卖家、强大的品牌优势等,能够在短时间内获得一定的市场份额。自营型平台由于其自营特点,能够更好地实现对平台商品品类的管理,具有较好的品牌优势,能更好地满足消费者的基本需求。

其次,跨境电子商务平台的稳步发展催生了线上线下多样化的经营模式。2017年以来,各跨境电子商务试点城市和综合实验区不断探索,尝试设立跨境电子商务线下体验店。如郑州中大门O2O跨境自提馆的创新模式率先落地,并开始向全国复制推广。深圳推出"保税+实体新零售"模式试点,支持零售企业在大型商业综合体开设实体店面,集中展示完税商品、普通保税商品和跨境电子商务进口商品,实现"线上交易、线下体验、到店提货",促进实体零售与保税贸易的融合发展。

最后,随着跨境电子商务各种市场主体聚集并围绕跨境电子商务企业开展服务,跨境电子商务生态系统逐步形成。目前已有物流公司、在线支付平台、代运营公司、软件公司等配套企业加入跨境电子商务平台,提供包括网店装修、网站运营、物流、金融服务、质检、退换货、营销、保险等内容在内的服务,整个行业生态体系分工更加清晰和健全。

三、跨境网购消费者发展现状

由于跨境网购平台的逐渐规范以及消费者参与跨境网购的意愿不断提升,中国跨境网购消费者数量不断增加。根据亚马逊中国报告,2016年中国跨境网购消费者表现出年轻化、高学历和高收入等特征,具体而言,80%的消费者集中在35岁以下群体,另外90%以上的消费者拥有本科以上学历,50%以上的消费者拥有5 000元以上的月收入。

此外,跨境网购消费者的购物选择更加多样化。随着跨境电子商务平台不断向海外各个国家和地区扩展业务,消费者的购物选择也越来越多样化,从开始的日本、韩国、美国和澳大利亚,开始向德国、英国、法国和加拿大等国家延伸。购物商品的种类也从鞋靴、母婴用品、电子产品逐渐扩展到户外装备、玩具等商品。

四、跨境电子商务国际合作

中国不断开拓电子商务国际发展空间,扩大国际影响力,积极参与并推动建立多边合作机制。首先,跨境电子商务被纳入"一带一路"议题,"丝路电商"成为新亮点,2017年中国先后与爱沙尼亚、匈牙利、越南等共计7个沿线国家建立了双边电子商务合作机制,并签署了相应的谅解备忘录,将在政策沟通、公私对话、行业互动、人员培训、能力建设、联合研究等方面开展合作。其次,中国积极构建电子商务国际规则体系,完成了包括中国—格鲁吉亚、中国—智利自由贸易协定在内的诸多经贸合作协议中的电子商务议题谈判。最后,中国积极参与多边贸易机制和区域贸易协定框架下的电子商务议题磋商,于2017年促成了金砖国家电子商务工作组成立并达成了《金砖国家电子商务合作倡议》。

第三节 WTO 框架下的数字贸易规则

一、WTO 组织框架下的数字贸易规则

《服务贸易总协定》(GATS)是 WTO 多边贸易体制中与数字贸易规则相关的基本协定。GATS 中提出了服务贸易的四种方式:①跨境支付;②境外消费;③商业存在;④自然人存在。其中,仅有跨境支付不需要服务供需主体在交易时发生位置移动,服务可以通过电话、传真、互联网等方式提供。从四种服务贸易方式我们可以看出,数字服务贸易主要是跨境交付,**GATS 能够管理和规范以电子传输为方式的跨境交付。**

二、WTO 组织框架下的跨境数据流动

是否允许跨境数据流动直接关系到数字贸易能否实现,尽管 GATS 能够为数字经济的国际贸易和跨境数据流动提供充分保护,但保护的程度最终取决于 WTO 成员的承诺范围。虽然很多 WTO 成员已经就保护数字服务的自由贸易做出重要承诺,但依然需要更多的国家对此做出更广泛的承诺来推动全球数字贸易发展。

数据本地化政策包括要求企业的数据服务器位于境内或者要求必须在境内存储或处理数据等规则,此类政策既可能涵盖大多数数据,也可能侧重于特定类型数据,如本地支付数据或医疗和税务等个人信息。数据本地化政策限制了企业向境外传输境内用户数据的能力,实质上可能违背 GATS 承诺。

关于数据本地化要求是否合理还存在较大争议。一方面,政策制定者通常会基于隐私或安全考虑等理由提出数据本地化要求,主张公民数据应该受其住所地国家(地区)法

律保护,境外企业不应该获取与境内公民相关的数据,在使用数据时也应受到数据收集地法律的约束。另一方面,因为在一个国家(地区)开展业务的大多数公司都必须受到该国(地区)法律的管理和约束,必须遵守东道国关于数据方面的相关法律法规,数据本地化要求既不会增加商业隐私,也不会增加数据安全性。数据的机密性通常不取决于存储数据的国家(地区),而是取决于用于安全存储数据的相关措施。

三、WTO 组织框架下的电子商务规则

早在 1998 年 5 月,WTO 就制定了《电子商务工作计划》(以下简称《工作计划》),《工作计划》呼吁 WTO 成员不征收电子传输关税。

《工作计划》中最重要的是对数字产品和电子传输的定义。数字产品是通过网络进行传输和交付的内容产品。这些产品由传统或核心版权产业创造,通过数字编码并在互联网上进行电子传输,且独立于物理载体媒体,包括电影、图片、音乐、软件、视频和游戏等。电子传输指使用电磁波或光学手段传输数字产品。

但是,WTO 组织框架下有关电子商务的诸多事宜的谈判进程很慢。自 1998 年《工作计划》制定后,谈判就未取得较大进展。在 2000 年 7 月的西雅图会议上,WTO 各成员存在巨大分歧,无法达成一致,只好决定将"于 1999 年底之前不得对电子商务征税"等问题延至 WTO 第四次部长级会议中讨论。在 2001 年 WTO 第四次部长级会议上通过的《多哈宣言》称:"为实施《工作计划》设计一个最合理的制度安排,并在第五次部长级会议上做详细的报告。"《多哈宣言》还声明,在第五次部长级会议前,各成员继续不征收电子商务进口关税。在 2003 年 WTO 第五次部长级会议上,各成员仍未达成任何协议,电子商务谈判被搁置。在 2005 年 WTO 第六次部长级会议上,电子商务谈判也未取得任何进展。

至今,WTO 关于电子商务谈判中尚未解决的议题主要包括明确永久的电子传输和内容的免税暂停协议。在 2009 年 WTO 第八次部长级会议上,电子传输和内容的免税暂停协议已延至 2011 年,但由于主要成员方对数字贸易征税存在较大分歧,WTO 一直未能对其形成正式永久的决议。到目前为止,WTO 规则对电子商务的适用性仍存在争议。

四、中国在 WTO 组织框架下的数字贸易规则

中国在 WTO 组织框架下的数字贸易规则中的承诺主要与 GATS 相关。从跨境支付的承诺来看,中国总体上在市场准入和国民待遇领域的承诺高于发达经济体,发达经济体在跨境支付方面的服务部门有 100 个,其中没有限制的为 26 个、有限制的为 50 个、不做承诺的为 24 个,而中国涉及 101 个服务部门,相对应的承诺分别是 40、41 和 20 个服务部门,基本与后加入 WTO 成员的承诺一样。

另外,中国不同服务部门的承诺存在很大的差异。第一类是高度开放的行业,包括

专业服务、配送服务、观光旅游相关服务等三个服务部门。第二类属于基本不开放行业，中国加入WTO时，关于健康及相关的社会服务，娱乐、文化和体育服务等部分没有任何承诺，环境服务、教育服务和建筑服务在跨境支付领域没有承诺。第三类属于有限开放部门，主要包括通信服务和运输服务、金融服务等。

最后，对于专业服务中的数据处理服务，中国在跨境支付方面的市场准入和国民待遇方面的承诺是没有限制的。对于通信服务中的在线信息和数据检索服务以及在线信息和数据处理服务，中国在市场准入方面的承诺与对商业存在的服务方式是一样的，即允许境外服务提供者仅设立合资企业，且外资占比不得超过49%。因此，在WTO组织框架下，对于境外服务提供商而言，中国跨境信息传输和跨境数据传输的市场准入业务有两方面条件：一是必须在中国设立公司；二是该公司必须为合资公司，且外资股权不能超过49%。

五、WTO组织框架下的数字贸易规则未来走向

WTO组织框架下的电子商务需要讨论的数字贸易议题包含如下五方面：

第一，相关术语。目前通报文件中的相关术语包括电子商务、跨境电子商务、数字贸易和数字经济等，这需要各成员首先对相关术语进行定义，确定其内涵和外延。但目前各成员对相关术语的理解不同，通报文件中也并没有明确的定义，有些甚至大相径庭、彼此矛盾，这需要各成员之间充分沟通，明确WTO组织框架下相关术语的定义。

第二，确定范围。确定数字贸易规则的基本范围是在电信服务框架内还是在服务贸易框架内，这些是制定WTO组织框架下数字议题的基础，需要各成员达成一致意见。如果是在电信服务框架内，就需要升级WTO电信参考文件（如《基础电信协议》），如果是在服务贸易框架内，就必须确定数字贸易规则是GATS+还是GATS-X方向。

第三，WTO组织框架下讨论数字议题的基本要素和范围。由于各成员在数字贸易方面存在国际竞争力和国内规则的明显差异，因而在数字规则制定中的目标取向不同，这些差异体现在适用范围、个人信息保护程度和跨境数据传输限制程度等各个方面，各成员需要在数字贸易自由化、数据保护和国家跨境数据流动安全之间寻找平衡。

第四，与数字贸易相关的知识产权问题。数字技术带来了许多与传统贸易不同的知识产权问题，同样也存在发达成员和发展中成员之间在知识产权领域发展不平衡的问题，需要各成员达成一致意见，以促进平衡的知识产权保护体系发展。

第五，数字贸易的争端解决机制。必须根据数字贸易的特点来形成多边贸易体制框架下的争端解决机制。许多国际组织已经开展这方面的研究，如OECD强调国家有必要鼓励企业建立自愿、有效和及时的机制来应对和解决消费者投诉，联合国国际贸易法委员会已经成立一个工作小组，专门研究制定关于可选争端解决程序的模板规则，用于规范以电信方式操作的跨境的、低价值的、高数量交易。

第四节 数字技术重塑全球贸易

互联网推动了数字革命,从根本上改变了社会通信、生产和消费的方式,深刻改变了国际贸易的贸易条件、贸易方式和交易主体。

一、技术创新塑造全球贸易

每一次全球化浪潮均受到运输和通信技术革新的驱动,这些技术大大降低了贸易成本,扩大了经济活动的范围,导致国家之间的经济活动更加广泛,经济一体化更加深入,进而要求新形式的国际贸易合作,重塑全球贸易形态。

(一) 1815—1914 年:第一次浪潮

工业革命是世界贸易的第一次转折点。早在 17 世纪至 18 世纪,世界经济已经开始转型,造船业和航运业的进步将新世界贸易之路引向非洲、美洲和亚洲。18 世纪后期随着工业革命的展开,大量新技术的使用大幅降低了运输和通信成本,引发贸易、资本和技术流动的大规模扩张,并导致全球经济一体化,这一阶段被称为"经济全球化的第一阶段"。运输和通信技术上的突破使得国家以一种与过去截然不同的方式开展贸易与投资。

蒸汽船是 19 世纪第一个改变交通运输的革命性技术。起初,蒸汽船只在内陆水道运输高价值货物。但随着一系列渐进式的技术改进,新建造出的船舶更快、更大、更省油,使得运输成本进一步降低,开始跨洋运输大宗商品和奢侈品。在 19 世纪 30 年代末期,蒸汽船经常穿越大西洋,到 50 年代,通往南非的航线开通,1869 年苏伊士运河开通,成为欧洲通往亚洲的一个重要捷径,跨洋蒸汽船也占领了远东贸易航线。

铁路是工业革命的另一大运输技术突破,铁路的使用迅速降低了内陆运输成本。世界上第一条客货运铁路线,即英国斯托顿—达林顿铁路线于 1825 年开通,并很快在整个英国乃至欧洲和美洲被复制。全球铁路线路从 1870 年的 19.1 万公里增加到 1913 年的近 100 万公里。此外,19 世纪 30 年代,冷藏技术的突破加强了蒸汽船和铁路的作用,使得冷冻肉类和黄油的远距离运输成为现实。

电报技术的发明大幅降低了通信成本,有效地引领了现代即时全球通信。1858 年 8 月,第一个跨大西洋的电报信息成功发送,将欧洲和北美之间的通信时间从 10 天(通过船舶发送信息所需的时间)缩短到几分钟。到了 19 世纪末,美国、英国、法国和德国用电报将欧洲和北美连接在一起。

越洋蒸汽船连接全球各个市场,铁路连接着新兴工业中心,电报连接着金融中心,世界贸易与投资发展迅猛。据估计,1870—1913 年,英国、法国、美国等 18 个贸易大国的国际贸易成本相对于国内贸易成本下降了近25%,推动这一时期全球贸易额增长约55%(Jacks et al.,2008)。此外,技术变革、贸易开放和国际合作共同推动了全球和区域贸易与经济一体化进程。该时期国际贸易额增长486%,年平均增长率为4.12%,大大高于同期世界经济2.1%的年均增长率。

技术变革不仅推动了全球贸易的发展,更促进了日益增长的国际经济合作。首先,1846—1860年,英国废除了《航海法案》和《谷物法》,单方面取消了许多关税壁垒和贸易限制,为更开放的国际贸易提供了强大的推力。接着,1860年,英国与法国谈判签署了《科布登—谢瓦利埃条约》,通过以有条件的最惠国待遇为基础,减少当时世界两个最大的经济体之间的贸易壁垒,激励其他欧洲国家缔结类似的双边贸易协定。最后,19世纪70年代,在英国的带领下,世界主要经济体转向金本位制度和固定汇率制度,成为全球经济稳定的最重要支柱。

虽然当时没有类似的多边国际组织,但也建立了一些国际机构来管理与技术驱动的经济一体化相关的应对政策。世界上第一个政府间组织国际电信联盟成立于1865年,目的是将国家电报系统连接成一个整体的国际网络。万国邮政联盟的前身邮政总联盟以类似的方式成立于1874年,以帮助协调跨境邮政投递。

(二) 1914—1945年:瓦解

第一次世界大战给予了全球化致命打击,不仅摧毁了自由经济秩序,还摧毁了19世纪普遍存在的假设,即技术驱动的全球经济一体化和各国互相依存关系本身就足以支撑国际合作和和平。国际贸易受到严重破坏,金本位制度崩溃,贸易限制政策普遍存在。虽然20世纪20年代在恢复1914年之前的经济方面取得了一定进展,但"大萧条"带来了毁灭性的打击,到20世纪30年代世界经济仍未恢复。经济不安全导致政治不安全,进而又导致政治极端主义抬头,造成集体安全崩溃,武力重拾,最终爆发第二次世界大战。1919—1939年,贸易成本年均上升了10%(Jacks et al.,2008)。

但是,即使在1914—1945年的战争期间,运输和通信方面的技术进步仍在继续,甚至在某些情况下还在加速。例如,战争实际上推动了跨洋航运的创新,包括改进锅炉和发展涡轮电力传输技术。与此同时,石油和柴油逐渐取代煤成为新的能源。一方面,1914年,96.9%的世界商船队由烧煤的蒸汽船组成,到了20世纪20年代这一比例下降为70%左右,1930年下半年又降至50%以下(Lundgren,1996)。另一方面,柴油和电力机车正逐渐取代蒸汽机,大量的柴油和电力机车被运用于交通运输,从最开始的城区内运送乘客,到大型柴油和电力机车行驶在通往主要铁路线路的支线上,最终与铁路运输展开竞争。此外,铁路网络也在两次世界大战之间迅速扩张。

(三) 1945—2000年:第二次浪潮

第二次世界大战后,世界经济开始"重新整合",回到了全球一体化的道路上。1950—1973年,世界经济增长速度远快于1914年之前的水平,地理范围分布更广,创造了前所未有的"黄金时代"。世界贸易额年均增长速度约8%,世界人均GDP增长近3%。与过去一样,推动第二次浪潮的也是运输和通信方面的技术突破和贸易成本的快速下降。1950—2000年,贸易成本又下降了16%,并能够解释大约33%的贸易增长(Jacks et al.,2008)。

远洋运输的技术变革,尤其是集装箱的大面积使用,导致远洋运费大幅降低,运输成本占交易价值的比率从20世纪70年代的10%下降至90年代中期的6%左右(Hummerls,2007)。同时,铁路运输得益于电气化、铁路设计、高速列车和多式联运等创新,运输成本进一步下降。此外,航空货物的快速扩张也是20世纪下半叶的重要交通运输突破,20世纪70年代末,随着联邦快递(FedEx)的发展,专门的货运航空公司承诺隔天货运,航空货运成本在不到10年的时间内下降了75%(Dollar and Kraay,2002)。

卫星和光纤电缆等电信创新使得通信成本迅速下降,从伦敦到纽约3分钟的电话费由1930年的250美元下降到2018年的1.6美分。与此同时,根据国际电信联盟统计,2014年移动电话数量已经超过人口数量,2019年移动电话数量已经超过130亿部。

第二次浪潮导致生产和分销的国际化程度不断提高,结束了生产环节必须集聚的时代,越来越多的生产通过复杂的全球供应链、高效的世界工厂等途径实现管理和整合,供应链将生产过程的各个环节定位在世界上最具成本效益的地方。而实现全球价值链发展的是日益复杂、无缝和灵活的贸易和投资网络,这个网络允许分布在世界各地的公司和服务提供商,按照严格的规格和顺序交付产品。据估计,目前全球约有80%的贸易发生在跨国公司的国际生产网络中。

二、数字技术对经济的影响

数字技术通过催生新的市场、商品和服务重塑了全球经济,并导致对隐私、市场集中和数字鸿沟等方面的关注和担忧。

(一)在线市场的诞生

消费者在全球范围内使用数字技术的一个突出表现是在全球购买商品和服务,实现这种在线购物行为的基础是智能手机、平板电脑和笔记本电脑等支持互联网设备的普及,使得消费者能够访问在线市场。这些设备为消费者提供了有关各种可用商品和服务的实时信息,并彻底改变了消费者识别、比较和支付产品的方式。

2015年,德勤在其报告"Consumer Product Trends"中指出"数字技术已经渗透到购买行为的方方面面,因为今天的消费者使用网站、社交媒体和移动App不仅要研究产品、比较价格和购买,还要向其他人甚至公司提供反馈意见"。比如很大一部分消费者在小红书、大众点评等专业论坛上寻求和分享意见与评论,并在网上购物之前,通过社交网络查看网友的推荐。

为了吸引越来越多的数字消费者,许多品牌企业正在实施新的数字营销技术,比如提供产品比较工具、提供免费送货服务和定期发送提醒以通知在售产品。此外,品牌企业也强化了在线商品的可视化,并为每个使用中的设备定制内容。例如,eBay 在使用在线定制技术的第一年便获得了超过 4 亿美元的销售额。

更有趣的是,企业倾向于使用人工智能技术加深对消费者行为的理解,确定消费者的确切需求并相应地调整企业的商品和服务。例如,零售企业依靠机器学习算法,在购买过程中收集每个客户的数据点,存储他们的决策数据,并不断推荐调整直至购买。亚马逊是 2000 年初以来首批推出该技术的公司之一,其 35% 的销售额归功于此。

(二)电子消费商品和服务多样化

由于数字技术为消费者提供了诸如智能手机和平板电脑等先进工具,因此只要消费者连接互联网,就可以随时随地使用各类在线版本的商品和服务。

1. 媒介服务

视听媒体和软件是最容易数字化的产品。消费者可以使用智能手机和平板电脑观看各类视频平台上的电影和电视剧。同时,2000 年之前音乐录制媒体一直都是纯粹的物理媒体,2000 年起数字音乐销售额迅速增长;2015 年数字音乐销售收入占欧盟唱片业收入的 26%;2018 年中国数字音乐市场规模为 76.3 亿元,整体保持着较高的增长速度。

2. 数字化服务

数字化服务可以定义为通过信息和通信技术网络远程提供的一系列服务。例如,在交通方面,滴滴出行等公司已经能够让乘客使用移动设备 App 预约出租车在指定位置接客,从而为乘客节省话费和等待时间。

旅游业也是数字化服务的典型例子。现在许多消费者只需单击几下鼠标即可在线规划行程。他们可以在去哪儿或携程等专业旅游网站比较航班价格。一旦他们找到了最优惠的价格,付款和登机手续就可以在线进行。此外,他们还可以在这些网站上预订酒店房间、搜索旅行攻略以及分享旅行心得。

3. 定制化和个性化的商品与服务

消费者对于定制化和个性化产品的需求越来越高,德勤在 2015 年开展的一项调查中发现,几乎五分之一的受访者声称他们愿意支付 10% 的额外费用来个性化他们所购买的产品。几乎一半的受访者愿意等待更长的时间来获得定制化商品和服务,而各个年龄段消费者均感兴趣的定制项目包括假期安排、酒店入住安排和航班行程等。

为了回应这种定制化偏好,服务商在其交互式网站中嵌入了在线配置选项,这些功能使得消费者能够个性化其商品和服务。部分企业甚至采用了产品可视化技术和 3D 打印等尖端技术,纺织行业提供了一个有趣的例子,如采用先进的 3D 打印技术,消费者自行在线快速扫描,上传 3D 模型,并根据自己的体型订购服装。

(三)数字市场的准入更容易、产品更多样化

数字化市场的扩大大幅降低了通信、搜索和匹配成本,使得大量的产品以数字化而

非实体方式进行交易。事实上,基于网购的吸引力,公司投资建设实体商店,让消费者花费时间寻找特定商品或服务的动力越来越弱。

供给侧数字化的一个显著优点是可以大大降低准入成本,使公司能够以更低的成本更容易地以数字形式生产、推广和分销音乐、电影和电视等媒体产品。此外,Kindle 等直接发布平台提供了比传统书籍出版模式更便宜和实用的替代方案。2007 年以来,作者已能够直接将他们的作品上传到出版平台,然后在全世界分销他们的书籍而无须借助编辑或出版商等中介。推出产品成本的降低不仅吸引了新创作者进入,还激励已有作品的作家将新作品推向市场。

更重要的是,供给侧方面准入门槛的降低已经影响到需求侧,提高了消费者福利水平。换言之,通过消除准入门槛和放松分销限制,数字化为消费者提供了更广泛的选择。只要有互联网连接,消费者就可以随时访问越来越多的商品和服务。

(四)数字技术带来的挑战

尽管数字技术带来了好处,但也导致隐私、市场集中和数字鸿沟等方面的问题。

1. 隐私

隐私是对如何收集和使用个人信息进行控制的权力。随着数字技术的发展,生成、收集和存储个人信息变得更加容易,非法使用信息案件频发也导致对隐私的关注度日益提高。目前,许多国家政府正在通过立法等手段处理隐私问题,以更好地区分企业可以收集和保留的个人信息,以及规定它们可以用这些数据做些什么。

将保护个人隐私的成本同企业和政府收集、分析个人数据的社会利益进行权衡是非常重要的。比如传感器的发展使得远程监测患者的想法成为现实,这些技术的使用有效降低了医疗成本并改善了健康状况。但是,我们仍然必须在使用个人数据所产生的经济利益和因滥用此类数据而产生的个人信息保护成本之间进行权衡。

2. 市场集中

数字技术降低了互联网供应商和零售商的准入门槛,产生了促进竞争的作用,但也通过排他性和共谋限制了竞争的潜力。谷歌、微软和 eBay 等知名互联网公司的商业行为已经被欧盟委员会等机构调查。

数字市场的竞争很大程度上受到网络效应、规模扩展限制和高转换成本的影响。网络效应是指网络提高了每个额外用户的价值,进而导致总参与者数量的价值增加,这是"直接网络效应"。此外,由于网络规模的增加吸引了其他市场用户的"间接网络效应"也可能发生。双重效应可能产生"赢家通吃"的结果,即单个网络在每个市场均占据主导地位。规模扩展限制允许公司大量、快速地添加新用户,因为数字产品并不是实体产品,公司的扩张只是简单地再现和分发。高转换成本往往导致用户锁定,使新进入者难以在市场上扩张,随着消费者越来越多地使用在线服务并向服务商提供数据,他们转换和转移数据的成本就会越高,尤其是在微信等社交网络以及 eBay 等购物平台。

此外,数字市场还可能出现共谋,即负责供应和定价的企业之间进行串通,而且即使没有实际的串通协议,通过大数据分析仍可能导致反应性的算法定价,产生类似于合谋的结果。

3. 数字鸿沟

数字化正在重塑全球各个国家的经济活动,然而这种变化以不同的速度发生,取决于每个国家参与数字经济的程度,暗示着发达国家和发展中国家之间的数字技术差距可能成为数字领域经济一体化的障碍。

从通信技术上看,发展中国家信息与通信发展落后,尤其是宽带,缓慢的下载和上传速度以及相对昂贵的宽带服务导致发展中国家的消费者不太可能将互联网用于经济目的。同时,发展中国家的本地公司难以进入国际电子商务平台,因为发展中国家的风险和运营成本更高,这些国家的公司往往被平台收取高额的佣金。此外,发展中国家的物流成本也相对较高,几乎是发达国家的两倍,这些因素均阻碍它们参与数字经济。

从监管上看,相比数字经济的迅猛发展,许多发展中国家电子商务相关的立法落后,截至2017年底,仅有52%的非洲国家实施了电子交易法,远低于发达国家的97.6%。此外,只有33%的非洲国家实施了消费者保护法,同样远低于发达国家的85.7%。过时的法律和监管框架降低了消费者对数字交易的信任,成为发展中国家消费者积极参与社交媒体但不愿参与网上消费的主要原因。

从企业规模来看,因为只有大企业才能够充分准备并有效参与数字经济,企业参与数字经济的可能性随着公司规模的扩张而增加,换言之,大企业的在线份额总是高于小企业,这表明数字化将进一步扩大公司之间的两极分化,导致市场份额差距扩大。

三、数字技术对国际贸易机制的影响

本小节重点关注数字技术如何改变国际贸易,主要从贸易成本、贸易结构和贸易模式三个方面展开讨论。

(一) 更低的贸易成本

数字技术降低了距离的相关性,提高了搜索产品的效率,构筑了验证质量和声誉的机制并简化了跨境交易。根据世界银行测算,1995—2014年,总贸易成本年均下降幅度约为15%。其中,运输和物流成本的下降占据了贸易成本变动中最大的份额,占比接近50%;其次是信息和交易成本,占据了贸易成本总变化的30%;最后,贸易政策和贸易壁垒的变动对服务流动的影响,占服务贸易成本变动的15%,占货物贸易成本变动的11%。

1. 运输和物流成本

运输成本取决于运输产品的种类、国家之间的距离以及来源地、目的地和过境地的贸易基础设施。Limão and Venables(2001)设计了一个基础设施质量指数,发现一个排在该指数第75%国家的运输成本比排在中位数的国家高12%,导致相应的贸易量降低了28%。而在全球价值链时代,运输成本已经不仅仅是物流成本,更强调的是时间延迟和不确定性对成本的影响,对于从不同来源地采购的进口商而言,一次交货的中断可能会阻碍整个生产过程。

技术进步对物流和运输成本产生了显著影响,首先,基于人工智能和大数据的中继运输网络能够实时进行行程规划,将驾驶员和驾驶工具连接起来,极大地提高了运输效率。其次,由大量的物联网传感器组成的货运跟踪系统降低了物流成本。该系统一方面有效减少了运输中丢失的货物数量,另一方面提高了集装箱的使用效率,降低了集装箱的支出成本。最后,智能机器人的使用降低了存储和库存成本。使用先进的机器人技术能够最大限度地降低存储成本并加快向最终客户分送的速度,大型电子商务公司已经开始密集使用人工智能和机器人设计分销网络,规划最有效的交付路线并充分利用其仓库。

2. 信息和交易成本

因为难以找到潜在买家和卖家,也难以查明企业声誉、验证信息并执行合同,开展远距离的国际贸易往往比较困难。如果贸易成本很高,企业就无法利用不同市场之间的价格差异进行套利,体现为同种产品之间巨大的价格跨度。现有研究发现,即使是通过移动电话等简单技术,也可以帮助企业更好地了解信息,降低发展中国家的价格差异,尤其是农产品的价格差异(Bernard et al.,2007)。

在线平台、物联网、区块链和实时翻译等技术能够有效削减国际贸易中的信息与交易成本,克服信息和信任匮乏的问题。在线平台通过匹配买家和卖家,降低了买卖双方获取市场信息和向潜在客户提供信息的成本。对消费者而言,在线平台提供的反馈和担保机制提高了其对在线卖家的信任;对企业而言,通过在平台上建立品牌、树立声誉,能够更有效地获得更多的出口收入、客户和市场份额。

物联网和区块链技术打造的电子可追溯系统能够为企业提供产品来源和真实性的证据,提高供应链透明度。实时翻译软件的出现大幅降低了语言壁垒的重要性,扩大了贸易机遇,尤其有利于语言技能不发达的小企业。

3. 贸易政策和贸易壁垒

合规性要求是最为重要的一类贸易壁垒。消费者要求保证产品满足基本标准,贸易当局需要确保进口产品符合国家法规,从而产生了广泛的非关税壁垒。虽然国际上的监管协调和标准互认减轻了合规成本,但非关税壁垒仍然是贸易成本的主要构成。此外,合规成本在复杂的全球生产网络中成倍增加,它既会影响大企业,也会影响中小微企业。

采用电子证书等自动化认证方式能够有效减少合规审查花费的时间和资源,增加出口部门的收入,同时,电子认证还可以降低欺诈性证书发生的概率并提高透明度,加强贸易伙伴之间的信任以及在全球价值链中的联系。

(二)贸易结构的改变

数字技术使经济活动发生深刻变革,降低了贸易成本并改变了贸易模式。接下来从服务贸易、货物贸易和知识产权贸易三个方面来分析数字技术对贸易结构的影响。

1. 服务贸易

数字技术的发展,尤其是网络发展促进了服务贸易额的迅猛增长,服务贸易额占全球贸易总额的比重由 1995 年的 18% 上升到 2017 年的 23%。一方面,越来越多的服务能够以数字化形式实现供应;另一方面,为了使服务能够以电子方式提供,数字基础设施得以快速发展。

贸易成本降低增加了可数字交付服务的贸易。互联网、电子邮件和在线平台等数字技术大大降低了国际通信成本,减少了物理距离的限制,导致服务贸易结构发生重大变化。2005 年以来,增长最快的出口是数字化服务,如电信、计算机和信息服务、其他商业服务和金融服务,甚至其增长速度超过了旅游和运输等传统服务。这些服务的跨境供应为新的出口机会和出口多样化提供了可能。

数字技术创造了提供服务的新方式。除了促进传统服务贸易,数字技术还创造了提供服务的新方式。远程控制机器人领域的发展放宽了对服务贸易的监管壁垒和人员流动成本的限制,创造出新的服务交付方式。此外,以录制音乐行业为例,其正在逐渐远离销售实体和数字下载,越来越依赖于通过互联网提供流媒体服务的商业模式。

2. 货物贸易

数字技术推动了全球生产网络的发展,导致部分产品的国际贸易可能增加,而其他产品的国际贸易可能下降甚至消失。

首先,贸易成本的降低使以前交易成本较高的货物贸易得以扩大。对于时间敏感型产品,虽然数字化不能够缩短国家间的距离,但物联网和人工智能技术能够极大地提高运输效率,减少交付的时间成本。对于认证密集型产品,数字技术使得产品属性和生产过程更加透明,消除了信息不对称,降低了查验和监管的成本,促进了需要认证的产品的贸易量。对于合同密集型产品,由于国际贸易合同的复杂性,较小的贸易商往往需要依靠昂贵的贸易中介参与国际贸易,数字技术能够极大地降低贸易中的信息和交易成本,高效匹配潜在的卖家和买家,从而促进原本需要特定关系投资的货物贸易的增长。

其次,信息技术产品贸易扩大。在过去的几十年,信息技术产品的贸易呈指数级增长,WTO《信息技术协定》(于 1996 年签署,2015 年扩围)涵盖了计算机、电信设备、半导体等大量高科技产品以及这些产品的零部件。信息技术部门是世界贸易额增长最快的部门,2015 年《信息技术协定》扩围谈判覆盖的产品贸易额约为 1.6 万亿美元,几乎是 1996 年协定签署时的 3 倍。如今,这些产品的贸易额占据全球商品出口总额的约 15%。

最后,可数字化产品的贸易额下降。数字技术大大降低了复制、创建、传播创造性产品的成本,如文本、图像和音乐,从而导致这些工作的实体产品交易量下降。3D 打印技术进一步扩大了数字化的范围,该技术使得从互联网下载产品数据并在本地生成实物产品成为可能,从而减少了对中间产品和最终产品国际贸易的需求,同时增加了对 3D 打印耗材的贸易量。3D 打印技术投资的迅猛增长趋势也表明,在未来越来越多的商品将通过数字传输进行本地生产。

3. 知识产权贸易

数字技术的发展彻底改变了知识产权制度和国际贸易之间的联系。传统上,知识产权被认为是交易商品和服务中增加值的一部分。音乐、电影、书籍和杂志甚至是软件的贸易必须通过交换光盘和印刷品等物理媒介进行。然而,互联网技术下,这些产品的交易不再是简单的物理媒介所有权转移,而必须通过相关法律条款和有限许可证来进行规范,比如苹果公司应用商城的条款便明确指出:"通过应用商城提供的应用程序只是许可使用,而不允许用于销售。"此外,这些知识产权通常保留用于某些私人的、非商业的用途。

数字技术将从根本上改变内容创建和访问的方式,并可能改变版权的管理方式。一方面,互联网的普及极大地降低了在全球范围内创造和传播创造性作品的成本;与此同时,因为未经授权地复制和传播创意产品的可变成本降到极低水平,互联网也可能促进作品的盗版。另一方面,互联网作为一个新的分销渠道,改变了人们获取和分享收入的方式。然而由于目前全球价值链和商业模式以及相关的收入机会和激励已经发生变化,对创意产品的供应和获取影响仍不能确定。

(三) 贸易模式的改变

贸易模式的决定因素通常是与产品特征相互作用的国家特征,以使得这个国家在生产这些产品时相对其贸易伙伴具有比较成本优势,这些因素通常被称为是比较优势的来源,包括相对生产率、自然资源或劳动力等要素禀赋的差异。例如,资本丰裕国家倾向于资本密集型产品的生产和出口,而劳动力丰富的国家则出口劳动密集型产品。除了这些常规的决定因素,研究人员还发现,市场规模和基础设施的差距会影响各国贸易。数字技术创造了新产品,改变了传统产品的特性,降低了贸易成本,并改变了生产部门的构成。这些发展通过改变贸易的基本要素的相对重要性和建立全新的决定因素影响贸易模式。

一方面,新技术可能改变决定贸易模式的那些传统因素的重要程度。首先,数字技术的使用将影响劳动力要素的比较优势,因为机器人的使用会影响可用的劳动力供应,甚至在极端的情境下,先进的人工智能和机器人技术将劳动力排除在贸易模式的决定因素之外,并导致由劳动力禀赋差异驱动的贸易流枯竭。其次,能源基础设施在数字密集领域的比较优势将进一步增强。支持数字技术所必需的服务器的运行依赖耗能大的服务器、存储设备和冷却系统。2012 年,通信网络、PC 和数据中心使用的电量占全球发电量的 5% 左右,相比 2007 年增长了近 20%;2017 年比特币网络使用的电量与爱尔兰一国使用的电量相当。最后,数字技术推动了数字密集型行业的规模经济和范围经济。依赖于数字技术,大量公司从获取和分析大量信息中获益。因此,当来自较大国内市场的这类公司进入出口市场,将比那些来自较小市场的竞争者更具竞争力,因为后者在进入国外市场之前获取信息的机会较少。

另一方面,数字技术还创造了决定贸易模式的新要素,尤其是数字密集型行业。隐私保护和网络内容限制能够显著影响数字密集型行业的比较优势。隐私保护限制了公司对个人用户无条件收集和分配数据的能力,约束了经济发展的规模和范围,并削弱了数字密集型行业的竞争力。2004年欧洲隐私法政策的收紧导致欧洲在线广告法投放的效果减弱。网络内容限制同样限制了公司理解消费者偏好的能力,限制内容可能会减少投资和生产数字密集型产品的动力。

本章小结

贸易与科技是紧密联系的,从车轮的发明到铁路的使用,再到集装箱的大规模应用,我们正处于一个科技迅速变革的时代,与数字技术相关的一切创新都可能对国际贸易产生重大影响乃至重塑国际贸易格局,并为世界各地的个人和企业带来机遇。历史表明,科技发展本身并不能保证贸易增长,只有对技术进行恰当的规范和管理才能确保大家共同受益。因此,熟悉当下数字经济发展现状与趋势,理解数字技术如何导致国际贸易发生重大变化并改变全球商务,明晰现有多边贸易机制框架下对数字贸易的管理规则具有重要意义。

本章主要概念

数字经济、数字贸易、跨境电子商务、知识产权贸易

练习与思考

1. 分析中国跨境电子商务发展面临的问题并思考可行的解决方案。
2. 简述 WTO 框架下的数字贸易规则。
3. 简述数字技术发展如何影响国际贸易。
4. 简述数字贸易的概念、产生和现状。
5. 中国应如何发展数字贸易?

推荐阅读

BERNARD A B, JENSEN J B, REDDING S J, et al. Firms in international trade[J]. *Journal of economic perspectives*, 2007, 21(3): 105-130.

DOLLAR D, KRAAY A. Growth is good for the poor[J]. *Journal of economic growth*, 2002, 7(3): 195-225.

HUMMELS D. Transportation costs and international trade in the second era of globalization[J]. *Journal of economic perspectives*, 2007, 21(3): 131-154.

JACKS D S, MEISSNER C AND NOVY D, Trade costs: 1870-2000[J]. *American economic review*, 2008, 98(2): 529-534.

LIMÃO N AND VENABLES A J, Infrastructure, geographical disadvantage, transport costs, and trade[J]. *World bank economic review*, 2001, 15(3): 451-479.

LUNDGREN N G. Bulk trade and maritime transport costs: the evolution of global markets[J]. *Resources policy*, 1996, 22(1/2): 5-32.

李俊.全球服务贸易发展指数报告(2018)[M].北京:社会科学文献出版社,2019.

李忠民,周维颖,田仲他.数字贸易:发展态势、影响及对策[J].国际经济评论,2014(6):131-144.

逄健,朱欣民.国外数字经济发展趋势与数字经济国家发展战略[J].科技进步与对策,2013,30(8):124-128.

尹丽波.数字经济发展报告(2018—2019)[M].北京:社会科学文献出版社,2019.

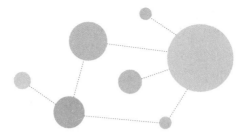

第十二章
中国利用外商直接投资与对外直接投资

★ **知识点**

外商直接投资、对外直接投资

★ **重　点**

了解国际直接投资经典理论、中国最新外资管理模式,以及中国企业国际化理论与实践

★ **难　点**

分析中国企业"走出去"和"引进来"的现状与挑战

第一节　国际直接投资的经典理论

根据《中国统计年鉴2019》的解释,外商直接投资指的是外国投资者在中国境内通过设立外商投资企业、合伙企业,与中方投资者共同进行石油资源的合作勘探开发以及设立外国公司分支机构等方式投资。外国投资者可以用现金、实物、无形资产、股权等投资,还可以用从外商投资企业获得的利润进行再投资。在对外商投资的研究中,学者一般以企业为基础,把投资来源国称为母国,接受国称为东道国。

根据《中国对外直接投资统计制度(2019)》的规定:对外直接投资指的是中国境内投资者以现金、实物、无形资产等方式在国外及港澳台地区设立、参股、兼并、收购国(境)外企业,并拥有该企业10%或以上的股权、投票权或其他等价利益的经济活动。直接投资企业则指的是境内投资者通过直接投资方式在境外拥有或控制10%或以上的股权、投票权或其他等价利益的各类公司型和非公司型的境外直接投资企业。

对外直接投资的主体是跨国公司,故对外直接投资理论通常以跨国公司为研究对象。第二次世界大战以前,对外直接投资仅被看作是国际投资的一个特例。随着第二次世界大战之后发达国家跨国公司的迅速发展和跨国经营活动的增加,对外直接投资逐渐被从证券投资领域中剥离出来,成为一个独立的研究领域。20世纪60年代至今,跨国公司对外直接投资理论成果斐然,形成了众多理论学派。国际主流理论框架由垄断优势理论、内部化理论、产品生命周期理论、比较优势理论及国际生产折中理论构成。发展中国家对外直接投资理论主要有小规模技术理论、技术地方化理论及技术创新产业升级理论。

一、欧美日等国的企业国际化理论

（一）垄断优势理论

传统的国际资本流动理论认为各国利率和预期利润率的差异导致了国际资本流动。而在第二次世界大战后,发达国家的跨国公司大多选择资本丰裕程度相近,且利率水平也相近的国家进行投资,这种现象无法从传统国际资本流动理论中得到合理解释。1960年,美国经济学家斯蒂芬·海默(Stephen Hammer)首次以垄断优势(Monopolistic Advantage)来对跨国公司的对外直接投资行为进行解释;1969年,经其导师查尔斯·金德尔伯格(Charles Kindleberger)的补充和发展,垄断优势理论形成体系,并被合称为"海默—金德尔伯格学说"。

海默发现,彼时美国的跨国公司主要分布在资本相对密集、技术较先进、规模经济较明显的高垄断性产业部门。因此,垄断优势理论放弃了产品市场和要素市场完全竞争的假设前提,转而从不完全竞争市场角度着手分析,得到的基本论点是:**在普遍存在于现实的不完全竞争市场中,垄断优势是跨国公司对外直接投资的主要原因**。该理论认为垄断优势主要有以下几类:①技术优势。这是跨国公司最重要的垄断优势,正是源于强劲的技术优势才使得跨国公司垄断地位形成并得以维持。②雄厚的资金实力。由于拥有较高的债务清偿能力,跨国公司往往具有广泛的资金来源,进而可以灵活调度大额资金、加大研发投入、雇用高水平人才等,从而进一步增强自身竞争力。③先进的管理经验。跨国公司通常拥有先进的管理经验和高效的管理体制,从而保障公司平稳高效运行。④完备的销售网络和先进的销售经验。这些可以形成销售成本优势和物流成本优势,进而弥补企业在技术或其他方面的劣势。⑤相对全面且灵通的信息。技术或资金优势使得跨国公司拥有较先进的通信设备和广布的分支机构,进而能够灵活、全面地收集信息。⑥规模经济优势。规模经济既是跨国公司的对外投资动机,也是其垄断优势来源。⑦政府的干预。跨国公司可以凭借其自身资金优势从母国政府的干预中获得好处,也可通过直接投资的方式绕过东道国政府设置的贸易壁垒,二者都可以强化其垄断优势。

垄断优势理论的创新点和贡献如下：第一，改进了完全竞争假设，强调源于不完全市场竞争的垄断优势的作用，并较好地解释了第二次世界大战后美国跨国公司的对外直接投资现象；第二，区别了国际直接投资和国际间接投资，并首次研究了生产领域的国际资本流动；第三，明确了跨国公司的国际生产主体地位，这是其与新古典贸易和投资理论的主要差别；第四，为对外直接投资领域其他理论的提出与发展奠定了基础，如约翰·邓宁（John Dunning）所有权优势概念的来源。但是该理论的缺陷也十分明显：第一，把跨国公司的垄断优势看作是既定事实，缺乏动态分析和实证分析，未能从根本上说明垄断优势的来源；第二，无法解释大量无明显垄断优势的中小企业和发展中国家企业的国际投资行为。

（二）内部化理论

虽然海默的垄断优势理论从不完全竞争视角指出了跨国公司海外投资的动因，但拥有垄断优势的跨国公司并不一定会进行对外直接投资，它也可专注国内投资与贸易或选择以出口或许可证的方式进入海外市场，即垄断优势只是企业进行海外投资的必要条件而非充分条件。那么，为什么跨国公司会弃出口和许可证的方式而将产品（尤其是技术和知识）转移至海外分支机构呢？

内部化理论将企业的市场交易成本与企业内部化带来的官僚成本进行比较，提出当跨国公司面临较高交易成本时，内部化需求是跨国公司对外投资的另一关键动机。 20世纪30年代，罗纳德·科斯（Ronald Coase）提出了交易成本的概念，并由此得出企业和市场是两种可相互替代的资源配置方式的命题。随后，彼得·巴克利（Peter Buckley）和马克·卡森（Mark Casson）将其引入国际直接投资领域，得到了跨国公司也具有市场替代性即跨国公司是市场内部化的产物的结论。具体而言，当中间产品市场存在不完全竞争时，市场交易成本增加，出于降低成本的目的，企业可选择通过设立海外分支机构的形式创造"内部市场"，通过内部化将这些产品的高成本市场交易转变为低成本的企业内部交易。当企业内部化行为超越国界时，跨国公司和对外直接投资就产生了。内部化理论认为跨国公司和对外直接投资是企业组织的内部扩张从国内蔓延至国外的结果。这种"内部扩张"的成本主要包括通信、管理、资源、监督和国际经营风险等。内部化收益则主要包括消除信息不对称和市场不完全的消极影响，降低过高的市场交易成本；绕过东道国的贸易壁垒，减少行政干预；实施转移定价、差别定价等策略，提高企业运营效率；减少技术泄密，保证和维持跨国公司的技术优势等。当内部化收益超过内部化成本以及国际市场交易成本时，拥有充分内部化优势的企业就能够从事跨国经营和对外直接投资。

内部化理论区分了最终产品市场和中间产品市场的不完全性，并突出强调了中间产品市场的不完全竞争提高了市场交易成本，以及给企业组织形式选择带来的影响，不仅能够解释发达国家之间、发达国家与发展中国家之间的对外投资行为，还可以说明跨国公司对出口、许可证和对外直接投资等方式的选择依据。但是内部化理论缺乏对有关跨国公司垄断特征的研究,忽略了企业之间竞争行为的影响。另外,内部化理论虽然较好地解释了企业的垂直一体化,但不足以说明企业的水平一体化。

(三) 产品生命周期理论

产品生命周期理论由雷蒙德·弗农(Raymond Vernon)于1966年提出,他从产品生命周期的角度对产成品贸易和企业对外直接投资的动机进行解释。**根据该理论,产品的生命周期指的是一个产品从开发、发展、完善直至淘汰的整体过程,是产品"在市场活动中的营销寿命周期"**。在国际生产中,不同的产品生命周期阶段对应着不同的生产、竞争、销售等区位条件和比较优势,这就决定了企业产品生产地点的决策。因此,对外直接投资实质上是国际生产转移的结果。

在该理论中,弗农将产品生命周期划分为产品创新阶段、产品成熟阶段和产品标准化阶段。在产品创新阶段,产品的初始创新方向会受市场消费需求的影响和引导。以美国为例,较高的人均收入和劳动力成本引导着美国企业积极开发既能满足高收入消费偏好又不需要大量劳动力的产品,即高档消费品和资本技术密集型产品。在这一阶段,创新企业拥有产品差异化优势和技术垄断优势,可以通过高价出口或内销的方式迅速收回初始投资并赚取高额利润。由于存在技术缺口,其他国家无法生产这类产品而不得不从创新国高价进口,因此,在这一阶段创新企业尚不需要进行海外直接投资。到产品成熟阶段,产品基本定型,生产技术也基本稳定。随着国内外产品销售量的增加,产品模仿者越来越多,跨国公司的产品差异化优势逐渐丧失。同时,由于国内市场趋于饱和以及国外市场贸易壁垒增加,当在国外生产的边际成本小于在国内生产的边际成本和运输成本时,跨国公司就会选择对外直接投资,并通常以与母国经济水平类似的国家为目的地。进入产品标准化阶段后,产品生产以及产品技术已完全标准化,原创新企业的技术垄断优势不复存在,国内外企业竞争愈发激烈,生产成本和产品定价成为跨国公司市场竞争的决定因素。因此,跨国公司会选择在全球范围内寻求成本更低尤其是劳动力成本低廉的东道国(发展中国家)进行投资和产品生产,然后再将制成品进口回国内以满足国内需求。此时,原创新国从产品的出口国转变为产品进口国,同时,新一轮的产品研发、生产与出口周期会开始。

到了20世纪70年代,弗农结合垄断理论,将产品生命周期重新划分为以技术创新为基础的寡占、以技术成熟为基础的寡占和"老化的寡占"三个阶段,所依据的假设依然是垄断竞争假设,这种修正的观点使产品生命周期理论更贴近现实情况。产品生命周期理论综合了企业的所有权优势和东道国的区位优势来阐释国际生产格局的形成和调整,并有力解释了制造业跨国公司的成长与生产决策,其最大创新点在于揭示了对外直接投资和出口的可替代性,从而将国际直接投资和国际贸易两种理论结合起来考虑跨国公司的国际行为。但产品生命周期理论也存在较为明显的缺陷和局限性:首先,虽然该理论能较好地契合制造业产成品的生产特征,但无法解释其他许多行业的企业投资行为,如资源开发型、技术导向型投资等;其次,对外直接投资和出口相互替代的结论无法解释跨国公司非出口领域的对外直接投资行为;最后,产品生命周期理论较难解释20世纪80年代后逐渐增多的产品全球同步上市现象,即跨国公司依据本土化战略,将产品研发、生产和销售三个阶段打包,整体投资于东道国。

案例12-1

产品生命周期理论的运用

20世纪60年代初期,美国施乐公司发明了复印机,并开始在美国市场上销售。后来,随着国内市场需求的逐渐饱和,施乐公司开始将其产品向日本、西欧等一些发达国家出口,抢占国际市场。随着这些国家市场需求的不断增长,施乐公司开始在英国和日本建立合资企业。国外子公司的不断发展壮大,使美国复印机的对外出口量开始下降,美国的消费者也开始通过成本更低的国外渠道,尤其是从日本进口复印机。后来,日本企业发现,本土复印机的生产成本大幅上涨,于是又将泰国等发展中国家选为新的生产基地,来降低生产成本。复印机技术始于美国,然后向日本、英国等发达国家进行出口和技术转移,此后这些发达国家又向发展中国家进行出口和技术转移,美国从复印机的出口国变成了净进口国。复印机的这一国际贸易模式的转变、投资区位的变迁是与弗农的产品生命周期理论相一致的。

资料来源:克里斯托弗·巴特利特.跨国公司:理论、案例分析与阅读材料(第4版)[M].宋志红,宋海腾,等译.北京:中国财政经济出版社,2005.

(四)比较优势理论

比较优势理论又称边际产业扩张理论或小岛清模式,主要围绕三个基本假设展开:第一,用更广义的经营要素代替资本要素,从而将古典贸易理论H-O模型中的劳动力和资本要素替换为劳动力和经营要素来进行比较优势分析。日本学者小岛清指出,经营要素既包括有形资本,也包括技术、经验、技能等无形资本。第二,比较成本优势和比较利润率正相关,即行业的比较优势越大,其比较利润率也越高。第三,美日两国的对外直接投资模式和特点有所不同。

基于这三个基本假设,小岛清模式的核心观点是:**一国的对外直接投资会从本国已经或即将失去比较优势的行业开始,即所谓的比较劣势产业或边际产业。由于各国存在资源禀赋差异,在本国处于比较劣势的产业在其他国家可能正处于比较优势或具有潜在优势。**因此,将本国的比较劣势产业转移到具有比较优势的东道国,既有利于本国的产业结构优化升级、扩大与其他国家的比较优势差距,也能够通过本国的资金、技术等要素将东道国的比较优势进一步释放并充分利用,有利于东道国贸易扩张和经济发展。

另外,小岛清还将对外直接投资做了分类。第一,根据投资的目的,将对外直接投资分为自然资源导向型、劳动力导向型、市场导向型、生产和销售导向型。日本的对外直接投资多是自然资源导向型和劳动力导向型,在当时这些都是日本已经或即将要失去比较优势的产业。与此相反,美国的对外直接投资多是市场导向型及生产和销售导向型,且转移的多是本国具有比较优势的资本和技术密集型产业。美国式的对外直接投资无益于产业结构优化升级和对外贸易的长效发展。第二,根据对外直接投资与国际贸易之间的关系,将对外直接投资分为顺贸易导向型和逆贸易导向型两种。日本的国际产业转移符合比较优势原则,对外直接投资并非出口的替代,二者是相互补充、相互促进的关系,故日本的对外直接投资属于顺贸易导向型。而美国的对外直接投资则是从比较优势产业开始的,这违背了比较优势原则,其对外直接投资与出口之间形成了替代关系,故美国的对外直接投资属于逆贸易导向型。

小岛清模式的提出,不仅填补了对外直接投资理论在此之前仅关注欧美发达国家跨国公司投资主体的空白,而且将理论分析从单产品、单企业、单产业拓展至多产品、多企业、多产业。另外,小岛清认为"好"的对外直接投资应对母国和东道国的比较优势发展具有一定的促进作用,因此国际贸易和国际投资之间的关系应是互补而非替代,这对随后的对外直接投资理论发展具有极大的启发意义。该理论的局限在于:第一,从宏观角度分析投资国的国家动机,忽略了微观主体投资动机的异质性;第二,比较优势理论虽然能较好地解释20世纪60年代至70年代处于萌芽期的、以中小企业为主体的、以落后发展中国家为主要东道国的日本对外直接投资,却无法解释80年代以后日本大量的以大型跨国公司为主体的逆贸易导向型对外投资以及其他发展中国家的对外直接投资行为。

案例12-2

日本对中国的生产要素导向型直接投资

日本企业在中国的直接投资包括生产要素导向型直接投资和市场导向型直接投资。生产要素导向型直接投资主要针对纤维、制鞋、家电等劳动密集型产业,转移的技术也是生命周期上已经标准化且成熟的技术。市场导向型直接投资主要针对机械、电子、化学等资本和技术密集型产业,以高于东道国竞争企业的优先技术作为在竞争中保持优势的主要手段,因此它转移的技术主要是尖端技术或新技术。在中国加入WTO前,日本对华直接投资以生产要素导向型为主,而加入WTO后,逐渐向市场导向型过渡,开始形成研发、生产、本土销售的全方位投资特点。相应地,对华直接投资模式由比较劣势产业逐渐向竞争优势产业转变。

资料来源:吴铭.以日本对华直接投资检验边际产业扩张理论[J].国际经济合作,2012(2):64-69.

(五)国际生产折中理论

集合上述理论的精华部分,1977年,**邓宁首次提出国际生产折中理论,其核心是所有权优势、内部化优势和区位优势,合称"三优势模型"**。邓宁认为企业若想进行对外直接投资,以上三种优势缺一不可。具体来说,企业的所有权优势是指企业在某些特定市场上拥有的其他企业所不具备的优势,主要有规模、资金、创新、技术、管理、市场销售优势等。只有具备一定的所有权优势,企业才有可能进行对外直接投资。但所有权优势只是企业选择对外直接投资的必要条件。企业的内部化优势是指企业通过对外直接投资将所有权内部化所带来的收益要大于出口或技术转让的收益。由于中间产品市场和最终产品市场都是不完全竞争的,内部化优势实质上代表着企业克服市场失灵的能力。同样,内部化优势也仅是企业进行对外直接投资的必要条件。与所有权优势和内部化优势不同,区位优势指的是东道国的要素禀赋优势,例如优越的地理位置、丰富的自然资源、完善的基础设施、良好的法治环境、健全的外资政策和廉价的劳动力等,这些因素不仅会影响跨国公司的国际生产倾向,还决定着跨国公司对外直接投资的地点和行业选择。综合这三种优势,国际生产折中理论的主要结论是:若仅拥有所有权优势,企业只能选择以许可证交易方式进行海外交易;若具备所有权优势和内部化优势,则企业可在许可证交易及出口贸易之间进行选择;当同时具备三种优势时,企业就可以进行对外直接投资,具体如表12-1所示。

表12-1 企业竞争优势与海外市场进入方式选择

海外市场进入方式	所有权优势	内部化优势	区位优势
许可证交易	√	—	—
出口贸易	√	√	—
对外直接投资	√	√	√

资料来源:张小蒂,王焕祥.国际投资与跨国公司[M].杭州:浙江大学出版社,2004.

国际生产折中理论是对以往国际直接投资理论的归纳与融合,其高度的概括性、综合性和广泛的适用性,被称为国际直接投资的"通论"。但国际生产折中理论同样存在较明显的局限性,即只说明了同时拥有三种优势的跨国公司能够以对外直接投资的方式进入海外市场,但对于越来越多的无明显优势的发展中国家跨国公司的对外直接投资行为无法做出合理解释。

二、发展中国家企业国际化的投资理论

由于以往的国际直接投资理论都是以欧美日等发达经济体为研究对象,无法对20世纪80年代后以中国等发展中国家为代表的大量对外直接投资行为做出解释,故立足于发展中国家对外直接投资实践的发展中国家对外直接投资理论开始迅速发展,从不同角度分析了发展中国家跨国公司海外投资的优势。

(一)小规模技术理论

小规模技术理论是由刘易斯·威尔斯(Louis Wells)进行系统阐述的,也被学界公认是该领域最具代表性的理论。**小规模技术优势所带来的低成本优势是小规模技术理论的核心。**发展中国家的最终产品市场容量有限,而发达国家的跨国公司技术多以大规模

生产为特征,供给与需求的不匹配给一些具有小规模生产技术的发展中国家的跨国公司带来了一定的生存空间。根据该理论,发展中国家的跨国公司有三个主要的竞争优势:一是拥有适合发展中国家市场需求特点(收入较低、需求量小)的小规模生产技术,尤其是成本低、灵活度高的小规模劳动密集型生产技术。二是"民族纽带",一方面跨国公司通过就地取材,包括设备、技术、劳动力等,更易为东道国政府和人民所接受;另一方面来自母国的商品和服务能吸引大量生活在国外的具有母国情怀的侨民。三是价格优势。物美价廉是发展中国家产品的最大特点,这主要源于企业较低的劳动力成本、研发成本和销售费用。

小规模技术理论将发展中国家的经济发展阶段和跨国公司的竞争优势相结合,为发展中国家逐渐增多的对外直接投资行为提供了理论依据:即使技术落后、规模较小,发展中国家的跨国公司也能够凭借其在某一领域的相对优势(灵活性、低成本或民族纽带)来满足某个国家某个细分市场的特殊需求,进而参与国际竞争。从本质上来看,主要承继自产品生命周期理论的小规模技术理论认为,发展中国家的产品实质上是对发达国家成熟产品的"降级",发展中国家的技术创新大多是对发达国家已有技术的学习和改造。但小规模技术理论最主要的一个缺陷是未能解释越来越多的发展中国家对发达国家的投资现象。

(二) 技术地方化理论

技术地方化理论是沙加亚·劳尔(Sanjaya Lall)于 1983 年提出的关于发展中国家对外直接投资的经典理论。通过对印度跨国公司竞争优势和投资动机的深入分析,劳尔认为发展中国家的跨国公司通过对发达国家先进技术的学习、消化、改进与再创新,更加适合东道国的经济发展条件和市场需求水平。这种竞争优势是由"主动创新、技术再生"所引致的观点,弥补了威尔斯小规模技术理论中"技术被动"的不足。根据劳尔的观点,发达国家和发展中国家竞争优势的来源差异如表 12-2 所示。

表 12-2 发达国家和发展中国家跨国公司竞争优势的来源对比

发达国家	发展中国家
1. 企业规模优势	1. 家族企业或国有企业的所有权优势
2. 融资能力	2. 适应发展中国家条件的技术
3. 专利/非专利技术	3. 少数的差异化产品
4. 产品差异化能力	4. 适应发展中国家条件的管理技能
5. 管理技能	5. 低成本的管理和技术人员
6. 获得廉价中间投入品的能力	6. 文化优势
7. 营销技巧	7. 营销技巧
8. 东道国政府的优惠政策	8. 东道国政府的优惠政策
9. 对要素市场和产品市场的垂直控制能力	

资料来源:LALL S. The new multinationals: the spread of third world enterprises[M]. New York: John Wiley & Sons, 1983.

技术地方化理论主要包括以下四个方面的内容：首先，发展中国家跨国公司引进发达国家的先进技术，并依据东道国市场的消费偏好、价格水平和要素质量等条件对之进行本土化"改造"；其次，经本土化"改造"后的技术所生产出来的产品符合发展中国家的市场需求，因此这种技术再创新活动能为跨国公司带来一定的竞争优势；再次，除了市场和产品高度契合，技术地方化与小规模生产技术相结合所带来的低成本效益也能强化跨国公司的竞争优势；最后，发展中国家跨国公司的低价产品能够满足被发达国家忽略的低收入群体的消费需求，这也使得发展中国家的产品具有一定竞争力。技术地方化理论强调企业对技术的吸收本质上是一种不可逆的创新活动，因此发达国家在技术成熟后很难再逆向兼顾发展中国家的"低端"需求。另外，发展中国家对发达国家成熟技术进行了积极、主动和富有创造性的学习和改进，而非被动地、盲目地模仿和复制。该理论的不足之处在于，随着发展中国家经济的快速发展，消费者的消费习惯在不断改变、消费水平在不断提高，随着国外进口品的普及，本土化产品的受众范围不断缩小，当经济发展到一定水平时，技术地方化理论会丧失其解释效力。

（三）技术创新产业升级理论

技术创新产业升级理论由约翰·坎特韦尔（John Cantwell）和托兰惕诺（Paz Estrella Tolentino）于20世纪90年代初提出，能够用以解释80年代中后期以来经济快速增长的发展中国家对发达国家的技术性投资现象。**该理论的核心观点是发展中国家跨国公司虽然初始技术创新能力较薄弱，但能够通过长期的干中学和基于人力资本的技术积累，形成向周边国家和其他发展中国家进行区域性对外直接投资的竞争优势和国际化经营能力，并产生技术积累和对外投资的良性互动，最终实现由区域性投资向全球性投资以及资源依赖型国际生产模式向技术依赖型国际生产模式的转变。**

发展中国家跨国公司在国际化进程中的地理特征和产业特征变化趋势是有规律的、可预测的。发展中国家跨国投资在地域分布上的演变规律是：周边发展中国家→其他发展中国家→发达国家；在产业布局上的演变规律是：资源依赖型→劳动依赖型、资本依赖型→技术依赖型。这两种演变过程中所形成的技术积累、利用外资和对外投资的良性互动，有利于母国的产业结构优化升级，进而促进其国内经济的高效发展。技术创新产业升级理论较全面地总结和解释了20世纪80年代发展中国家的国际直接投资行为，契合了较多代表性发展中国家的成长轨迹，能够指导发展中国家积极学习发达国家的生产技术，从而形成提升国际竞争力、优化产业结构和促进经济增长的内生动力。但该理论仍然认为企业的国际化进程是不可逆的，因此无法解释发展中国家跨国公司跳过前两个阶段而直接到发达国家投资办厂的行为。

综合对比以上三种理论，技术优势是发展中国家进行对外直接投资的最重要决定因素，基于技术优势所形成的竞争优势是长期的、稳定的和可持续的。上述三种理论对企业竞争优势的概括如表12-3所示。

表 12-3 三种理论对企业竞争优势的概括

理论	企业竞争优势
小规模技术理论	源于低成本的小规模生产技术优势,自有的民族品牌,低价营销策略
技术地方化理论	本土化的技术再生优势
技术创新产业升级理论	通过对外直接投资和产业升级积累起来的技术创新优势

资料来源:宋春燕.企业国际化优势论:现有理论与中国现实[D].浙江大学,2008.

第二节 中国利用外商直接投资与"引进来"战略

一、中国利用外商直接投资的概况

(一)中国利用外商直接投资的形式

利用外商直接投资时,境外投资者将投资直接用于企业的生产和经营活动,直接参与企业的经营管理活动,并承担经营风险。中国利用外商直接投资的具体形式主要有中外合资经营企业、中外合作经营企业和外商独资企业等。

1. 中外合资经营企业

中外合资经营企业是指由境外公司、企业和其他经济组织或个人,按照平等互利的原则,经中国政府批准,在中国境内与中国公司、企业或其他经济组织共同投资、共同经营、共享收益、共担风险的股权式合资企业。中外合资经营企业的组织形式为有限责任制公司,中外双方投资者对合资经营企业的责任以各自认缴的出资额为限。

中外合资经营企业的特点有:①中外双方或多方共同为合营企业的设立人和股东;②中外合营者在企业中的地位平等,权利与义务相一致;③由于企业具备中国法人资格,因而中外合营者以投资额为限或所持股份为限对企业债务承担有限责任;④企业不设股东会,其最高权力机构是由中外合营者委派组成的董事会,企业实行董事会领导下的总经理运营管理体制;⑤企业中中国合营者的投资可包括合营期间提供的场地使用权;⑥企业享有直接经营产品进出口业务的权利,可直接从国际市场采购原材料,也可直接向国际市场销售本企业的产品,直接向外国银行筹措生产经营所需资金;⑦企业的合营期限根据不同行业和项目的具体情况由各方协商确定。

2. 中外合作经营企业

中外合作经营企业是一种契约式的合资经营企业,是由境外企业、其他经济组织或个人,按照平等互利的原则,与中国企业或其他经济组织依据中国的法律,在中国境内共同举办的企业。

中外合作经营企业的特点有:①在组织形式和合作条件上,企业有"法人式"和"非法人式"两种形式。前者是由中外合作双方通过合作经营合同组成的统一的经济实体,具有独立的财产权,合作双方投入的资本都以合作经营企业的名义拥有和使用;后者则是由中外合作双方通过合作经营合同组成的松散的经营联合体,其资产所有权仍归合作双方分别所有,双方共同对企业的经营活动负责。②在收益分配和风险承担上,企业的财产所有权和双方的责任划分应依据具体情况明确规定,落实到合同中的有关条件中。一般而言,法人式企业的双方投入资产归合作企业这一经营实体所有,以其全部资产对债务负责。如果企业为非法人式企业,双方投入的资产原则上仍归双方投资者所有,合作双方按合同约定分担债务。

3. 外商独资企业

外商独资企业是指按照中国有关法律在中国境内设立的全部资本由境外投资者投资,并由外方投资者独立经营、自负盈亏的企业。外商投资企业不包括境外企业或其他经济组织在中国境内设立的分支机构。外商独资只是指没有中方境内投资者参加。

外商独资企业的特点有:①企业是依据中国法律在中国境内设立的;②企业的全部资本归境外投资者所有;③企业是一个独立的实体,它由境外投资者独资投资,独立经营,并成为独立核算、独立承担法律责任的经济组织。

同时,中国也存在其他模式,如中外合作开发,即中国公司通过与外国公司订立风险合同,对海上陆上石油以及矿产资源进行勘探与开发活动;外商投资股份制企业,即外国公司、企业和其他经济组织或个人同中国的公司、企业或其他经济组织按照平等互利原则,通过认购一定比例的股份,在中国境内共同建立的公司;BOT(Build-Operate-Transfer)投资方式,即政府部门就某个基础设施项目与私人企业签订特许权协议,授予签约方的私人企业来承担该基础设施项目的投资、融资、建设、经营与维护,在协议规定的特许期限内,这个私人企业向设施使用者收取适当的费用,由此来回收项目的投融资、建造、经营和维护成本并获取合理回报。

(二) 中国利用外商直接投资发展的阶段

1. 第一个阶段:初始试探阶段(1979—1991)

在该阶段,中国政府颁布了有关外商投资的法律,确立了经济特区和沿海开放城市,制定了优惠的利用外资政策。这个阶段的跨国公司在中国主要是试探,故外资的规模不大,合同利用外资项目为 22 252 个,总额为 340.91 亿美元;实际利用外资金额是 172.04 亿美元。投资的地区主要集中于广东、福建两省及沿海省市。跨国公司主要来自中国香港、澳门和台湾地区,约占外商直接投资金额的 70%。跨国公司投资的方式从以合作为主、合资为辅,发展为以合资为主、合作和独资为辅。中外合作实际投资比例从 1979 年的 84.2%下降到 1991 年的 18.19%,合作主要采用特许经营、合同管理、技术协议等较低水平的模式;中外合资实际投资比例从 1979 年的 15.57%逐渐上升到 1987 年的 69.73%,然后又下降到 1991 年的 54.77%。

2. 第二个阶段:高速发展阶段(1992—2001)

1992 年,邓小平发表南方谈话,明确提出了"三个有利于"标准,肯定了利用外资的作用。国务院在沿海对外开放的基础上进一步将对外开放范围扩大到沿江(长江)、沿线(陇海、兰新线)、沿边地区,从而在全国范围内形成全面开放的格局。而且在这个阶段,世界经济发展缓慢甚至减速,跨国公司看重中国丰富的廉价劳动力、不断改善的基础设施以及较多优质的工程师,所以跨国公司在中国的投资进入了高速发展时期,合同利用外资项目仅2001年就有26 140个,超过了第一阶段的总数,合同利用外资金额为6 927亿美元;实际利用外资金额是3 701.69亿美元。

3. 第三个阶段:调整转型阶段(2002年至今)

加入WTO后,跨国公司在中国的投资出现了新的高潮。中国政府逐步调整了利用外资的战略,从追求外资规模向追求外资质量转变,从注重拉动经济总量向促进自主产业升级转变,从发展东部沿海地区向支持中西部地区转变等,从优惠激励政策向规范和引导政策转变。

国家颁布了新的《外商投资产业指导目录》,重新修订了外资企业法和合作企业法,并于2020年新颁布《中华人民共和国外商投资法》,跨国公司的投资结构进一步优化,服务业和旅游业等行业成为跨国公司的投资热点,第二产业比重明显下降,这种变化自WTO过渡期结束以后明显加快。国家对外商投资实行准入前国民待遇加负面清单管理制度,对负面清单之外的外商投资,给予国民待遇。

此外,跨国公司加大了在中国的研发投资,成立了许多研发机构。根据商务部的数据,2001年跨国公司在中国只有不到200家的研发机构,仅2010年,外商在中国新增研发中心194家,截至2014年初研发机构总数已达1 400余家,这些研究机构90%分布在北京、上海、广东和江苏等地区。跨国公司在华研发机构在行业上的分布是不均匀的,高技术行业的跨国公司占据多数,比如电子、信息、软件、化工、电气、制药、汽车等,而电子、信息行业跨国公司的研发机构数量远远高于其他行业,占跨国公司在华研发机构总数的比例为6%—11%,汽车行业跨国公司在华研发机构数量所占的比例则不足4%。

二、外商直接投资对中国经济增长的贡献

首先,弥补了中国经济发展资金的不足。外商直接投资对中国的经济增长起到了举足轻重的作用,弥补了经济发展资金不足的问题。根据商务部数据,2015年中国实际使用外资金额为1 356.1亿美元,实际使用外资存量为10 700.3亿美元。在中国一些技术改革项目上马时,经常存在较大的资金缺口。跨国公司的进入,不但能够获得国内贷款,而且很容易获得国际贷款,既弥补了资金不足,又保证了项目的顺利进行,分担了风险。

其次,促进了产业的转型升级。上海是中国对外资研发中心最具吸引力的城市,目前落户上海的跨国公司研发中心占全国的一半,其中来自世界500强企业的研发中心占全国的一半左右。跨国公司先进技术的研发及技术转让促进了中国产业的发展,并且为中国企业提供了先进的管理经验和新的发展思路。近几年跨国公司不断增加第三产业的投资,尤其是服务业的投资,促进了第三产业的发展,加速了中国产业结构优化升级。

同时,跨国公司的进入也加剧了中国国内市场的竞争,落后企业被淘汰,加速了产业结构的转型升级。

再次,促进了中国的就业。跨国公司投资中国的一个目的就是利用中国廉价的人力资源,包括体力劳动者和脑力劳动者。跨国公司在华投资雇用的人员逐步增多,2014年达到了2 955万人,占全国雇用人员的7.52%。跨国公司的人才本土化策略通过各种形式培训了大量管理和技术人员。比如,微软不仅设立了微软研究院,还在一些著名大学设立奖学金,提前培养人才。此外,微软还把具有潜力的优秀年轻人送到美国总部进行半年到一年的工作培训。IBM、思科公司等率先进行在线数字化培训,其他跨国公司也纷纷效仿。

最后,促进了中国的国际贸易。跨国公司的进出口金额从2008年的25 632.55亿美元上升到2015年的394 534.92亿美元,占全国进出口总额的一半左右;从进出口产品结构来看,跨国公司高新技术产品的进出口额约占到全国外资产品进出口总额的80%,中国出口结构从传统的以劳动或资源密集型产品为主逐步转变为以资本密集型产品为主,极大改善了中国出口产品结构。

但是,外商直接投资所带来的行业垄断、环境污染、非法逃税避税和企业贿赂等情况也是在中国外资监管中需要重视的问题。

三、外商直接投资负面清单管理制度

(一)负面清单概述

负面清单(Negative List)是指法律没有明确禁止的事项,都属于法律允许的事项。在国际投资协定中,出于对国家安全、产业保护等因素的考虑,签约方通常要为投资自由化设置保留区。保留区的设置有两种模式:其一是列出允许外资进入的行业,除列出的行业外,其他行业均不允许外资进入,即正面清单模式;其二是负面清单模式。该模式最常见于双边投资协定(Bilateral Investment Treaties,BIT)和自由贸易区协定中的投资条款。与正面清单模式相比,负面清单模式代表了更高程度的投资自由化,也是更具有"私法自治"精神的外商投资管理模式。这对于激发市场主体的活力、扩大市场主体的准入自由、减少政府管制,具有重要的现实意义。

(二)中国建立负面清单管理制度的实践

2013年,上海自由贸易试验区批准建立,中国的外商投资管理开启了负面清单时代。第一版负面清单采用了"保留行业+特别管理措施"的结构,共有190条特别管理措施,含禁止字样的有38条,含限制字样的有74条,其余78条涉及外商股权限制、合资限制及其他。2015年,天津、广州和福建三地的自由贸易试验区揭牌成立,与上海自由贸易试验区采用统一的负面清单。国家按照先行先试逐步推开的原则,经过两年试点后,从2018年起正式实行全国统一的市场准入负面清单制度。

中美 BIT 从 2013 年进入了实质性谈判阶段,并就实施准入前国民待遇和负面清单模式达成共识。中美 BIT 将是中国第一个采用负面清单模式的 BIT。2015 年,谈判进入了互换负面清单的关键阶段。统一负面清单是中国在谈判中设置负面清单的基本意向。由于中美 BIT 是一个双边国际协定,一旦签署,通常会在中国的全部行政区域适用,而如果中方负面清单限制范围小于当前统一负面清单,统一负面清单也需要相应缩小限制范围。否则,自由贸易试验区将失去开放高地地位和政策试验价值。所以现阶段,统一负面清单也表达了中国的谈判底线。

2015 年 3 月,中美 BIT 谈判经过 7 年 19 轮谈判,终于完成文本谈判,进入负面清单谈判环节。6 月,双方首次交换了负面清单出价,中方将重点扩大服务业和一般制造业开放,把外商投资限制类条目缩减一半;美方则列举了关键基础设施、重要技术、国家安全三项。9 月 9 日,双方交换了各自的负面清单改进出价,均提出了进一步的市场开放举措,提高了负面清单的质量。9 月 22 日,中美领导人重申达成一项高水平投资协定的谈判是"两国之间最重要的经济事项",双方同意"强力推进谈判,加快工作节奏"。11 月,双方同意将继续落实两国领导人就谈判达成的重要共识,推动谈判取得积极进展。两国已在 2016 年底于华盛顿完成第 31 轮磋商,并交换第三次负面清单改进出价。商务部国际贸易谈判副代表张向晨表示:负面清单的提出是中美投资协定谈判的重大进展,具有里程碑的意义。接下来的问题是清单的长度和质量。中美都有意愿在已交换负面清单的基础上推进谈判,改进清单质量,缩短清单长度。而美国虽认为中方负面清单过长,但对于双方共同改进负面清单的长度和质量已达成共识。

2018 年 10 月,商务部发言人高峰指出,中方对两国重启 BIT 谈判、适时启动双边自由贸易协定谈判持开放态度,但美方一直未展示诚意。虽然美国政府可能不会立刻重启中美 BIT 的谈判,但中美两方都认为一个高标准的中美 BIT 能在消除直接投资壁垒、促进两国经济发展上发挥重要作用。自此,中美 BIT 关于负面清单的谈判暂停。

第三节 中国"走出去"战略与企业国际化

一、中国对外直接投资的概况

对外直接投资有绿地投资和跨国并购等类型。绿地投资又称创建投资或新建投资,是指跨国公司等投资主体在东道国境内依照东道国法律设置的部分或全部资产归外国投资者所有的企业。绿地投资有两种形式:一是建立国际独资企业,包括国外分公司、国外子公司和国外避税地公司;二是建立国际合资企业,包含股权式合资企业和契约式合资企业。跨国并购是跨国兼并和收购的总称。跨国兼并指境内投资者在境外合并其他境外独立企业的行为;跨国收购指境内投资者在境外用现金或有价证券等方式购买境外实体企业的股票或资产,以获得对该企业的全部资产或者某项资产的所有权或控制权。

绿地投资是中国对外直接投资起步和兴起的主要投资方式,随着中国外汇储备的增加和企业对外投资战略的调整,跨国并购逐渐成为中国对外直接投资的重要手段。除以上对外直接投资方式外,其他方式不断兴起,如海外上市、资产重组、股权置换。设立境外经济贸易合作区和技术研发中心等,成为中国对外直接投资发展的新趋势。

(一) 改革开放后的初步发展阶段(1979—1991)

1. 政策背景及管理制度的建立

1979 年,国务院规定允许"出国办企业",这是自中华人民共和国成立以来第一次把对外投资作为一项政策正式确立起来,正式拉开了中国对外投资的序幕。由于当时中国并无海外投资的经验,且外汇储备极为有限,所以虽将海外投资作为经济体制的改革措施之一,但在这方面的控制还是十分严格,投资活动受到严重限制,对外直接投资要上报到国务院进行审批,且仅允许一些中央部委级企业,以及个别省、直辖市所属企业尝试性地开展海外投资活动。这种情况一直延续到 1983 年,国务院授权原外经贸部为在国外开设合资经营企业的审批和管理的归口部门,建立起以原外经贸部为审批主体,其他部门和省、市相关部门层层审批上报的管理体制。

1980 年,《中华人民共和国外汇管理暂行条例》的颁布标志着外汇管理体制建设的起步。外汇管理的方针是"集中管理,统一经营",主要内容是:国家实施外汇收支的计划管理;所有外汇贷款集中管理,经国家外汇管理总局和国家投资管理委员核报国务院审批;企业在特殊情况下才可以保留外汇,在中国银行开立外汇存款账户或外汇额度账户,并接受中国银行监督,企业才可以留存备用外汇;禁止国内外汇流通。

2. 对外直接投资管理制度的改革

1985 年后,政府开始逐步尝试改革海外投资的审批与监管制度。该阶段的涉外投资政策是以鼓励吸引外资、限制对外投资为主要特点,即"奖入限出"政策。

在法律法规建设上,中国逐步建立起规范对外直接投资的法律法规体系。1989 年,《境外投资外汇管理办法》颁布,第一次规定了中国对外投资合作企业的主体资格、项目审查及外汇管理制度,确保了国家外汇安全。1991 年,政府允许企业、公司或其他经济组织以投资、购买股票等方式到香港、澳门地区和苏联、东欧各国,举办或参与举办非贸易性项目,不允许企业到其他国家和地区开展境外投资。在国际法规方面,中国逐步与英国、日本、澳大利亚等国家签订双边投资保护协定。同期,中国还与多国签订双边避免双重征税和防止偷税漏税的协定,如 1988 年中国与澳大利亚签订的《中华人民共和国政府和澳大利亚政府关于对所得避免双重征税和防止偷漏税的协定》等。

在外汇方面,政府对企业对外投资活动所需外汇的使用、管理等方面做出详细的规定,要求对外投资企业须向外汇管理部门提交投资外汇资金来源证明,并由外汇管理部门负责投资外汇风险审查和外汇资金来源审查。另外,外汇管理局要求境内投资者在办理登记时,应当按汇出外汇资金数额的 5%缴存汇回利润保证金专用账户。

3. 对外直接投资发展情况

初步发展阶段的对外直接投资在各项政策的驱动下稳步发展,非贸易性对外直接投资逐步增加。很多比较成功的中资企业在海外设立。1979年,北京市友谊商业服务总公司投资22万美元通过合资成立了"京和科技股份有限公司",其主要经营范围是为北京市食品工业企业的更新改造引进技术和设备。1980年3月,中国船舶工业总公司、中国租船有限公司与香港环球航运集团等共同投资5 000万美元,合资成立了"国际联合船舶投资有限公司",从事代理中国船舶及船用设备的进出口业务和经营国际航运业务,中方占投资的45%,这是当时中方投资额最大的境外合资企业。同年7月,中国银行与美国芝加哥第一国民银行等机构在香港开办了第一家中外合资金融企业——中芝兴业财务有限公司。

虽然改革开放拉开了中国对外投资发展的大幕,境内企业到境外投资得到了一定的发展,但初期管理上仍沿袭中央高度集中的统一管理。受限于政府严格的审批制度,以及境内企业参与国际竞争的意识和能力比较弱,中国对外直接投资发展比较缓慢,突出表现在改革开放初期中国参与对外直接投资的企业数量并不多,投资规模偏小,投资的主要地区和领域也较为单一。

1983年,内地在港澳地区投资占到对外直接投资的三分之一。1985年后,对外直接投资的领域进一步拓宽。相关政策的出台有力地促进了部分竞争力较强的企业走出国门,积极参与国际竞争,中国对外直接投资有了较快发展。参与对外直接投资的境内企业类型增加,对外直接投资的领域也进一步拓宽,由原先的餐饮、贸易、境外工程承包扩展到服务业、工农业生产加工、资源开发、交通运输、机械制造加工等20多个领域。截至1991年,中国设立的境外企业累计有1 008家,累计对外直接投资额为28.63亿美元。这一阶段,对外直接投资区域进一步扩大,分布于全球105个国家和地区,投资目的地开始向美国、日本、德国、加拿大、澳大利亚等发达国家拓展延伸,但仍然以新加坡、马来西亚、泰国等亚洲国家和香港、澳门等地区为主,这些区域的投资较为集中。

(二) 调整中发展阶段(1992—2001)

1992年是中国企业对外直接投资发展史上投资额增长最快的一年,国务院扩大了生产型企业对外投资的权限。企业对外直接投资的总体规模和项目平均规模扩大,尤其是百万美元的项目增多。1993年,由于国民经济存在经济发展过热、投资结构不合理、物价上涨过快等现象,政府于当年开始实行经济结构调整,紧缩银根,以实现经济增长"软着陆"。对外直接投资业务也进入清理和整顿的时期,对外直接投资的发展速度在这一时期开始放慢。在总结企业对外直接投资历史的经验教训和企业国际竞争力的现实状况后,政府提出了发展对外直接投资的新战略方针,这预示着中国企业对外直接投资进入一个更快发展的时期。

1. "走出去"战略的形成与正式提出

在1997年的全国贸促系统服务外资企业工作会议上,江泽民提出:"不仅要积极吸

引外国企业到中国来投资办厂,也要积极引导和组织国内有实力的企业走出去,到国外投资办厂,利用当地的市场和资源。'引进来'和'走出去',是我们对外开放方针的两个紧密联系、相互促进的方面,缺一不可。"2001年,政府将"走出去"战略写入"十五计划",一是要求鼓励对外直接投资企业发挥中国的比较优势;二是积极扩大国际经济技术合作的领域,拓宽国际经济技术合作的途径和方式;三是深入发展对外承包工程和劳务合作,鼓励中国对外直接投资企业到别国开发稀缺资源,调整产业结构,促进资源置换;四是鼓励企业利用国外智力资源,在国外设立针对中国企业服务信息的研究开发机构和设计中心;五是支持有实力的大型、中小型企业进行跨国经营,提高国际化水平;六是健全对外直接投资的服务体系,在金融、保险、外汇、财税、人才、法律、信息服务、出入境管理等方面,为实施"走出去"战略创造条件;七是完善境外投资企业的法人治理结构和内部约束机制,规范对外直接投资的监管。

2. 管理体系与政策的改革创新

随着综合经济实力的逐渐提升和改革开放的不断深入,限制对外直接投资的政策发生转变,中国开始向鼓励对外直接投资倾斜。这一时期,中国政府大力鼓励国内具有比较优势的企业积极开展对外直接投资,在充分利用国内市场和资源的同时积极拓展国外市场,充分利用国外先进技术和资本,促进企业竞争实力的提升。

中国逐渐建立有效的管理体制,从而加大对外直接投资管理的力度。新的审批制度对海外投资的管制,特别是大型投资项目的管制明显加强,这主要体现在审批环节的增加上:100万美元以下项目的审批部门新增加了一个外汇管理局;新设置了较长的审批时间,在收到符合要求的送审文件之日起60天内决定批准或不批准,且审批的内容也得到了细化。

在管理职能上,各部门的分工为:原外经贸部负责制定和统一管理对外投资方针政策;国家计划委员会负责审批项目建议书及可行性研究报告;原驻外使(领)馆经商处(室)统一协调管理中方在其所在国开办的各类企业;其他部委及省一级外经贸厅(委)则作为政府主管部门。

外汇管理体制获得突破性改革,具体表现在:第一,汇率并轨,实行以市场供求为基础的单一的有管理的浮动汇率制度。第二,建立银行间外汇交易市场,实行银行结售汇制度。改进汇率形成机制,取消任何形式的外国货币在境内计价、结算和流通,禁止指定外汇银行以外的外汇买卖,停止发行外汇券,已发行的外汇券逐步兑回。第三,取消外汇收支的指令性计划。政府主要运用经济和法律等手段,实现对外汇和国际收支的宏观调控。同时建立国际收支统计申报制度,加强对外汇收支和国际收支平衡状况及变化趋势的分析预测,逐步完善国际收支宏观调控系统。

3. 对外直接投资发展情况

1992年是中国企业对外直接投资增长迅速的一年,可称为中国对外直接投资发展的第一个历史节点。仅1992年就批准境外非贸易性企业255家,对外直接投资流量由1991年的10亿美元增至40亿美元。截至1992年底,境外非贸易性企业数量达1 363家,累计对外直接投资金额为68.63亿美元。中国企业对外直接投资的总体规模和项目平均规模扩大,投资规模超过百万美元的项目大幅增多,如首钢秘鲁铁矿项目达1.2亿美元;分布的国家和地区也更加广泛,到1992年底,中国企业已经在世界上120多个国家和地区设立了境外企业。

从1993年下半年开始,国家决定实施经济紧缩政策。与此相适应,对境外投资业务也开始进行清理和整顿,对新设投资实行严格的审批制度,对已开办的境外企业进行重新登记,对外直接投资的发展速度开始放缓。1994年,中国对外直接投资流量由上一年的43亿美元降至20亿美元。而1999年开始实施的"鼓励发展境外加工贸易"政策逐渐显现出效果,企业对外直接投资的积极性高涨,由境外加工贸易而引发的对外直接投资成为中国对外直接投资的一个新增长点,对外直接投资金额增加。

"走出去"战略的提出和实施,使企业的对外直接投资活动不仅仅是企业的行为,更是国家的行为与意愿。在此背景之下,中国企业纷纷响应号召,积极开展对外直接投资,到2001年,中国已累计设立境外企业3 091家,累计投资金额44.33亿美元,分布于全球的160多个国家和地区。亚洲(主要是中国香港、澳门地区及东南亚等国)、北美(主要是美国、加拿大)成为中国内地对外直接投资金额最多的投资区域。

(三)快速发展阶段(2002—2011)

进入21世纪,在"走出去"战略和加入WTO的推动下,中国对外直接投资飞速发展,有比较优势的各种所有制企业积极推进对外直接投资,带动商品和劳务出口,形成了一批有实力的跨国公司和著名品牌。中国对外直接投资跃上了一个历史新高度,进入了一个全新的发展阶段。

1. 对外直接投资管理政策的改革创新

中国逐步放松对外直接投资审批。2004年,中国对外直接投资项目从审批制向核准(备案制)发生根本性转变:对于中方投资3 000万美元及以上资源开发类境外投资项目和中方投资用汇额1 000万美元及以上的非资源类境外投资项目,由国家发展改革委核准;除上述项目之外的其他境外投资项目,属于中央管理企业投资的项目报国家发展改革委、商务部备案,境内企业对外投资开办企业(金融企业除外)由商务部核准。2009年修订的《境外投资管理办法》,进一步规定商务部负责核准中方投资额在1亿美元以上的企业,地方商务主管部门负责核准1 000万美元至1亿美元的地方企业。

中国逐步放宽对外直接投资的外汇管制。2003年,政府逐步简化和取消中国企业境外投资外汇资金来源审查手续,退还境外投资的汇回利润保证金,免除境外投资外汇风险审查等26项行政审批项目,并允许利用境外企业产生的利润进行增资或者在境外再投资。2005年,人民币汇率形成机制进一步改革,开始实行以市场供求为基础,参照一篮子货币进行调节的有管理的浮动汇率制度。这一改革对于人民币汇率的弹性和灵活性有显著提高作用,外汇市场加快发展。2009年,中国正式取消外汇资金来源审查,仅需说明对外投资的资金来源情况,极大地拓展了对外直接投资的外汇自由度。2011年,有关境外人民币结算管理办法出台,有力地为银行业金融机构和境内机构开展境外直接投资人民币结算业务提供了便利。这一系列的举措,使得外汇的使用风险与成本大大降低。

2. 对外直接投资发展情况

通过不断完善"走出去"的政策促进体系、服务保障体系及风险控制体系,这一阶段中国企业的对外直接投资进程不断加快,对外直接投资规模大幅扩大,在全球的位次稳步上升。每年的对外直接投资流量大幅提升,由2002年的27亿美元增加至2011年的746.9亿美元,年均增长率达到44.6%,对外直接投资流量在全球的位次由第26位上升至第6位,存量位次由第25位上升至第13位。

2004年,中国对外直接投资由审批制改为核准制,当年对外直接投资流量由2003年的28.5亿美元大幅升至55亿美元。此后对外直接投资规模逐年增长,2007年达到265.1亿美元,在全球的位次上升至第17位。2008年国际金融危机席卷全球,发达国家和发展中国家的经济均受到了重创。在此背景之下,中国政府推出一系列促进企业对外直接投资的改革措施,转变政府职能,明确权力清单,简化审批手续,激发企业"走出去"的内生动力。相关对外直接投资便利化政策的出台,为中国企业积极开展对外直接投资创造了良好的发展空间,有力地促进了中国对外直接投资额的迅速增长。2008年,中国对外直接投资流量由上一年的265.1亿美元大幅增长至559.1亿美元。2009年,中国对外直接投资流量在全球的位次提升至第5位,历史上首次排进全球前五。2010年,中国对外直接投资流量达到688.1亿美元,首次超过日本(562.6亿美元)、英国(110.2亿美元)等传统对外直接投资大国。截至2011年底,中国对外直接投资存量约4 300亿美元,在全球排名第13;境外企业1.8万家,分布在全球178个国家和地区,年末境外企业资产总额近2万亿美元。

中国内地的对外直接投资起步于香港市场,到21世纪初已遍及世界五大洲的177个国家和地区。企业对外直接投资的流量和存量显示,亚洲经济体是中国对外直接投资的重点区域,此外,中国企业对拉丁美洲的直接投资份额较大,对欧洲、北美洲等地区的直接投资份额较小,但由于双方在技术研发、市场拓展等方面具有较强的互补性,因此具有较大的发展潜力。截至2011年,中国在亚洲地区设立境外企业近万家,占对外直接投资存量的比重为71.4%,主要分布在新加坡、韩国、老挝、柬埔寨等。在欧洲地区设立的境外企业近2 500家,占对外直接投资存量的比重为5.8%,主要分布在意大利、法国、俄罗斯、荷兰、英国等。

2011年底,中国对外直接投资前10位的国家(地区)存量累计达到3 617.42亿美元,占中国对外直接投资存量的85.3%。在对外直接投资行业分布方面,2011年底,中国对外直接投资覆盖了国民经济所有行业类别,其中商务服务业、金融业、采矿业、批发零售业、制造业、交通运输业六个行业累计投资存量为3 780亿美元,占中国对外直接投资存量总额的89%,这也是中国对外直接投资的主要行业架构。

(四)健康规范发展阶段(2012年至今)

党的十八大以来,党中央推进对外开放理论和实践创新,实施共建"一带一路"倡议,加快构建开放型经济新体制,倡导发展开放型世界经济,积极参与全球经济治理,这为中国对外直接投资发展创造了良好的外部机遇。

1. 有利形势促进对外直接投资迅猛发展

中国的国际投资机遇增加。中国于2013年提出的"一带一路"倡议得到越来越多国家的认同和响应,国际产能合作加快推进,中国资金、技术和设备越来越多地进入国际市场。2016年9月,中国G20杭州峰会提出了全球投资指导原则,明确提出扩大开放,反对保护主义,促进全球贸易和投资,加强多边贸易体制,这给中国对外直接投资合作发展创造了良好的外部机遇。截至2017年底,中国企业在"一带一路"沿线国家推进建设75个境外经贸合作区,累计投资270多亿美元,吸引入区企业近3 500家,上缴东道国税费22亿美元,为当地创造了近21万个就业岗位。

2. 对外直接投资管理政策的改革创新

中国持续加大简政放权力度。一是取消项目信息报告制度;二是取消地方初审、转报环节;三是放宽投资主体履行核准、备案手续的最晚时间要求。在管理方面,一是补齐管理短板,将境内企业和自然人通过其控制的境外企业开展的境外投资纳入管理框架,采取精准化的管理措施;二是创新监管工具,改进协同监管和全程监管;三是完善惩戒措施,建立境外投资违法违规行为记录。

中国持续加强对境外投资的规范性管理。2017年,中央政府按"鼓励发展+负面清单"模式引导和规范企业境外投资方向,其中鼓励发展的,一是有利于"一带一路"建设和周边基础设施互联互通的基础设施境外投资;二是带动优势产能、优质装备和技术标准输出的境外投资;三是与境外高新技术和先进制造业企业的投资合作;四是在审慎评估经济效益的基础上的境外能源资源勘探和开发;五是农业对外合作;六是服务领域境外投资。

3. 对外直接投资发展情况

中国的对外直接投资规模快速增长。自2003年中国发布年度统计数据以来,中国对外直接投资流量实现14年连增。2002—2016年,中国对外直接投资流量增长了71.6倍,年均增长率高达35.8%,占全球对外直接投资总流量的比重由2002年的0.5%提升至13.5%,占比于2016年首次突破两位数,在全球对外直接投资中的地位和作用日益凸显。

2017年,中国对外直接投资额为1 582.9亿美元,同比下降19.3%,也是自2003年中国发布年度统计数据以来首次出现负增长,但仍是历史上第二高位,占全球对外直接投资总额的比重连续两年超过一成。中国对外直接投资在全球对外直接投资中的影响力不断扩大,投资流量规模仅次于美国和日本,位居全球第三,较上年下降一位。2018年,中国对外直接投资和中国实际使用外资金额分别为1 430.4亿美元和1 390.4亿美元,自2015年中国对外直接投资金额首次超过中国实际使用外资金额后,连续四年实现双向直接投资项下的资本净输出。

表 12-4　2002—2018 年中国对外直接投资情况

年份	流量			存量	
	金额（亿美元）	全球位次	同比增长（%）	金额（亿美元）	全球位次
2002	27.0	26	—	299.0	25
2003	28.5	21	5.6	332.0	25
2004	55.0	20	93.0	448.0	27
2005	122.6	17	122.9	572.0	24
2006	211.6	13	43.8	906.3	23
2007	265.1	17	25.3	1 179.1	22
2008	559.1	12	110.9	1 839.7	18
2009	565.3	5	1.1	2 457.5	16
2010	688.1	5	21.7	3 172.1	17
2011	746.5	6	8.5	4 247.8	13
2012	878.0	3	17.6	5 319.4	13
2013	1 078.4	3	22.8	6 604.8	11
2014	1 231.2	3	14.2	8 826.4	8
2015	1 456.7	2	18.3	10 978.6	8
2016	1 961.5	2	34.7	13 573.9	6
2017	1 582.9	3	−19.3	18 090.4	2
2018	1 430.4	2	−9.3	19 822.7	3

资料来源：历年《中国对外直接投资统计公报》。

注：1.2002—2005 年数据为对外非金融类直接投资数据，2006—2018 年为全行业对外直接投资数据。2.2006 年同比为对外非金融类直接投资比值。

2016 年底以来，中国政府加强对企业对外直接投资的真实性、合规性审查，市场主体对外直接投资更趋成熟和理性，虽然 2017 年中国企业对外直接投资流量有所下降，对外直接投资增速放缓，但是投资结构进一步优化，非理性对外直接投资得到切实有效遏制，对外直接投资发展更趋规范和理性。房地产业、体育和娱乐业对外直接投资没有新增项目，化工、电力、制造、能源等产业并购增多，上亿美元大型并购项目超过 60 个，实体经济和新兴产业对外直接投资进一步突出。2017 年境外企业对东道国税收和就业贡献明显，对外直接投资双赢效果显著。境外企业向投资所在国缴纳的各种税金总额达 376 亿美元，雇用外方员工 171 万人，较上年末增加 36.7 万人。

中国对外直接投资的领域趋于多元化。2016 年年末，中国对外直接投资存量分布在全球的 190 个国家（地区），占全球国家（地区）总数的 81.2%。中国在亚洲的对外直接投资存量为9 094.5亿美元,占67%。中国在发展中经济体的投资存量为11 426.18亿美元,占84.2%。

从跨境并购投资来看,2016年全球跨境并购投资流量最大的行业是制造业,而中国流量最大的行业是服务业,并购的行业特色明显。从中国境外并购投资的行业分布来看,2016年中国跨境并购投资流向服务业970.5亿美元,服务业占全行业中国境外并购投资的比重升至71.7%,位居首位;其次为制造业,并购额为301.1亿美元,占比下降至22.2%。

二、中国对外直接投资对经济高质量发展的作用

（一）保证经济高速发展所需的资源供给,缓解资源瓶颈约束

对外直接投资,尤其是资源型对外直接投资,保证了国内产业发展所需要的资源供给,缓解了产业发展所面临的资源瓶颈约束。中国改革开放四十多年来,尤其是加入WTO前近二十年来,经济持续快速增长,经济发展对资源的需求一直呈增长态势。中国石油、天然气、铁矿石等资源的自身储备有限,而资源进口方式存在供应不稳定、价格波动大等缺陷。近年来,对外直接投资的快速发展,为中国获取了经济高速发展所需的资源,很大程度上缓解了中国经济继续快速发展所面临的资源瓶颈约束。根据安永的统计数据,仅2008年和2009年,中国企业海外矿业并购规模就达400亿美元;2009年全球矿业和金属业共完成1 047宗并购交易,交易额为600亿美元,其中,中国在矿业和金属业方面的并购交易额为161亿美元,约占全球该行业交易总额的27%。

（二）绕过国外贸易保护主义壁垒,促进海外市场的开拓

中国部分企业（如海尔）通过对外直接投资,设立海外分支机构,实现生产和销售本土化,绕过东道国或区域组织的各种贸易壁垒,把其产品直接投入当地市场,不仅有利于克服以反倾销形式出现的贸易保护主义,还有利于克服以原产地规则和反补贴等形式出现的贸易保护主义,以保护和开拓海外市场。此外,对外直接投资还可直接带动国产商品出口,根据《对外直接投资统计公报》,2018年中国境内投资者对外直接投资带动的出口额为1 521亿美元,占中国货物贸易出口总额的6.1%。

（三）成为推进国内产业结构调整升级的有力杠杆

通过对外直接投资,中国主动参与国际产业分工体系,这促进了国内产能过剩行业的梯度转移;同时学习借鉴国际先进的技术和经验,推动了国内新兴产业和高新技术产业的发展以及传统产业的改造。具体表现为两点:第一,通过市场寻求型对外直接投资转移产能过剩的产业,促进产业结构升级。近年来,中国的纺织、电子、家电、机械等生产能力过剩的制造业产品的国内市场已饱和或趋于饱和,同时拥有成熟的适用技术,相对

于一些发展中国家来说具有比较优势,于是这些行业向其他发展中国家和地区实行"梯度转移",进行了大量对外直接投资,不仅为这些产能过剩的行业开拓了新的市场,而且有利于国内将更多资源投入技术升级型产业,推动中国产业结构的升级。第二,通过技术寻求型对外直接投资发展高新技术产业,促进产业结构升级。一些中国企业如华为、康佳等通过设立海外研发中心、开办科技型企业以及并购当地科技型企业等方式进行技术寻求型的对外直接投资,充分利用发达国家高新技术产业的集聚效应,及时跟踪国际科技最新动态,学习并获取发达国家创新期和成熟期先进的技术,再通过技术回流,弥补中国技术缺口,并通过自主创新,推进国内企业技术和产品的升级,从而促进产业结构优化升级。

（四）使企业更加积极主动地融入经济全球化,提升国际竞争力

对外直接投资的发展,使企业更加积极主动地融入经济全球化和国际分工体系,走向广阔的国际市场,寻找新的生存和发展空间。开展对外直接投资为企业获取国外先进的技术、管理经验和研发资源创造了条件,推动了企业自主创新和技术升级,提升了研发能力,改善了经营管理,有利于提升企业的国际竞争力。伴随着对外直接投资步伐的不断加快,企业的跨国经营指数和国际竞争力得到了提升,从而加速了中国跨国公司的成长与壮大。

三、新时期中国企业国际化的投资环境及风险

（一）国际投资环境

第一,政治环境。主要包括政治制度、政权稳定性、政策的连续性、政策措施、行政体制和行政效率、行政对经济干预的程度、政府对外来投资的态度、政府与他国的关系等。

第二,法制环境。主要包括法律秩序、法律规范、法律制度和司法实践,特别是涉外法治体系的完备性、稳定性和连续性,以及人民的法治观念和法律意识等。

第三,经济环境。主要包括经济的稳定性、经济发展阶段、经济发展战略、经济增长率、劳动生产率、财政政策、货币政策、金融政策、信贷体制及政策、对外经济贸易体制及政策、地区开发政策、外汇管理制度、国际收支情况、商品和生产要素市场的状况与开放程度、人口状况和人均收入水平等。

第四,社会环境。主要包括社会安定性、社会风气、社会秩序、社会对企业的态度、教育及科研机关与企业的关系、社会服务等。

第五,文化环境。主要包括民族意识、开放意识、价值观念、语言、教育、宗教等。

第六,自然地理环境。主要包括面积、地形、气候、雨量、地质、自然风光、与海洋接近程度、自然资源状况等。

第七,基础设施状况。主要包括城市和工业基础设施两个方面,具体如交通运输、港口码头、厂房设备、供水供电设备、能源和原辅材料供应、通信信息设备、城市生活设施、文教设施及其他社会服务设施等。

第八,产业配套环境。主要包括工业和服务业的配套能力、采购原材料与零部件半成品的方便程度、产业链投资与产业集聚、企业集群布局等。也有的学者将产业配套环境称为企业生态环境。第一至第五点属于投资软环境,第六和第七点属于投资硬环境,第八点属于产业配套环境。

(二) 企业国际化风险

1. 环境风险

环境风险包括政治风险、自然风险和人文风险。传统的政治风险既包括征收或国有化风险、战争和内乱风险、汇兑转移风险、政府违约风险和政府延时支付风险,还包括因国际社会导向变化引起的"第三国干预"风险和因市场经济体制与经贸问题政治化的"泛政治化干预"风险。自然风险主要是指来自自然地理环境的风险,如气候突变、地质危害。人文风险主要是指因民族意识、开放意识、价值观念、语言、教育、宗教等文化差异导致的风险。

从母国的角度讲,部分国家的对外直接投资过分集中于欠发达国家的能矿行业或发达国家的高科技行业,政治风险高或行业过于敏感,加之国有企业或主权财富基金的特殊背景,容易招致东道国的抵触和敌对。

2011年爆发的利比亚战争是典型的环境风险,给中国企业造成了严重损失,战争爆发时中国有75家企业在利比亚投资,共涉及50多个项目的工程承包,总金额约188亿美元。当时中海油田服务股份有限公司显示,因利比亚发生内战,2011年上半年确认资产减值损失6 570万元。而2014年持续升温的武装冲突一度导致利比亚局势全面失控,同样给中国企业带来了无法挽回的损失。

2. 经济风险

经济风险主要包括经济不稳定、经济发展滞后,经济发展战略不到位,经济增长率和劳动生产率低下,财政、货币、金融、信贷、外汇体制及其政策不完备,对外经济贸易投资体制与政策欠缺及国际收支失衡等。

墨西哥无限期搁置高铁项目的案例就是经济风险的体现。2015年1月30日,墨西哥政府宣布无限期搁置墨西哥城至克雷塔罗的高铁项目。而早在2014年11月,墨西哥政府就单方面撤销了中国铁道建筑总公司与其墨西哥合作伙伴签署的价值37.5亿美元的高铁项目协议。关于高铁项目无限期搁置,墨西哥政府给出的解释是墨西哥因石油价格下跌而使财政受到影响。在国际油价保持低位、未来几年美国银行利率将有所上涨的前景下,墨西哥财政部将启动对公共支出流程结构的审查,调整联邦公共管理支出,从而改善支出预算。当时墨西哥的公共支出有大约40%来自石油收入,由于石油价格下跌,墨西哥货币比索贬值7%~8%。这反映了经济因素对外资政策的影响,继而影响了外资企业和外来投资安全。

3. 法律风险

法律风险主要指法律秩序、法律规范、法律制度和司法实践不完善,人民的法治观念和法律意识不强,特别是涉外法治体系不完备、不稳定且欠缺连续性,尤其是利用外商投资方面的法律欠缺完备性和公平性。

三一集团胜诉美国总统的案例是法律风险的体现。2014年7月,美国法院就三一集团在美风电项目被禁止诉美国外资委员会(CFIUS)和奥巴马总统案做出判决,认定奥巴马总统下达的禁止投资项目的总统令违反程序正义,为中国企业维护海外投资利益开辟了一条新路,为CFIUS滥用"国家安全"加了一道"紧箍咒"。CFIUS的审查过程完全不对外公开,美国政府可以简单地以"威胁国家安全"为由来阻止外资公司收购美国商业项目,透明度极低,有暗箱操作和秘密审查的传统。更为严重的是美国法律中规定的"国家安全"极为宽泛,CFIUS在执行的过程中有很大的灵活度和随意性,可根据本国利益做出最有利但明显带有歧视性的投资决策。

专栏：中国企业"走出去"的拦路虎——竞争中立原则

2008年国际金融危机以来,发达经济体与新兴经济体力量对比发生明显变化,国际贸易投资规则正处于调整期。美国、欧盟力图通过主导跨区域的贸易、投资协定来推进新的"高标准"的贸易投资规则。其中,竞争中立是备受关注的新规则。一方面,竞争中立原则涵盖了国有企业、竞争政策、投资保护等重要议题,体现了贸易规则从边境规则向边境后规则扩展的趋势。另一方面,美国、欧盟推进的竞争中立原则,矛头直指"国有企业",对于国有经济占主体地位的中国来说,面临的挑战不可避免。

一、竞争中立原则的提出

竞争中立是指政府的商业活动不得因其公共部门所有权地位而享受私营部门竞争者所不能享受的竞争优势,其目的是强调国有企业和私营企业之间在市场竞争中的平等地位。2011年以来,美国多次在政治、经济和外交活动中讨论竞争中立,并在OECD、联合国贸易和发展会议等国际组织中推动"竞争中立"框架的落实和推广,希望在双边和多边贸易和投资协定中加入有关限制国有企业的条款。

竞争中立原则主要限制的是新兴经济体以及发展中经济体的国有企业和主权财富基金,避免其以整个经济体为后盾开展贸易、投资、并购以及金融等业务造成的不公平竞争,保持发达经济体企业的市场竞争力。因此,该原则一经提出就受到了发达经济体的一致认同,成为国际贸易和投资领域备受关注的焦点议题之一。

二、竞争中立原则的发展前景

（一）中立性

竞争中立主要针对国有企业，针对因所有权不同而产生竞争中的不公平或获得额外的竞争优势。从提出的动因来看，它根本上符合美欧发达经济体的利益诉求，限制国有企业可能获得的竞争优势，为以私营企业为主体的发达经济体获取更大的生存竞争空间。中国国有企业及国有控股公司的产出大约占GDP的30%，这使中国国有垄断企业成为该原则的潜在目标，从而竞争中立规则自身的中立性和公正性受到质疑。

（二）保护性

当前，全球贸易救济措施多样化趋势明显，各种非关税措施层出不穷，如原产地规则、与贸易相关的技术壁垒、卫生与检疫措施以及政府采购和碳标签等，竞争中立可能会成为一种隐形的贸易和投资壁垒，提高双边贸易和投资的进入门槛和交易成本，形成新的非关税壁垒，变成发达国家贸易保护的新手段，削弱国际贸易规则的透明性。

三、中国对竞争中立原则的应对措施

全球经贸规则正处于调整期，中国在参与全球治理的过程中需要格外关注规则制定的阶段性特点，根据国际贸易投资规则发展的规律，做好前期预判和准备。第一，应将应对竞争中立原则的压力转化为经济改革的动力。结合中国国情，分层次地进行国有企业改革。对于公益性行业，加大政府财政投入；对于自然垄断行业，尤其是关系国家安全、国民经济命脉的重要行业和关键领域，仍需要加强国有资本的控制；而对竞争性环节和竞争性业务，则进一步市场化，推动资源配置依据市场规则、市场价格、市场竞争实现效益最大化和效率最优化。第二，应积极主动参与竞争中立的规则制定。当前国际组织和区域协定中关于竞争中立框架的定义和指导原则，仅以发达国家的法律框架和实践经验为基础，由此形成的国际规则显然不符合中国以及多数发展中国家的现实情况。应当坚持多边贸易投资谈判，选择合理、有利的国际规则，将不利的制度转变为中性、公平的制度。

资料来源：赵龙跃.制度性权力[M].北京：人民出版社，2016.

本章小结

中国的利用外商直接投资和对外直接投资都经历了艰难起步、蓬勃发展、高质量发展的阶段，"引进来"和"走出去"是促进中国现代化的两把重要利器。了解外商直接投资的相关理论，有助于政府引导外资更好地投入高水平开放型经济的建设，也有助于中国企业提升在"一带一路"建设中的决策水平。在国际投资形势面临压力的当下，积极合理运用国际规则为企业谋发展，争夺双边、多边贸易谈判主动权对于未来中国营造良好的贸易和投资环境极为重要。

本章主要概念

垄断优势理论、内部化理论、产品生命周期理论、比较优势理论、国际生产折中理论、小规模技术理论、技术地方化理论、技术创新产业升级理论、负面清单、竞争中立原则

练习与思考

1. 请查阅资料,了解对外直接投资理论的最新发展。
2. 了解中国对"一带一路"沿线经济体直接投资的发展趋势。
3. 通过本章的学习,结合中国当前发展现状,尝试对中国建设高水平开放型经济提出建议。
4. 简述中国利用外商直接投资的三种不同形式的特点。

推荐阅读

ALI F A, FIESS N, MACDONALD R. Do institutions matter for foreign direct investment? [J]. *Open economies review*, 2010, 21(2): 201 219.

CATHY GE B. Entry decisions of multinational firms: the role of competition threats[J]. *The world economy*, 2019, 42(7): 2 144-2 171.

LU Y, TAO Z G, ZHU L M. Identifying FDI spillovers[J]. *Journal of international economics*, 2017, 100(107): 75-90.

PAUL J, BENITO G R G. A review of research on outward foreign direct investment from emerging countries, including China: what do we know, how do we know and where should we be heading? [J]. *Asia pacific business review*, 2018, 24(1): 1-26.

PAUL J, SINGH G. The 45 years of foreign direct investment research: approaches, advances and analytical areas[J]. *World economy*, 2017, 40(11): 2 512-2 527.

RAMASAMY B, YEUNG M, LAFORET S. China's outward foreign direct investment: location choice and firm ownership[J]. *Journal of world business*, 2012, 47(1): 17-25.

陈浪南,陈景煌.外商直接投资对中国经济增长影响的经验研究[J].世界经济,2002(6):20-26.

冯雷,夏先良,等.中国外贸发展方式战略转变研究[M].北京:社会科学文献出版社,2015.

傅元海,唐未兵,王展祥.FDI溢出机制、技术进步路径与经济增长绩效[J].经济研究,2010,45(6):92-104.

葛顺奇,陈江滢.中国企业对外直接投资面对疫情危机新挑战[J].国际经济合作,2020(4):21-36.

郭熙保,罗知.外资特征对中国经济增长的影响[J].经济研究,2009,44(5):52-65.

蒋殿春,夏良科.外商直接投资对中国高技术产业技术创新作用的经验分析[J].世界经济,2005(8):3-10.

蒋冠宏,蒋殿春.中国企业对外直接投资的"出口效应"[J].经济研究,2014,49(5):160-173.

李凯杰,葛顺奇.外商投资"负面清单"管理模式的国际比较及启示[J].国际经济合作,2018(3):4-8.

李磊,冼国明,包群."引进来"是否促进了"走出去"?:外商投资对中国企业对外直接投资的影响[J].经济研究,2018,53(3):142-156.

刘晨,葛顺奇,罗伟.FDI、异质性劳动力市场与城市工资提升[J].国际贸易问题,2018(1):112-122.

刘春生,王力.中国对外贸易发展报告(2017～2018)[M].北京:社会科学文献出版社,2018.

卢进勇,杨国亮,杨立强,等.中外跨国公司发展史(上、下卷)[M].北京:对外经济贸易大学出版社,2016.

罗伟,刘晨,葛顺奇.外商直接投资的工资溢出和关联效应研究[J].世界经济,2018,41(5):147-172.

罗伟,吕越.外商直接投资对中国参与全球价值链分工的影响[J].世界经济,2019,42(5):49-73.

毛其淋,许家云.中国企业对外直接投资是否促进了企业创新[J].世界经济,2014,37(8):98-125.

牛南洁.中国利用外资的经济效果分析[J].经济研究,1998(5):22-24.

任永菊.跨国公司与对外直接投资[M].北京:清华大学出版社,2019.

上海研究院项目组.中国国际进口博览会发展研究报告[M].北京:社会科学文献出版社,2020.

孙强.中国对外贸易发展方式转变博弈分析[M].北京:知识产权出版社,2019.

田云华,卢紫薇,邹浩.外商直接投资的空间溢出与农村减贫成效:来自中国的经验证据[J].城市问题,2020(7):91-103.

田云华,王凌峰,张建武.中国利用外资形式对区域经济增长的影响[J].经济社会体制比较,2020(3):28-39.

王辉耀,苗绿.中国企业全球化报告(2018)[M].北京:社会科学文献出版社,2018.

王永钦,杜巨澜,王凯.中国对外直接投资区位选择的决定因素:制度、税负和资源禀赋[J].经济研究,2014,49(12):126-142.

魏后凯.外商直接投资对中国区域经济增长的影响[J].经济研究,2002(4):19-26.

许和连,邓玉萍.外商直接投资导致了中国的环境污染吗?:基于中国省际面板数据的空间计量研究[J].管理世界,2012(2):30-43.

尹斯斯,潘文卿,高云舒,等.中国企业对外直接投资与贸易福利:理论与经验研究[J].世界经济,2020,43(7):26-48.

中华人民共和国商务部,国家统计局,国家外汇管理局.2018年度中国对外直接投资统计公报[M].北京:中国商务出版社,2019.

宗芳宇,路江涌,武常岐.双边投资协定、制度环境和企业对外直接投资区位选择[J].经济研究,2012,47(5):71-82.

教辅申请说明

　　北京大学出版社本着"教材优先、学术为本"的出版宗旨,竭诚为广大高等院校师生服务。为更有针对性地提供服务,请您按照以下步骤通过**微信**提交教辅申请,我们会在1~2个工作日内将配套教辅资料发送到您的邮箱。

◎ 扫描下方二维码,或直接微信搜索公众号"北京大学经管书苑",进行关注;

◎ 点击菜单栏"在线申请"—"教辅申请",出现如右下界面:

◎ 将表格上的信息填写准确、完整后,点击提交;

◎ 信息核对无误后,教辅资源会及时发送给您;如果填写有问题,工作人员会同您联系。

温馨提示:如果您不使用微信,则可以通过以下联系方式(任选其一),将您的姓名、院校、邮箱及教材使用信息反馈给我们,工作人员会同您进一步联系。

联系方式:

北京大学出版社经济与管理图书事业部

通信地址:北京市海淀区成府路 205 号,100871

电子邮箱:em@pup.cn

电　　话:010-62767312

微　　信:北京大学经管书苑(pupembook)

网　　址:www.pup.cn